南京大学
中华民国史研究中心

学术前沿系列　　　　　朱庆葆 主编
城乡研究辑

民国时期 (1912—1937)
山东城市下层社会
物质生活研究

于景莲 著

江苏人民出版社

图书在版编目(CIP)数据

民国时期山东城市下层社会物质生活研究(1912—1937)/于景莲著.—南京:江苏人民出版社,2021.8
(南京大学中华民国史研究中心学术前沿系列/朱庆葆主编.城乡研究辑)
ISBN 978-7-214-25739-0

Ⅰ.①民… Ⅱ.①于… Ⅲ.①城市-群体社会学-社会物质生活条件-研究-山东-民国 Ⅳ.①C912.81

中国版本图书馆 CIP 数据核字(2020)第 255668 号

书　　名	民国时期山东城市下层社会物质生活研究(1912—1937)
著　　者	于景莲
责 任 编 辑	金书羽
责 任 校 对	陆诗濛
装 帧 设 计	刘葶葶
责 任 监 制	王　娟
出 版 发 行	江苏人民出版社
出版社地址	南京市湖南路1号A楼,邮编:210009
出版社网址	http://www.jspph.com
照　　排	南京紫藤制版印务中心
印　　刷	苏州市越洋印刷有限公司
开　　本	652毫米×960毫米　1/16
印　　张	18.5　插页2
字　　数	235千字
版　　次	2021年8月第1版　2021年8月第1次印刷
标 准 书 号	ISBN 978-7-214-25739-0
定　　价	68.00元

(江苏人民出版社图书凡印装错误可向承印厂调换)

序　言

在中国历史上,民国时期是一个独特的存在。存续时间虽不长,却给现代中国带来剧烈长远的变化。这种变化,既有中华传统文明在外来文明影响和内忧外患中的深层次危机,同时也有中华民族为挽救民族危亡、寻求国家富强进行的不懈努力。在此过程中,中国社会在历史的惊涛骇浪中艰难转型,其势如洪峰激流,奔腾而下,既有转型间的坎坷,也有历史性的成功。民国时期的城市转型和乡村建设,正是中国近代转型中至关重要的一部分,不仅建树颇多,也独树一帜,在坚持民族性、本土化的基础上,又体现出多样性、开放性、国际化和具有鲜明意识形态色彩的多重特征。虽然各地区的自然环境、资源禀赋、经济水平、制度环境、人文历史、发展机遇千差万别,但西方文化的外在影响、政治机构的宣传动员、经济组织的分工协作、社会成员的文化心理都发生了适应"现代化"进程的巨大改变。不过,鉴于各地城市和乡村的组织主体、建设思路,乃至社会各阶层对社会建设的判断和认识各不相同,要想对整个民国时期的城乡建设进行深入探讨是很难的,需要通过具体个案来进行实证研究,这样才看得更深入、更清楚。

南京大学中华民国史研究中心推出的学术前沿系列"城乡研究辑"所收录的这八种书,就是基于上述理解所展开的区域专题研究。

从选题看,这八种书研究的对象分别是民国时期的地方自治、根据地农村社会秩序的移异、交通运输发展、城市社会变迁、城市社会调控、城市社会物质生活、民国乡村实验区建设，以及长江三角洲地区城市发展路径，既有微观的城市地方自治、城市社会，也有区域乡村社会改造、交通运输发展，还有相对宏观的区域城市发展转型分析。尽管主题不尽相同，但都体现出人文关怀的社会眼光。应该说，这种从人文思入社会的视角，无疑使大家把研究的焦点对准社会，绝不是头痛医头脚痛医脚的小题小作，而是从"大处着眼、小处着手"的精雕细琢。之所以这么说，是因为这八种书的内容并非简单的历史描述和勾勒，而是具有一定的思想性。其最大特点在于，它是一套基于理念而开展研究的书系，真实记录了民国以来中国社会不断新陈代谢、革故鼎新的历史发展进程，特别是底层城乡民众在"现代化"这一历史背景下的艰难转型。虽然学界已问世的近代中国城乡转型论著不少，但是探寻城乡社会转型特别是底层社会变迁的并不多。这八种书的背后都蕴含着一种价值追求，"改变中国""富强中国"正是其所体现的思想灵魂和人文关怀。

思想取决于眼光。这八种书的另一个特点是有历史眼光与国际视野。所谓历史眼光指的是，近代中国城乡社会的变迁并不是凭空启动的，是传统中国的历史延续，但并不是简单的历史重复，而是在近代中国整体嬗变的大背景下和先进中国人的前后接续奋斗中进行的。在一定意义上，其所涉及的各地城乡变化，就是一部中国近代社会史，就是一个近代中国转型的缩影。这就需要我们把城乡社会的变化放到百年中国发展转型的背景中去理解把握，讲清楚百年中国城乡嬗变的历史轨迹，而且社会变迁的影响是长期的，对当代中国也有着深远影响。所谓国际视野指的是，近代中国城乡社会发展变化，是在外来文明尤其是西方文明影响下发生的，从传统到现代是其变化的本质特征与主要方向，因此，研究近代中国城乡变迁一定要有国际视野，要将近代中国城乡变迁置于中国现代化进程的大趋势中去把握。

近代中国城乡的转型发展，也离不开"思想""激情"和"行动"的结合，三者缺一不可。思想是前行的方向，激情是为实现理想而勇于投入，而最终思想和激情都要落实到国民党、共产党及其他各政治派别、社会团体的行动上。城乡社会变迁离不开近代中国客观条件的约束，因此，这八种书还展示了如何在外敌入侵、内战频仍、社会分裂的剧烈变动下探索实现中国现代化的变革路径。在这些探索中，既有自上而下的，也有自下而上的；既有政党引领的革命方式，也有社会推动的改良方法。各种改革方案中都有大量的历史细节，提供了从传统到现代，从思想到行动，从政党到社会，从沿海到内陆等各个环节的各种细节，从中既可以看出历史之"应然"，也可见得历史之"必然"，经各种思想、各种方案的现实筛选，历史最终选择了既有思想，又有行动，知行合一，具有思想力、组织力和行动力的中国共产党领导的社会变革道路。

这八种书虽然是讲历史，但对当前的社会改革也有重要的借鉴价值。虽然这八种书的作者主要是历史学专业研究者，但他们在思考近代中国城乡社会变迁上却有一些不同于传统历史学家的特点，具体表现在以下两方面：一是分析的思路与方法是多学科的，既有历史学的，也有政治学的，还有经济学、教育学、统计学的，特别是有了社会学的理论分析框架，我们对近代中国社会的变革路径及其分析就有了比较系统和严谨的思维方法，包括近代中国城乡发展的思路、社会对政策方针的反应的分析等。二是近代城乡社会的研究对当下的社会改革有参考价值，很多过去的历史经验在今天仍然值得人们吸收借鉴。特别是如何在社会变革中，较好地实现政治稳定、经济发展、社会进步、思想开放，而民众又有较强的幸福感、满足感和收获感。这些既是近代中国社会转型变革面临的历史使命，也是当代中国进一步推进社会治理体系和提高国家治理能力建设的现实要求。

近代中国城乡转型的主题是"现代化"，而变革的两项内容是"人的思想观念的变革"和"社会的组织化"。基于这样的思路，这八种书既真实再现了近代中国社会"为何而变"，也深刻勾勒了中国社会"如何改变"。我认为这正是其出版的意义所在。

学术贵在创新,而创新的途径各有不同。作为国内最早开辟民国史研究的学术重镇之一,南京大学中华民国史研究中心始终坚持学术上的"双轮驱动"。一方面,围绕国家发展战略需求,对关系国家民族利益和人类社会进步的重大历史问题开展研究,形成面向国家目标的系统性成果;另一方面,鼓励在学术前沿领域开展自由探索和学术创新,推动多学科的交叉融合,引领学术方向,形成新的学术生长点。近年来,中心先后推出《南京大屠杀史料集》(72卷,4 000万字)、《南京大屠杀全史》(三卷本),组织海峡两岸暨香港、澳门70位知名学者联袂打造了《中华民国专题史》(18卷)等力作,在海内外产生了很好的社会反响和学术效应。同时,中心也不断加大学术交流及人才培养的力度,长期致力于培育更多具有前沿意识、创新精神的学术新人和学术新作。此次推出的学术前沿系列"城乡研究辑",就是基于这样思考的一个尝试。我们希望借此推动更多具有学术创新能力的年轻学者茁壮成长,也为学界奉献更多有关近代中国研究的新作!

南京大学中华民国史研究中心主任
朱庆葆
2020年4月

目　录

前　言　1

绪　论　1

第一章　近代山东的城市化和城市下层社会的形成　37
　　第一节　近代山东的城市化　37
　　第二节　城市社会职业结构的重构和民国时期山东城市下层社会的界定　61

第二章　民国时期山东城市工人店员群体的物质生活　75
　　第一节　民国时期山东城市现代产业工人的物质生活　75
　　第二节　民国时期山东城市手工业工人的物质生活　108
　　第三节　民国时期山东城市店员群体的物质生活　118
　　第四节　民国时期山东城市学徒群体的物质生活　127

第三章　民国时期山东城市自谋生计者群体的物质生活　137
　　第一节　民国时期山东城市自谋生计者群体概况　137
　　第二节　民国时期山东城市自谋生计者群体的物质生活　142

第四章　民国时期山东城市苦力群体的物质生活　156

   第一节　民国时期山东城市苦力群体概况　156

   第二节　民国时期山东城市苦力群体的收入状况　164

   第三节　民国时期山东城市苦力群体的物质生活　170

第五章　民国时期山东城市游民群体的物质生活　191

   第一节　民国时期山东城市游民群体概况　191

   第二节　民国时期山东城市下层妓女的物质生活　193

   第三节　民国时期山东城市乞丐的物质生活　218

结　语　236

参考文献　258

后　记　280

前　言

中华民国时期是近代中国社会转型的重要时期,也是与当代中国距离最近、联系最为紧密的时期。民国史研究起步于新中国成立后,随着改革开放后思想解放运动的展开,逐步走向繁荣,成为中国近代史学科中成长最快、最受关注的领域之一。

"城市是经济、政治和人民精神生活的中心,是前进的主要动力。"①近代中国的城市是中国近代经济与社会发展的缩影,无论是经济领域的现代化还是政治、文化、社会生活方面的变革,都是以城市为中心展开的,城市的发展历程集中反映了中国近代社会变迁的内涵和过程。随着改革开放的深入,城市在中国社会经济中的地位日渐突出,城市史研究尤其是近代城市史研究日渐兴盛。

20世纪80年代中期,社会史研究在中国大陆复兴。普通民众成为国内外中国史研究者瞩目的焦点,"从下向上看的历史"或曰"底层的历史"逐渐受到研究者的青睐。在中国近代史领域,社会巨变背景下发生深刻变革的中国城市社会各阶层、群体受到学者的关注,对中国近代城

---

① [美]德·希·珀金斯:《中国农业的发展(1368—1968)》,宋海文等译,上海译文出版社1984年版,第203页。

市下层社会的一些特殊群体如人力车夫、乞丐、娼妓、城市贫民等的研究也取得了可喜的成果,一度得到学界公认的"'下层'的历史也即'下沉'的历史"这一状况有所改变。但总体看来,中国近代城市下层社会的"失语"现象仍然比较严重,历史研究"最大的空缺是社会下层民众的动向,史学研究需要从点点碎影中修复这历史的残缺,从社会下层发掘足以反映历史变动的轨迹,以最大限度地接近历史的真相"①。

社会史复兴以来,尽管对于社会史的概念界定和研究对象等,学界一直存在着争议,但是在社会生活史作为社会史的重要组成部分这一点上,学界的认同度相对较高。因此,社会生活史研究是社会史研究的重要取向。

物质生活史研究在社会生活史研究中具有基础性。根据唯物史观,社会生活是在一定生产方式基础上人们的共同活动过程,主要包括物质生活、政治生活、精神生活,而物质生活是政治生活、精神生活的基础,因为"人们为了能够'创造历史',必须能够生活","为了生活,首先就需要衣食住以及其他东西"。② 特殊情况下,穿衣吃饭甚至可能会成为政治的晴雨表。

山东作为中国东部沿海重要省份,不仅是较早接受外部世界挑战而启动城市化的地区之一,而且各种类型城市比较齐全。本书选择民国时期山东的城市,聚焦下层社会的物质生活,运用历史学、社会学、经济学、民俗学等多学科、多领域的方法进行研究。本书希望通过对民国山东城市下层社会日常生活状态、质量的揭示,深化对于山东区域史、民国城市下层社会史的研究,以自下而上的视角深刻把握民国时期山东乃至近代中国的社会变迁。如能为认识、解决当今中国城市化、工业化高速发展、社会加速转型进程中出现的城市弱势群体问题提供一些有益的历史参

---

① 刘志琴:《贴近社会下层看历史》,《读书》1998年第8期,第70页。
② 中共中央编译局:《马克思恩格斯选集》第1卷,人民出版社1972年版,第32页。

照,笔者自然乐见其成。

本书依据社会分层理论,在借鉴前人研究成果的基础上首次将民国时期山东城市下层社会划分为四个大的群体:由现代产业工人、店员、手工业工人以及学徒组成的工人店员群体;以小手工业者、小商贩、手艺人等为主的自谋生计者群体;由马车夫、人力车夫以及建筑、运输、装卸、清洁等行业季节工、临时工等组成的苦力群体;由乞丐、娼妓、戏子、算命、兵痞流氓等组成的游民群体。

本书通过对大量历史资料、数据的缜密梳理、鉴别和分析,重点研究了下层社会各主要职业、行业群体的收入、支出以及衣食住状况。对于其中一些特殊职业群体如人力车夫、码头工人等,兼及其劳动状况。

本书所运用的史料范围较为广泛,诸如民国时期的报刊、档案、地方志、调查统计资料、指南书、民间契约、碑刻、小说、诗歌等,力求对民国山东城市下层社会的物质生活状况进行科学、客观、真实的再现。

本书是在我2011年完成的博士论文——《民国时期山东城市下层物质生活状况研究(1912—1937)》——的基础上修改而成的。在山东大学历史文化学院攻读博士期间,我参加了南京大学中华民国史研究中心招标、导师吕伟俊先生主持的教育部人文社会科学重点研究基地重大项目——"民国时期城市下层社会研究",在吕老师的指导下选题、完成博士论文并顺利通过了论文答辩。2018年10月南京大学中华民国史研究中心决定启动本项目的出版工作,我对原博士论文进行修改润色,形成了本书稿。

关于下层社会的研究,学者张鸣曾经指出:说实在的,这种研究的确不是件容易的事。下层老百姓是个无文而且格外庞大的群体……我们只能迂回绕道,在民俗材料、案件口供、民歌民谣、戏曲传说,乃至报纸的社会新闻中寻寻头绪,找找端倪。然而,这样一来更麻烦的事往往在于,首先你要沙里淘金,能不能淘出来又很难说,因为浩瀚的沙洲中难以辨认金矿。其次,就是找到了你所需要的东西,怎么样分析归纳又成了更大的难题。①

对于张先生的上述说法,我深有同感。在博士论文写作的初期,因为担心资料缺乏而难以完成论文,我有好长一段时间终日惴惴不安。为了搜集尽可能多的第一手资料,我不得不在民国时期出版的报纸、期刊、调查统计资料、地方志以及档案中进行地毯式搜索;有时在一个档案馆忙活几天,可能最终所得寥寥。如今,距离本人完成博士论文已近10年,对于论文完成时的喜悦,我的记忆已经变得模糊,但是,研究开始时的恐惧、查阅资料时发现有重要价值的资料时的欣喜、连续多日在山东省图书馆一个小室内操作缩微胶卷阅读机查阅民国报刊的情景等,依然历历在目。此次修改,又已历时两年,不期而至的新冠肺炎疫情以及只能利用业余时间进行修改等也是延缓进度的因素。如今书稿终于完成,在聊感欣慰的同时,我心里更多感到的是忐忑,因为我的研究任务——科学、客观、真实地再现民国时期山东城市下层社会的物质生活状况——完成得如何,只能交由本书的读者去评判。恳请各位专家、读者不吝赐教!

2020年10月于山东中医药大学

---

① 参见张鸣:《当心陷阱——也谈贴近社会下层看历史》,《读书》1998年第12期,第83页。

绪　论

一、为什么研究民国山东城市下层社会物质生活史

"在中国几千年的历史长河之中,以中华民国为标志的20世纪上半叶,虽然不过是极其短暂的一瞬,但无疑是其中社会生活各方面的动荡和变化最为剧烈、最动人心魄的一幕,也是中华民族从落后走向富强、从衰亡走向复生、从传统走向近代、从列强欺凌到民族独立最为关键的时期。"①中华民国时期也是与当代中国距离最近、联系最为紧密的时期,对这一段历史的研究,无论从历史还是现时的角度看,无疑都具有重要的意义。

近代中国的城市是中国近代经济与社会发展的缩影。城市的发展历程集中反映了中国近代社会变迁的内涵和过程,无论是经济领域的现代化,还是政治、文化、社会生活方面的变革,都是以城市为中心展开的,对中国近代城市的深入研究和剖析,有助于更为准确地把握近代中国的社会转型,也有助于加深对当代中国国情的认识。

历史是什么？在马克思恩格斯合著的《神圣家族》中可以找到一个

---

① 李文海主编:《民国时期社会调查丛编·城市(劳工)生活卷》上,福建教育出版社2005年版,"前言"第1页。

简洁恰切的答案:"历史不过是追求着自己目的的人的活动而已。"①尽管人是历史活动的主体,但历史往往以广袤无垠的时空湮没芸芸众生具体而丰富的日常生活,"而主要彰显对人类社会发展产生重大影响的主要活动、关键事件和突出人物"②,由此,政治史、经济史、文化思想史、革命史等史学"范式"在近代以来的历史科学园地里竞相绽放。

但是,正如马克思恩格斯在《德意志意识形态》中指出的:"现代历史著述方面的一切真正进步,都是当历史学家从政治形式的外表深入到社会生活的深处时才取得的。"③历史研究应该"将透视的焦点从国家上层移向社会下层,下力气研究芸芸众生……透过他们日常普通的物质生活、精神生活和心理世界,展示千百万人的'众生相',由下而上地展开对中国社会深层结构的揭露"④。

20世纪80年代中期以来,社会史在大陆史学界复兴并开始展示出"千姿百态的魅力","传统笼罩的村庄,香烟缭绕的庙宇,温情脉脉的宗族,质朴有趣的民众生活……"⑤"从下向上看的历史"或曰"底层的历史"研究逐渐受到青睐,普通民众成为中国史研究学者瞩目的焦点。

社会生活史以人类历史上的社会生活作为研究对象,通过各种社会生活素材,多角度地揭示历史演进的外在表象和内在规律。⑥"社会生活主要分为物质生活和精神文化生活。物质生活,侧重于衣、食、住、行的习惯和方式的研究;精神文化生活主要研究民间宗教信仰、岁时风俗、文化娱乐等。"⑦

---

① 中共中央编译局:《马克思恩格斯全集》第2卷,人民出版社1957年版,第118—119页。
② 陆汉文:《现代性与生活世界的变迁——20世纪二三十年代中国城市居民日常生活的社会学研究》,社会科学文献出版社2005年版,第2—3页。
③ 中共中央编译局:《马克思恩格斯全集》第12卷,人民出版社1962版,第450页。
④ 王家范:《从难切入,在"变"字上做文章》,《历史研究》1993年第2期,第3页。
⑤ 杨念群:《为什么要重提"政治史"研究》,《历史研究》2004年第4期,第10页。
⑥ 参见何王芳:《民国时期杭州城市社会生活变迁研究》,浙江大学2006届博士学位论文。
⑦ 池子华:《中国近代社会史的理论视野》,《河北大学学报》(哲学社会科学版)1998年第1期,第29页。

近代中国城市下层社会是近代中国城市化和社会转型的结果。近代中国的城市化是在中国沦为半殖民地半封建社会的特殊历史环境中展开的。鸦片战争后,随着一系列口岸城市的开放以及中外贸易交流的开展,城市化的浪潮由沿海口岸城市率先启动并推向内地。

山东,作为中国东部沿海要区,不仅是较早接受外部世界挑战而启动城市化的地区之一,而且各种类型的城市比较齐全:既有在不平等条约下开放的烟台、被德国和日本先后侵占达20多年的殖民地城市青岛、被英国强租达30多年的威海卫,也有在清末民初主动开放的济南、潍县、周村、龙口、济宁等,还有一些有代表性的传统城市临清、淄博。①

对民国山东城市下层社会的物质生活状况进行研究,主要意义有三:

第一,有助于深化对民国城市下层社会的研究。

随着前述社会史的复兴,人们对民国史的研究兴趣也"逐渐从那些叱咤风云的历史人物、动人心弦的政治事件以及茶余饭后的奇闻逸事","扩散到或者准确地说是深入到了经济生活、社会生活的层面"。② 在城市社会阶层研究方面,学者除了对属于社会上中层的买办、商人、教师、公务员等群体展开研究,对下层社会的一些特殊群体如人力车夫、乞丐、娼妓、城市贫民等的研究也取得了可喜的成果。但是,就城市下层社会总体而论,"失语"现象仍然比较严重。

基于中国不同地区间经济、政治、文化发展的差异,划分若干易于把握的区域空间,进行社会史研究的"区域转向",是推动历史研究向深度和广度进展的一个有效途径。③ 结合前述山东区域城市的典型性,本书选取山东区域,对城市下层社会的构成、数量、收支状况和生存状态等进

---

① 参见王守中、郭大松:《近代山东城市变迁史》,山东教育出版社2001年版,"前言"第1页。
② 李文海主编:《民国时期社会调查丛编·城市(劳工)生活卷》上,福建教育出版社2005年版,"前言"第1页。
③ 参见隗瀛涛主编:《四川近代史稿》,四川人民出版社1990年版,"前言"第1页。

行较为系统的考察,有助于深化对民国时期城市下层社会的研究。

第二,有助于深化对近代山东乃至近代中国社会变迁的研究。

马克思恩格斯还指出,人类社会"历史的发源地"不是在"天上的云雾中",而是在"尘世的粗糙的物质生活中"①。因为"人们为了能够'创造历史',必须能够生活","为了生活,首先就需要衣食住以及其他东西"。②历史并不只是上层少数人创造的,作为物质生产活动主体的人民群众在历史发展中起了重要的作用,人民群众的生活和愿望,往往影响到领导集团的决策,从最根本的层次上决定着社会的发展方向。③

"广大城市下层民众那丰富多彩、鲜活生动的生活场景,真切地记录了近代社会转型和剧变带来的后果和影响;他们的城市遭遇和生命历程,蕴含了丰富的反映中国近代社会新陈代谢的信息。"④对民国时期山东城市下层社会的物质生活状况进行研究,有助于深化对近代山东乃至近代中国社会变迁的理解。

第三,具有一定的现实意义。

历史研究的功用不仅仅在于重建历史、恢复历史的本来面目,而且在于为当下的经济和社会发展提供有现实价值的理论指导与借鉴。正如梁启超曾经指出的:历史要"记述人类社会赓续活动之体相,校其总成绩,求得其因果关系,以为现代一般人活动之资鉴者也"⑤;"史家之目的,在使国民察知现代之生活与过去、未来之生活息息相关,而因以增加生活之兴味;睹遗产之丰厚,则欢喜而自壮;念先民辛勤未竟之业,则矍然思所以继志述事而不敢自暇逸;观其失败之迹与夫恶因恶果之递嬗,

---

① 中共中央编译局:《马克思恩格斯全集》第2卷,人民出版社1957年版,第191页。
② 中共中央编译局:《马克思恩格斯选集》第1卷,人民出版社1972年版,第32页。
③ 参见郭德宏:《社会史研究与中国现代史》,《史学月刊》1998年2期,第74,77—78页。
④ 吕伟俊、聂家华:《生成与生存:城市化背景下的山东城市下层社会述论(1912—1937)》,《东岳论丛》2008年第2期,第127页。
⑤ 梁启超:《中国历史研究法》,河北教育出版社2000年版,第6页。

则知耻知惧,察吾遗传性之缺憾而思所以匡矫之也"①。治史者可以通过斟酌选题及视角,使自己做出的历史"既是过去的科学,又是现时的科学"。

关于近代中国的社会变迁,学者尹伊君曾指出:始于清末的那次变革是"中国社会的第三次转型","而迁延至今,未成定谳"。② 不管我们是否赞成这一观点,但是有一点是毋庸置疑的:如果抛开社会制度因素,从城市化引起社会阶层结构变革的角度说,清末至民国前期的中国与改革开放以来的中国的确具有一定的相似性。

自清末至20世纪30年代中期,在中国发生的工业化、城市化浪潮引发了中国城市社会阶层结构的剧烈变动,传统社会中的社会阶层急剧分化,新的社会阶层不断产生,西方国家在工业化进程中花了几百年才出现的城市社会阶层结构,在当时的中国城市社会已经初步显现。③

从实行改革开放至今,城市化、工业化仍然是拉动中国经济增长的最主要的动力,"我国的社会阶层构成发生了新的变化,出现了民营科技企业的创业人员和技术人员、受聘于外资企业的管理技术人员、个体户、私营企业主、中介组织的从业人员、自由职业人员等社会阶层。而且,许多人在不同所有制、不同行业、不同地域之间流动频繁,人们的职业、身份经常变动。这种变化还会继续下去"④。与此同时,主要由于企业改革、改制和产业结构的调整等原因,"相当多的职工被排挤出生产领域,下岗、失业了,生产性工人实际的经济地位、政治地位下降了,企业职工社会保障薄弱"⑤,城市中也出现了一个数量较为庞大、结构比较复杂的弱势群体。2002年3月5日,时任国务院总理朱镕基在九届全国人大五

---

① 梁启超:《中国历史研究法》,河北教育出版社2000年版,第8—9页。
② 尹伊君:《社会变迁的法律解释·代序》,商务印书馆2003年版,第4页。
③ 参见李明伟:《清末民初中国城市社会阶层研究(1897—1927)》,社会科学文献出版社2005年版,第61页。
④ 江泽民:《在庆祝建党八十周年大会上的讲话》,《人民日报》2001年7月2日,第1版。
⑤ 邹农俭:《工人阶级概念的两重区分》,《江海学刊》2005年第4期,第106页。

次会议上所做的政府工作报告中明确提出:对弱势群体要给予特殊的就业援助。这是我国政府第一次正式使用"弱势群体"这一术语,也是该词第一次出现在政府文件中,表明弱势群体问题已经引起我国政府的高度重视。当今城市"弱势群体"的主体其实就是城市下层社会。

正是由于上述两个时期在社会转型问题上具有一定的相似性,本项研究不仅有助于加深对民国中国社会的了解,对于认识、解决当今中国城市化、工业化高速发展、社会加速转型进程中出现的城市弱势群体问题也不无裨益。

之所以将时间范围确定为1912年到1937年这段时期,主要是考虑到:无论就全国还是山东省而言,至1937年抗日战争开始前,城市化及其经济现代化水平都达到了民国时期的高峰,现代城市社会阶层结构雏形基本形成;此后的12年里,抗日战争和国内战争的硝烟弥漫于包括山东在内的全国大部分地区,不仅原来的城市化进程遭到挫折,呈现出"有进有退、扑朔迷离、错综复杂的局面"[①],而且普通百姓都朝不保夕,根本无法过正常的生活,更不用说城市社会下层;就整个民国时期来说,从1912年到1937年这段时期,尽管也有战争,但总体处于相对稳定的时期,探寻下层社会生活状况的常态及其变迁自然以这段时期更为适宜。

二、国内外研究基础

对民国时期山东城市下层社会物质生活进行研究,涉及历史学、社会学、经济学、民俗学等众多学科以及城市史、社会史、区域史、经济史等多个领域。与本书内容高度相关的研究主要包括:山东区域现代化和城市史研究,近代中国、近代山东城市社会分层研究,近代尤其是民国时期城市下层社会各行业、各群体的研究。下分国内、国外扼要述之。

---

① 聂家华:《对外开放与城市社会变迁——以济南为例的研究(1904—1937)》,齐鲁书社2007年版,第39页。

(一)国内研究

1.近代山东区域现代化和城市史研究

社会史复兴是从反省现代化起步的,"现代化"因而成为初期中国社会史研究的主流范式。"研究者在这一范式主导下,主要围绕中国社会近代化状况、传统社会元素与现代化的关系、社会现代化变革的艰难曲折、与西方模式相比的缺失等问题展开研究,作出了一批不同于以往'革命史范式'而别开生面的研究成果。"①吕伟俊等的《山东区域现代化研究(1840—1949)》(齐鲁书社2002年版),借助现代化的理论工具,对山东区域现代化从物质层面到制度层面再到文化层面的递进轨迹及各个层面的具体情况进行了全方位的考察和研究。

由于城市在"现代化"中的核心地位,近代中国城市史研究起步早而且成果丰富。就山东区域而论,既有单体城市研究,也有区域城市研究。

王守中、郭大松合著的《近代山东城市变迁史》(山东教育出版社2001年版)是区域城市史研究中颇具代表性的著作。该书纵向以时间为经,横向对每一城市从行政建制、工商金融、文教卫生、市政建设和公用设施等方面,对近代(多数城市时间为1840—1927年,个别城市延伸至1933年)山东城市发展的阶段、表现、特点和动因进行了全面而系统的论证。魏永生编著的《晚清山东商埠》(山东文艺出版社2004年版)对烟台、青岛以及清政府自开的济南、周村、潍县商埠进行研究,从经济发展和城市建设两方面论述了开埠对近代山东社会经济的影响。杨天宏所著《口岸开放与社会变革——近代中国自开商埠研究》(中华书局2002年版),对济南、潍县与周村三商埠也做了较为详尽的考察。

近代山东单体城市研究方面,对青岛、济南、烟台的研究较多。任银睦的《青岛早期城市现代化研究》(生活·读书·新知三联书店2007年

---

① 孙颖、李长莉:《改革开放40年来的中国近代社会史研究:反省与寻求突破》,《广东社会科学》2018年第6期,第127页。

版)对从1898年德国强租开埠到1922年中国从日本手中收回这24年间的青岛进行研究。聂家华的《对外开放与城市社会变迁——以济南为例的研究(1904—1937)》(齐鲁书社2007年版)运用历史学、社会学等多学科结合的方法,从工业、商业、金融、城市人口与社会结构、基础设施与市政建设、教育等不同层面,对济南1904至1937年的现代化历程进行了考察。党明德、林吉玲的《济南百年城市发展史——开埠以来的济南》(齐鲁书社2004年版)从城市现代化角度对开埠到改革开放后的济南百年城市发展做了较为系统的分析。

上述"现代化"范式下的研究,以城市现代化特别是城市的经济现代化研究为主,对城市社会阶层尤其是社会下层研究着墨较少。但该范式毕竟将研究视角和关注重心由上层精英阶层转向社会、民众,也使历史研究领域大大扩展①,在城市化的进程、城市化的推动力量与制约因素、近代城乡关系等方面,对本项研究具有指导和借鉴意义。

2. 近代中国、近代山东城市社会阶层变迁及阶层结构研究

19世纪中期以后中国社会剧烈的变迁使得社会阶层结构逐渐发生变化,不少学者对近代中国社会阶层变迁及结构进行了研究。

许纪霖指出:现代化是一个社会资源与群体利益再分配的过程。传统中国主要存在三大社会阶层,即官僚阶层、士绅阶层与农民阶层。20世纪初,随着工商部门与自由职业的出现和清末军事改革,三大新兴精英阶层开始出现:知识阶层、工商阶层与军人阶层。其与原来的三大社会阶层一起,构成了左右中国现代化格局和走向的动力群体。传统的精英集团士绅阶层与官僚阶层在现代化变迁过程中走向衰落或失势,而新兴的三大精英集团中,军人阶层最具社会整合能力,又实际占据权力中心,但缺乏现代化的明确导向;工商阶层一度生气勃勃,活跃于民间社

---

① 参见孙颖、李长莉:《改革开放40年来的中国近代社会史研究:反省与寻求突破》,《广东社会科学》2018年第6期,第128页。

会，但最终受到政治权力的控制而趋于无能；知识阶层在长达一个半世纪的岁月中独撑孤舟，不知疲倦地鼓吹和倡导社会变革，成为现代化的主要推进者。农民阶层是一直作为精英集团所活跃的历史背后的巨大幕景而存在的。①

杜恂诚主张以动态的眼光研究中国近代社会阶层排序问题。他认为阶层的排序和国民收入的分配是与制度因素紧密相关的：在近代军阀官僚政府尚不能有效控制政局和经济时，军阀官僚与上层工商业者并列为社会阶层序列的首席；而一旦军阀官僚得以控制政局和经济，特权官僚就成为唯一高高在上的等级，国民收入的分配也会发生相应的剧变。②

石秀印认为，晚清以来中国社会经历了一个阶层不分化(1840年前)、分化(1840—1949年)、合化(1949—1978年)、分化(1978年至今)的交替进程，影响阶层分化、合化的三个自变量分别是资源特性、组织权力与公共权力。资源特性、组织权力在自发运作的市场中导致阶层分化的马太效应具有必然性，公共权力则具有选择性。当公共权力阶层与强力资源拥有阶层兼组织权力阶层结盟时，阶层分化加剧，社会有发展但是不稳定；当公共权力阶层与弱力资源拥有阶层结盟时，阶层合化出现，社会稳定但是不发展。③

台湾学者张瑞德、卢惠芬的《中华民国史社会志·社会阶层与流动》（台湾"国史馆"1998年抽印本），依知识分子、商、工、农的次序分别叙述，以期明晰社会阶层及其流动。作者认为20世纪上半叶中国社会阶层和流动具有六个特征：阶级开放、满汉平等、贱民解放，法律上对于社会流动的限制更为减少；新式教育实行后，贫穷家庭的子弟读书更加困难，使得教育在传统社会所具备的社会流动功能大受影响，而抗日战争期间所

---

① 参见许纪霖：《近代中国变迁中的社会群体》，《社会科学研究》1992年第3期，第84—87页。
② 参见杜恂诚：《试论近代中国社会阶层排序》，《学术月刊》2004年第3期，第31—38页。
③ 参见石秀印：《晚清以来中国社会的阶层分化、合化及其社会后果》，《江苏社会科学》2002年第4期，第74—84页。

实行的公费制度重新造成清寒子弟获得向上流动的机会；血缘、地缘关系在职业流动上依然扮演重要的角色；商人地位有整体提升；工人阶层逐渐扩大；农民向上流动不易，而却容易向下流动。

李明伟在《清末民初中国城市社会阶层研究(1897—1927)》中指出，清末民初中国城市社会群体结构发生了巨大的变化，在传统社会结构之外产生出新的社会群体，如买办、企业家、职员、文教工作者、自由职业者、工人、城市贫民等。他按照社会学的惯常标准即职业类别，将19世纪末20世纪初中国城市社会划分为九个阶层及上层、中层、下层三类。其中，社会上层主要包括大官僚、买办、企业家、社会名流等。社会中层主要包括银行、公司高级雇员、中小企业主或店主、包工头、技术工人等。社会下层包括：手工业者、商贩、店员、学徒；工厂、商店和手工作坊的熟练工人和非熟练工人，矿山、运输、建筑、装卸等行业的工人和季节工、临时工；小摊贩等自谋生计者、苦力、娼妓、乞丐、难民等。① 忻平在《从上海发现历史——现代化进程中的上海人及其生活(1927—1937)》一书中同样主要依据身份或职业将上海社会分为上、中、下三层：社会上层包括官僚、绅士、资产阶级；社会中层包括职员、专业人员、知识分子及自由职业者等；社会下层则由工人、苦力构成。②

近代山东城市阶层结构研究也有一些成果。郭芳对早期青岛移民社会的构成进行了分析，认为早期移民社会由侨民、中产阶层、小商户与职(店)员、产业工人、城市贫民构成，呈现出成分构成多层次化、职业构成多样化的特点③。崔玉婷根据对权力、经济、文化三大资源的占有状况，将抗战以前的青岛居民分为上、中、下三个阶层，认为上层是青岛社

---

① 参见李明伟：《清末民初中国城市社会阶层研究(1897—1927)》，社会科学文献出版 2005 年版，第 98—99 页。
② 参见忻平：《从上海发现历史——现代化进程中的上海人及其生活(1927—1937)》，上海人民出版社 1996 年版，第 106—165 页。
③ 参见郭芳：《早期青岛移民社会的构成》，《青岛教育学院学报》2002 年第 4 期，第 8—10 页。

会现代化的主导力量,中层是中坚力量,下层则是被动牺牲者,并认为抗战以前青岛社会阶层结构已具备了现代阶层结构的雏形。① 张秋菊分析了抗战以前烟台人口与职业结构的变迁,将抗战以前烟台的社会划分为以商人群体为主的社会上层、以职员群体为主的社会中层和以工人、学徒、苦力为主的社会下层,并从社会阶层结构的异质化程度、各阶层总量分布、阶层流动机制、社会阶层矛盾等方面进行了综合分析。② 张刚以职业分类为基础,将抗战以前的济南社会分为工商业者、自由职业者、产业工人、城市贫民、城市管理者,并对每个阶层在社会运行中对经济、政治等各项因素的综合占有情况及其生活状况进行了分析。③

上述这些成果对本书的城市社会分层以及城市下层社会的界定具有重要的指导和借鉴意义。

3. 对近代中国、近代山东尤其是民国时期的城市下层社会的研究

由于农村经济的衰败和工业化的低度发展,工资低廉、失业、无业等问题在中国城市化起步时期就格外突出。④ 城市下层社会是这些社会问题的承载者和最大受害者,学者从民国时期就已经开始对城市下层社会进行研究。兹分民国时期与当代两个时期将有关城市下层社会的研究综述如下。

(1) 民国时期的研究

民国时期有关城市下层社会的研究主要包括以下三类:

一是当时涌现出大量有关城市下层社会的社会学调查成果。从20世纪初期到30年代,随着劳工、娼妓、游民、犯罪等问题成为中国城市突出的社会问题以及西方社会学的理论的传入;基督教会、外籍教师组织

---

① 参见崔玉婷:《抗战以前青岛华人社会阶层分析》,《文史哲》2003年第1期,第144—150页;崔玉婷:《抗战以前青岛华人社会阶层分析》,山东大学2003届硕士学位论文。
② 参见张秋菊:《抗战以前烟台社会阶层结构的变迁》,山东大学2004届硕士学位论文。
③ 参见张刚:《抗战以前济南社会阶层结构的现代转型》,山东大学2004届硕士学位论文。
④ 参见行龙:《近代中国城市化特征》,《清史研究》1999年第4期,第23页。

特别是中国的社会学家进行了大量的社会调查,内容涉及人口、劳工、风俗、妇女、教育、灾祸和社会概况等。据燕京大学社会学系学生统计,仅在1927年到1935年的9年间,全国各类大小社会调查报告就有9027件之多。尽管从社会学的角度看,这些调查具有较明显的局限性,如调查内容的分散重复、调查手段的单一以及缺乏理论上的自主创新等等,但毕竟是借鉴西方社会学的观点和方法进行实地调查形成的田野调查成果,直接关注的是下层群体,尤其重视对下层群体"生活"的调查研究①,包括家庭经济消费结构、衣食住行状况、生产状况、闲暇娱乐等,"为我们精雕出当时各行业劳工异常明晰微观的历史状态"②,从而留下了大量有关城市下层社会生活状况的丰富、直观的第一手资料。其中就包括两个直接在山东城市济南完成的调查报告:一是1924年齐鲁大学社会学系学生的调查报告《济南社会一瞥》,涉及济南的历史、地理、人口、行政管理、公共事业、地方财政、劳动制度、教育制度、娱乐活动、娼妓、工业状况、生活水准、住宅、慈善事业、教育体制、文化和教育机构、宗教机构、妇女动向、家庭状况、基督教活动等方面,是关于济南当时社会状况不可多得的第一手资料;二是齐鲁大学社会学系学生强一经1932年做的《济南洋车夫生活调查》,提供了关于济南人力车夫收支与生活状况的第一手资料。

二是出版了一批致力于研究劳工工作、生活方面各种问题的专著。根据学者潘锦棠的统计,从20世纪20年代到40年代,中国出版的有关劳动问题的社会学著作不下100种。③ 1929年由商务印书馆出版的《中国劳工问题》是陈达关于劳工问题的代表作,也是当时影响很大的关于

---

① 参见陈映芳:《中国城市下层研究的经纬和课题》,《江苏行政学院学报》2004年第3期,第65页。
② 白群、万永林:《试析〈劳工月刊〉的社会学人类学价值》,《云南图书馆》2010年第3期,第77页。
③ 参见潘锦棠:《劳动社会学的由来和发展》,《社会科学》1992年第1期,第69页。

劳工问题研究的代表性著作。在该书中,他运用生存竞争和成绩竞争的理论来阐述中国的劳工问题。所谓生存竞争,即生命本身作为活的生物体为存在而进行的工作和努力;所谓成绩竞争,是就个人对于文化的努力而言。提高成绩竞争的一个必要条件便是闲暇。闲暇的产生在个人方面,大致是由生存竞争节省下来的,如果一个人的精力皆为衣食住行问题消磨净尽,那么便谈不到成绩竞争。工人们必须享受相当的家庭快乐,有相当的教育和相当的法律保障等。骆传华的《今日中国劳工问题》(青年协会书局1933年版)则从中国经济的危机、劳工运动的起源及发展、重要工会的研究、国民党的劳工政策、共产党与中国劳工运动、劳动法的过去与现在、工厂法的实施问题、劳资争议与劳工工作条件问题、劳工教育、失业和无业、福利、中国与国际劳工组织以及几种特殊的劳工状况等方面,重点论述了政治、法律和社会层面的劳工问题。吴至信的《中国惠工事业》(世界书局1940年版)则通过1937年对10个省49个工矿铁路职工福利事业所做的调查,记录和分析了民国时期"惠工"事业的现状,包括组织、经费、人才、设施等方面,以及休息日、例假、事假、病假、婚丧假等规定。孙本文的《现代中国社会问题》(1—4册)(商务印书馆1946年版)从近代中国社会变迁的视角,研究了中国社会的家族、人口、农村、劳资等问题。

还有一些学者从失业、贫困救济方面进行研究,如马君武所著《失业人及贫民救济政策》(商务印书馆1929年版),介绍了失业保险和工人保险制度,引进了"社会保险制度"的学说(这是对民国时期社会救济事业的一大创新),并分析了贫民致贫原因及救贫方法。

通观这些关于中国劳工问题的研究,尽管部分著作内容具有一定的同质性,但总体来说,研究方法多样、理论视角多元,不仅运用社会学理论,而且运用政治、经济、法律等学科的理论和方法进行研究,还留下了一些关于劳动问题的较为系统的资料,对于本书的工人群体研究具有重要的参照意义。

三是一些刊物发表了大量有关城市下层社会的文章。民国时期的学者、社会团体或政府等创办了一些致力于研究劳工问题的刊物,集中发表了一些关于劳工问题的研究文章;其他普通刊物上也有不少有关城市下层社会研究的研究成果,如对娼妓问题、乞丐问题等的研究。

另外,当时还出现了大量反映城市下层民众生活的文学作品,包括小说、诗歌等。如老舍的《骆驼祥子》以20世纪20年代末期的北京为背景,以人力车夫祥子坎坷、悲惨的生活遭遇为主要情节,向人们展示了军阀混战、黑暗统治下的北京底层贫苦市民生活于痛苦深渊中的图景。[①]

另外,当时还出现了一些研究娼妓问题的专著。王书奴编著的《中国娼妓史》(生活书店1934年版)是中国第一部妓女史著作,其研究重点在古代妓女史,对近代娼妓制度也有研究。鲍祖宣、孙玉生对民国娼妓问题进行了专门的研究,分析了娼妓形成的原因以及她们的生活状况。[②]

(2) 当代的研究

新中国建立初期对劳工生活的研究多从属于革命史和政治史范畴,这一时期最重要的成绩是资料的收集和整理。当时,中国一批经济学家编辑了一批中国近代经济史资料,影响较大的是中国科学院经济研究所主编的"中国近代经济史参考资料丛刊",其中的第二种《中国近代工业史资料》、第四种《中国近代手工业史料》分别以专门的章节论述了中国工业工人、手工业工人的劳动、生活状况。

20世纪80年代中期社会史复兴以来,对中国近代城市下层社会的研究越来越受到重视,已有不少有价值的成果出现。大致可以分为三个大类,下分述之。

第一大类是关于近代中国、近代山东城市下层社会或城市贫民生存

[①] 《骆驼祥子》是老舍先生的代表作之一,1936年首次发表在杂志《宇宙风》。
[②] 参见鲍祖宣:《娼妓问题》,上海女子书店1935年版;孙玉生:《妓女的生活》,上海春明书店1939年版。

状态或生活状况的研究。其中有些是在社会史综合研究中论及城市下层社会及其生活,有些是直接以近代城市下层社会为论题,有些则是以近代城市贫民生活为论题。

在社会史综合研究中论及城市下层社会的成果相对较多。李明伟的《清末民初中国城市社会阶层研究(1897—1927)》作为对清末民初城市阶层进行系统研究的专著,也对城市中下层市民特殊群体的分层结构、收入情况和生活状况进行了较为详尽的分析。① 陆汉文以涉及普通群众的调查统计资料为依据,阐述1928—1937年间中国城市居民的物质生活、群体生活与社会交往、文化教育与精神生活等,描绘城市居民生活世界的基本轮廓和变化情况,进而分析城市居民生活与中国社会现代化的关联性,也涉及下层社会生活状况。② 忻平的《从上海发现历史——现代化进程中的上海人及其社会生活》(上海人民出版社1996年版),在分析民国时期上海的人口、人格、社会结构、整合体系以及居民消费、收入、衣食住行乃至物化环境、人文环境、文化生活等各个方面时,多有关于下层社会生活情况的描述,特别关注了上海乞丐这一独特人群。前述山东大学关于济南、青岛、烟台阶层结构的三篇硕士论文则论及山东城市下层社会生活。

当前直接以城市下层社会为论题的成果相对较少。刘志强、姚玉萍考察了北洋政府时期下层人民家庭功能及其革命动因,认为北洋政府时期工人、农民和贫民有60%以上的家庭收支处于"入不敷出"的状况,而维护家庭成员生存的生活动因促使他们投入斗争。③ 严昌洪主编的《近

---

① 参见李明伟:《清末民初中国城市社会阶层研究(1897—1927)》,社会科学文献出版社2005年版,第391—462页。
② 参见陆汉文:《现代性与生活世界的变迁——20世纪二三十年代中国城市居民日常生活的社会学研究(1928—1937)》,社会科学文献出版社2005年版,第3页。
③ 参见刘志强、姚玉萍:《北洋政府时期下层人民家庭功能及其革命动因的考察》,《近代史研究》1991年第5期,第143—159页。

代中国城市下层社会群体研究——以苦力工人为中心的考察》(湖北人民出版社 2016 年版)以近代农民工和人力车夫、码头夫、粪夫、清道夫等苦力工人群体为代表,对中国近代史上的城市下层社会职业群体进行透视,力图揭示其生存状况及其与近代社会发展的关系。

吕伟俊、聂家华直接对近代山东城市下层社会进行了研究:指出近代山东城市下层社会是近代山东城市化和工业化过程中社会结构剧烈分化和重组的结果,并将其划分为四个群体,对其生存状况进行了粗线条勾画。① 由于论题的高度相关性,上述内容对本书具有重要的指导和参照意义。

刘海岩将近代华北自然灾害与天津贫民化的边缘阶层结合在一起加以分析,认为近代华北自然灾害频仍导致灾民大量流入城市,这些灾民是城市贫民阶层的主要来源;民国时期城市慈善赈济系统的演变是促使灾民转化为城市贫民阶层的重要因素;"边缘化"是贫民阶层生存状态的典型特征。② 索亮从社会史的角度分析了整个城市贫民阶层的生活,主要从城市贫民的分类,城市贫民的来源,城市贫民的工作、收支、衣食住,城市贫民生活的特点等方面进行阐述和分析,指出城市贫民经济上的贫困性和脆弱性、城市贫民的边缘性以及犯罪和组帮结派。③ 付燕鸿《窝棚中的生命:近代天津城市贫民阶层研究(1860—1937)》(山西人民出版社 2013 年版)以近代天津作为考察对象,从城市化的视角切入,以 20 世纪二三十年代政府、私人及学术团体的社会调查为依据,综合利用历史学、社会学和人口学的研究方法,详尽剖析了近代城市贫民的日常生活状态、致贫机理、社会各界对城市贫民的关注以及政府的救济活动,

---

① 参见吕伟俊、聂家华:《生成与生存:城市化背景下的山东城市下层社会述论(1912—1937)》,《东岳论丛》2008 年第 3 期,第 127—130 页。
② 参见刘海岩:《近代华北自然灾害与天津贫民化的边缘阶层》,《天津师范大学学报》2004 年第 2 期,第 32—38 页。
③ 参见索亮:《民国时期城市贫民生活述略》,吉林大学 2006 届硕士学位论文。

深刻辨析了各种城市病与城市贫民问题的相关性。

第二大类是对近代城市下层社会的某些特殊群体的研究。其中以对工人、人力车夫、游民乞丐以及娼妓这四个群体的研究为多。

对工人进行研究而形成的成果较为丰富,包括对工人劳动状况及生活状况的研究、对工资及家庭收入状况的研究以及以社会结构、社会关系为视角的研究等。

不少学者对工人的劳动状况、生活状况进行了研究。如黎霞对民国时期武汉码头工人群体的研究①、于洋洋对民国时期产业工人的劳动状况的研究②、李映涛以成都为例对民国时期内地城市工人的生活状况的研究③、孙自俭对民国时期铁路工人群体的研究④、罗苏文对近代上海一个并不起眼却很有特点的棉纺织工人聚居区(高郎桥小区)的研究⑤等。

研究工人工资及收入水平的成果也有很多。陆兴龙指出民国时期的工人工资有四个特点:工资等级多,制度极不统一;工资关系复杂,合理与非合理交错表现;工资形式复杂多样,除计时工资和计件工资外,还有包工制、佣金制、分成制、小账制等形式;大多数工人的工资水平低下,难以维持生活等。⑥张伟通过对上海等近代中国几个城市的工人家庭收入的分析得出结论:近代城市经济水平发展不平衡,导致近代工人和工

---

① 参见黎霞:《负荷人生——民国时期武汉码头工人研究》,湖北人民出版社2008年版。
② 参见于洋洋:《民国时期产业工人的劳动状况》,吉林大学2006届硕士学位论文。
③ 参见李映涛:《民国时期内地城市工人生活研究——以成都为例》,《中华文化论坛》2005年第4期,第139—143页。
④ 参见孙自俭:《民国时期铁路工人群体研究——以国有铁路工人为中心(1912—1937)》,华中师范大学2012届博士学位论文。
⑤ 参见罗苏文:《高郎桥:1914—1919沪东一个纺织工人生活区的形成》上,《社会科学》2005年第12期,第5—11页;罗苏文:《高郎桥:1914—1919年沪东一个纺织工人生活区的形成》下,《社会科学》2006年第1期,第41—49页。
⑥ 参见陆兴龙:《民国时期工人的工资及家庭消费状况简析》,《档案与史学》1995年第1期,第53—57页。

人家庭收入与生活水平有所不同,这种不同是和各个城市近代化发展水平相一致的;近代中国城市工人家庭的收入水平和生活水平也随着近代工业的发展在逐步提高。①

上海在中国近代城市中具有特殊的地位,对上海工人工资及家庭收入的研究较多。② 这些研究,尽管研究的时段并不完全一致,研究视角也有细微差别,但从中还是可以找到关于民国时期尤其是抗战前10年上海工人工资及生活状况的一些共识,如:上海工人平均工资收入的实际水平极其低下,仅靠一个工人的收入很难养家糊口;由于各产业科技含量不一样,职工的工资收入有差别,不同产业的工人工资有很大的差距;对于20世纪30年代前半叶的上海工人及其家庭,尽管其工资水平及生活程度是低水准的,但生活状况总体基本稳定。这些研究共识以及一些研究视角、研究方法对本书写作具有指导和参照意义。

对于从社会结构、社会关系视角对工人进行研究,马俊亚的研究具有代表性。他对中国近代城市劳动力市场关系进行了研究,认为工人加入帮派的现象十分普遍,其人身依附关系要远远强于以法律表现的契约关系,工人出卖自己的劳动力并不完全符合商品交换规律。③ 通过对近

---

① 参见张伟:《近代不同城市工人家庭收入分析》,《西南交通大学学报》2000年第4期,第48—51页。
② 主要成果有:陈达:《上海工人的工资与实在收入(1930—1946年)》,《教学与研究》1957年第4期,第34—43页。黄汉民:《解放前上海工人工资水平的一个剖例》,《上海经济科学》1984年第3期,第51—57页。黄汉民:《试析1927—1937年上海工人工资水平变动趋势及其原因》,《学术月刊》1987年第7期,第20—24、60页。张剑:《二三十年代上海主要产业职工工资级差与文化水平》,《史林》1997年第4期,第80—88页。樊卫国:《民国时期上海生产要素市场化与收入分配》,《上海经济研究》2004年第8期,第72—80页。周仲海:《建国前后上海工人工薪与生活状况之考察》,《社会科学》2006年第5期,第83—91页。吕光磊、徐华:《上海城市地价上涨及其对工人生活水平的影响的历史考察》,《人口与经济》2006年第6期,第47—52页。匡丹丹:《上海工人的收入与生活状况(1927—1937)》,华中师范大学2008届硕士学位论文。张忠民:《近代上海工人阶层的工资与生活——以20世纪30年代调查为中心的分析》,《中国经济史研究》2011年第2期,第3—16页。
③ 参见马俊亚:《中国近代城市劳动力市场社会关系辨析——以工人中的帮派为例》,《江苏社会科学》2000年第5期,第134—138页。

代江南都市中的苏北人的研究,他指出:在近代江南都市中,地缘关系直接决定了工人的职业分层;由于缺乏充足的、可供利用的各种乡谊资源,苏北人在江南都市中只能处于社会最低的层级;地缘关系造成的社会分层极大地迟滞了阶级关系的形成,有时下层工人感受最深的不是"帝国主义"和本国资本家阶级的压榨,而是来自发达地区地位较高的社会阶层的歧视和偏见。①

人力车夫是近代以来底层社会的典型群体,再加上这一群体的存在与中国城市交通近代化之间日益严重的冲突,该群体在民国时期就引起了社会的高度关注。从民国时期到现在,对人力车夫的研究大致经历了民国时期的社会学框架研究、20世纪八九十年代的政治史框架研究以及新世纪以来的经济社会史、城市社会史框架研究。②

在新世纪以来的经济社会史、城市社会史框架下的较多研究成果中,王印焕、邱国盛、孔祥成等人的研究开始较早且具有代表性。③苏新华、张晓辉、赵宝对广州的人力车夫进行了研究。④ 张致森、刘秋阳分别对成都、武汉的人力车夫进行了研究。⑤ 笔者对济南人力车夫进行了

---

① 参见马俊亚:《近代江南都市中的苏北人:地缘矛盾与社会分层》,《史学月刊》2003年第1期,第95—101页。
② 参见王洋:《关于近代人力车夫群体的研究述评》,《安徽广播电视大学学报》2012年第3期,第111页。
③ 参见王印焕:《民国时期人力车夫分析》,《近代史研究》2000年第3期,第193—217页;王印焕:《交通近代化过程中人力车夫与电车的矛盾分析》,《史学月刊》2003年第4期,第99—104页;邱国盛:《北京人力车夫研究》,《历史档案》2003年第1期,第119—124、131页;孔祥成:《现代化进程中的上海人力车夫群体研究——以20世纪20—30年代为中心》,《学术探索》2004年第10期,第102—107页。
④ 参见苏新华、张晓辉:《民国时期广州的弱势群体研究——以20世纪二三十年代人力车夫群体为中心》,《文教资料》2008年第12期,第81—84页;赵宝:《陈济棠主粤时期广州人力车夫研究》,《温州大学学报》2011年第2期,第103—108页。
⑤ 参见张致森:《二十世纪三十一四十年代成都市人力车夫研究》,四川大学2007届博士学位论文;刘秋阳:《困顿与迷茫——近代的武汉人力车夫》,《学习月刊》2007年第4期,第48—49页。

研究。①

这些研究进一步勾画出人力车夫的群像：多来自外地，拉人力车是破产农民谋生的重要手段；人力车夫的劳动强度大、收入微薄、生活困苦且社会地位极其低下；在城市并无房屋，故而多数租房而住；人力车既为城市交通之必需，但它与电车、公共汽车等新式交通工具之间的冲突又影响甚至阻碍了城市公共交通早期现代化的进一步发展。这些成果对本书山东区域内的人力车夫研究具有借鉴意义。

近代中国游民乞丐众多，民国时期尤甚，因此，民国时期游民乞丐作为重要的城市社会问题进入社会学家的研究视野。当代关于近代中国城市游民乞丐的研究，既有专著，也有不少论文。

曲彦斌、周德钧主要是从文化史的视角研究乞丐现象。曲彦斌的《中国乞丐史》（上海文艺出版社1990年版，九州出版社2007年增订版）被誉为"填补中国专题史学术研究空白"。其"导言"中提出，该书"以历史上与乞丐现象相联系的一些主要社会现象（人与事）或文化形态为经纬分别记述，记述中叙人叙事又以时间为序，古今对照，从而形成一部纵横交错、上下贯通立体式专史"。该书指出乞丐是一种社会亚文化群体，乞丐现象是充满丑陋与罪恶因而需要消灭的社会现象。周德钧的《乞丐的历史》（中国文史出版社2005年版）重点分析了乞丐产生的社会文化根由，乞丐的类型及乞讨方式，乞丐的庸劣习性、江湖习气与流氓行径，对于乞丐群体做了深入的研究。他认为乞丐文化集中体现了底层民众穷极无聊的生活真相，也是社会中各种庸俗取向、消极态度、懒惰哲学、流氓意识、隐士作风、痞子行径等行为类型与思想意识的集中展现。

---

① 参见于景莲：《20世纪二三十年代的济南人力车夫研究》，《滨州学院学报》2009年第2期，第57—61页。

关于近代游民乞丐研究的论文较多。① 这些论文的研究内容主要涉及游民乞丐的形成原因，乞丐的职业化及其社会影响，对游民乞丐的社会控制、社会救济等；就研究地域而论，既有针对全国范围的研究，也有对某一城市的分析。

池子华作为国内研究流民问题的知名专家，出版了多部研究流民问题的专著。② 从中国近代流民问题的发生机制、流民的空间结构与流向、流民的职业结构及越轨生存方式、中国历届政府处理流民的政策等方面，对中国近代流民问题进行了多层次、多角度、跨学科的深入考察，总结出政府对流民"施控三部曲"的十大模式，认为流民问题的根本解决在于城市工商业的充分发展。尽管他研究的流民与本书中的城市游民不是一个概念，但城市是近代流民的重要流入地之一，流民是城市下层社会中苦力、游民、乞丐、娼妓的主要来源，因此这些研究可以在苦力、游民、乞丐、娼妓等的来源、生存状态等方面为本研究提供指导和借鉴。

妓女是中国近代一个人数众多的群体，同时又是一个涉及面很广的社会问题和历史现象，社会史复兴之后在对娼妓的研究方面不乏有深度的成果。

---

① 主要成果有：罗国辉、刘永晋：《从〈申报〉报道看上海的乞丐（1927—1937年）》，《西安石油大学学报》（社会科学版）2007年第2期，第92—96页。鲍成志、邱国盛：《近代中国城市游民阶层的形成及其特征》，《苏州铁道师范学院学报》（社会科学版）2000年第1期，第101—107、112页。李红英：《略论近代中国社会职业乞丐问题》，《安徽师范大学学报》2000年第1期，第129—132页。刘海岩：《近代天津乞丐的构成、行为及其城市遭遇》，《城市史研究》（第22辑），天津社会科学院出版社2004年版，第103—116页。邓小东：《略论民国时期的乞丐问题》，《宁夏社会科学》2004年第1期，第88—93页。池子华：《沉重的历史省思——近代中国的乞丐及其职业化》，《中国党政干部论坛》2004年第4期，第60—61页。侯艳丽：《透视民国乞丐》，吉林大学2004届硕士学位论文。罗国辉：《略论民国时期上海乞丐问题》，《苏州科技学院学报》（社会科学版）2006年第4期，第82—87页。罗国辉：《民国时期乞丐群体成因探析——以上海乞丐群体为例》，《天中学刊》2006年第6期，第40—44页。任吉东、毕连芳：《弱者的武器：近代中国城市乞丐的生存文化》，《历史教学》（高校版）2007年第3期，第42—46页。
② 主要包括：《中国近代流民》，浙江人民出版社1996年版；《中国流民史·近代卷》，安徽人民出版社2001年版；《流民问题与社会控制》，广西人民出版社2001年版；《农民工与近代社会变迁》，安徽人民出版社2006年版。

武舟的《中国妓女生活史》(湖南文艺出版社1990年版,东方出版中心2006年修订版)是新中国成立以来第一部全面探讨、系统研究中国历代妓女生活的专著。该书从夏商时代写到1989年,将几千年的跨度分为产生与发展、鼎盛与控抑、复兴与消亡三个时期,从人类学和文化学的角度,采用综合研究的方法,对中国妓女这一历代延续的社会群体进行了深刻的反思和科学的、历史的评价。单光鼐的《中国娼妓——过去与现在》(法律出版社1995年版)对中国娼妓问题做了历史和现状的考察。肖国亮、薛理勇均有娼妓史专著。上述著作中当然涉及妓院情况、妓女的生活方式等内容,但属于近代、民国时期的内容较少。

邵雍的《中国近代妓女史》(上海人民出版社2005年版)是近代妓女研究的专著。该书介绍了中国近代妓女的来源、种类和结局,妓院的等级、行规,妓女与老板的关系,妓女与嫖客的关系;分晚清、清末民初、北洋军阀时期、南京国民政府前期、抗日战争时期、民国后期共六个时期介绍了全国妓业情况,以及全国解放前后对妓女的解放与改造。其中也有对山东地区妓业、妓女情况的介绍。

《文史精华》编辑部编著的《近代中国娼妓史料》(河北人民出版社1997年版)比较全面地搜集了近代妓女的资料,尤其是许多当事人的回忆和地方文史资料,史料价值很高。孙国群的《旧上海娼妓秘史》(河南人民出版社1988年)记述了旧上海娼妓历史和种种罪恶内幕,并介绍了旧上海号称烟花魁首的五位名妓坎坷悲凉的一生。

论文方面,江沛在概述天津娼业历史沿革的同时,从公娼业的变迁与构成、娼业人员群体构成、娼业行规、娼业经营与收支分配、暗娼业活动特征等方面,对20世纪上半叶天津市娼业结构及其影响进行了分析,试图从社会史角度透视娼业的变动规律。其认为,在近代中国,娼业的存在首先是一个社会经济问题,其次才是一个伦理问题。[①]忻平在《20—

[①] 参见江沛:《20世纪上半叶天津娼业结构述论》,《近代史研究》2003年第2期,第153—186页。

30年代上海青楼业兴盛的特点与原因》中指出:20世纪20—30年代上海娼妓可谓世界之最,其原因是社会发展的多元化,既与乡土自然经济加速瓦解有关,又与上海迅速崛起人们群趋前往淘金相连,更与租界当局放纵及男女性比例失调不无关系。此时上海的青楼业在沿袭封建遗风的同时又带有浓烈的资本主义商品经济的色彩。在妓女们丧失人格、遭受践踏的同时,社会也饱尝了恶果。① 张百庆对中国城市早期现代化过程中的娼妓问题进行了研究,认为在中国近代城市之中,不仅娼妓人数惊人,而且其种类及层次也很齐全。娼妓炽兴,并非只因为一些"无耻妇女"自甘堕落那么简单,而是有着复杂的社会背景及历史根源。卖淫嫖娼日趋社会化、商业化、复杂化。② 还有一些有分量的学位论文,立足于全国或者某个大城市,对民国娼妓问题进行研究。③

另外,彭南生的《行会制度的近代命运》(人民出版社2003年版)是迄今唯一一部对学徒阶层进行深入研究的专著,对于本书学徒群体的研究具有重要的借鉴意义。而陆德阳、王乃宁的《社会的又一层面——中国近代女佣》(学林出版社2004年版)作为目前关于近代女佣研究的唯一专著,多侧面地展现了女佣这个微贱的社会阶层的各色面貌。

第三大类是城市社会保障、社会救济方面的研究。社会保障和社会救济的对象是社会下层和弱势群体,民国社会保障、社会救济研究与本书的相关性也较强。其主要包括从保障、救济的理念和体制方面进行的研究、从保障和救济机构方面进行的研究以及从被救济群体方面进行的研究等。

---

① 参见忻平:《20—30年代上海青楼业兴盛的特点与原因》,《史学月刊》1998年第1期,第96—100、109页。
② 参见张百庆:《中国城市早期现代化过程中的娼妓问题》,《史学月刊》1999年第1期,第99—103页。
③ 参见张超:《民国娼妓问题研究》,武汉大学2006届博士学位论文;王凯:《民国时期城市妓女群体初探》,吉林大学2007届硕士学位论文;宋庆欣:《民国时期北京娼妓研究》,首都师范大学2011届硕士学位论文;林汇川:《民国时期成都娼妓问题研究》,四川师范大学2018届硕士学位论文。

从救济理念、体制方面进行的研究大多关注清末民初中国社会救济理念、体制的变化。蔡勤禹的《国家、社会与弱势群体——民国时期的社会救济(1927—1949)》(天津人民出版社 2003 年版)比较系统全面地研究考察了民国时期的社会救济,认为在西方社会的影响下,民国社会已经确立起比较合理的救济体制,确立了国家责任观念和积极救济思想,社会救济已经具备了现代社会的性质与形态。岳宗福在《近代中国社会保障立法研究(1912—1949)》(齐鲁书社 2006 年版)中认为:近代中国社会保障立法在引入和确立现代社会保障立法理念、开启中国近代社会保障法治化道路、推进中国法治现代化及社会化等方面具有值得肯定的积极意义,同时也存在着立法主体混乱、立法层次低、立法体系结构不平衡、立法与实践相脱节等多种局限性。董根明认为,清末民国时期,在西方社会工作及其价值理念的影响下,中国传统的社会福利观念经历了一场变革。从"重养轻教"到"以教代养"是清末社会福利观念的重大变化,而民国社会对弱势群体的界定不仅初步摆脱了传统社会的伦理道德标准,而且强调社会救济中的国家责任观念,提倡"救人救彻"。[①] 张益刚认为,由居养到教养并举,是民国社会救济观念的进步,民国社会救济法律法规中始终贯彻这一变化。[②]

就救济机构方面的研究,如对南京国民政府 1928 年通令各地设立的救济院的研究和对北洋政府时期的贫民工厂的研究,学者在肯定这些救济机构的积极作用的同时,大多也指出其局限性。如郑忠、徐旭研究了民国南京救济院 1927—1937 年间的社会救济工作,认为救济院积极组织对残老、婴幼儿、孤儿、妇女、游民等社会人群的救助在民国社会保障事业的发展和南京城市社会秩序的稳定中起到了一定的作用。然而,在民国 10 年的建设时期,随着世界经济危机的爆发,中国农村经济破

---

① 参见董根明:《从"重养轻教"到"救人救彻"——清末民国时期社会福利观念的演化》,《中国社会科学院研究生院学报》2005 年第 5 期,第 41—45 页。
② 参见张益刚:《民国社会救济法律制度研究》,华东政法学院 2007 届博士学位论文。

产,城市经济凋敝,加之国民党将主要精力放在国防建设及与异党的角力之上,造成社会矛盾日益尖锐,有限的救济力量与巨大的社会救济需求相较简直是杯水车薪,无法也不可能达到预期的救助效果。①

就被救助群体方面的研究,涉及城市下层社会的主要包括:失业救济研究,对人力车夫、乞丐、底层妇女尤其是娼妓等的救济研究。如蔡勤禹、侯德彤研究了国民政府对市镇失业的救济,认为国民政府开始注重法律对失业者的保护和救济,"以教代养"这种积极救济方式逐渐代替传统制度下单纯的、临时性的救济政策,促进了社会救济的制度化建设。②谭玉秀、范立君提出,南京国民政府坚持"标本兼治",采取中西杂糅的方式治理失业,收到了一定的社会成效,但由于失业对策自身存在局限性和局势的日益恶化,政府无法获得根治失业的两个支撑点即政治的稳定与经济的发展,最终失业问题变成了历史遗留问题。

台湾学者张玉法以山东地区为个案对民国初年的社会救济进行了研究,其指出:民国初年山东地区的社会救济,最重要的发展是从传统的形态发展到传统与近代混合的形态,显现了多元化的倾向。③

(二)国外相关研究

1. 近代中国、近代山东城市史研究

就城市史而言,西方学者特别是美国学者对中国城市史的研究,从主流的大都市逐渐向中小城市延伸,由沿海城市逐步向内陆城市渗透,从研究精英上层到研究下层民众,从个案城市研究向区域城市研究和中国城市整体研究转化,均引领了研究的方向。由于受到社会学和相关其

---

① 参见郑忠、徐旭:《民国南京救济院社会救济述论(1927—1937)》,《南京社会科学》2014年第6期,第143—149页;黄忠怀:《从育婴堂到救济院:民国时期传统慈善事业的危机与转型——以保定育婴堂研究为中心》,《中国社会历史评论》2005年第6卷,第77—91页;任云兰:《改组与经营:民国时期的天津救济院》,《兰州学刊》2009年第8期,第205—208页。
② 参见蔡勤禹、侯德彤:《市镇失业与国民政府救济》,《中国海洋大学学报》(社会科学版)2003年第2期,第84—88页。
③ 参见张玉法:《民国初年的社会救济(1912—1937)——山东地区的个案研究》,《中华民国史专题论文集(第二届讨论会)》,台湾"国史馆"1993年印行。

他学科的影响,国外学者的研究或者着眼于宏观理论的建构与阐释,或者关注城市内部的社会团体、精英阶层和特殊群体,大都运用多学科的理论从事历史研究。①

其中,鲍德威的《中国的城市变迁:1890—1949年山东济南的政治与发展》(威斯康星大学出版社1978年版,北京大学出版社2010年版),作为西方学者关于近代山东城市史研究的第一部著作,对济南这个具有深厚历史文化积淀的内陆城市进行了研究。一方面,他试图从较长时段对济南整个城市的命运进行全面考察,以探讨其政治及社会的近代变革;另一方面,他也力图通过强调当地资产阶级的领导角色来勾勒济南经济和教育的现代化进程,认为山东省级政府和济南地方政府与新兴的资产阶级一道,尽了他们最大的努力,以一种中国的方式使济南实现现代化。但由于政局动荡,特别是军阀混战、抗日战争和国内战争,济南现代化的进程受挫。尽管鲍德威精心构思,尝试进行社会经济史维度的考察,但是其研究成果还是落入了政治论和政治史的窠臼,没有能够立体地展现近代济南发展的全面图景。

2. 近代中国城市下层社会研究

在国外学者的城市研究中,为了透析近代中国城市社会的结构、成分及其变迁机制,一大批特殊群体或政治、经济、社会团体成为他们着力考察的对象,与此同时,研究者对城市下层社会也多有涉及。

费正清在《伟大的中国革命(1800—1985)》一书中,以一位历史学家所特有的眼光以及自觉的社会分层意识向我们揭示了中国社会变迁中的社会分层结构。如该书第二部分"晚清帝国秩序的变革 1895—1911年"中指出:"在旧中国的社会结构中,在原有的儒生—农民—手艺人—商人范畴之外,军人有了新的社会地位;军官学校出身的军官,取得了过去

---

① 参见任吉东:《从宏观到微观 从主流到边缘——中国近代城市史研究回顾与瞻望》,《理论与现代化》2007年第4期,第122页。

只给儒生保留的一些特权。地主士绅和商人之间的界限模糊起来了。现在商人绅士也有了一定的地位,正像官吏和商人的身份笼统地称官商一样。廉价的农村劳动力大量涌入城市,从事纺织和烟草制作,工厂工人阶级开始产生,虽然他们还不可能组成无产阶级。最重要的是,科举考试的废除、新的学校制度、教会学校的出现……总的说来,城市生活正在产生一个新的知识分子阶层,他们再也不和四书五经的考试结合在一起。他们中有些人成了新闻记者,这是一个制造舆论的新专业。孙中山本人正在把自己铸造成一个新的角色——职业革命家、政党组织者的先驱。"①

美籍华人学者关文斌对天津的"混混儿"群体进行了深入研究。其指出:他们是失业的或只有少量工作的工人和缺乏阶级意识的无产阶级成员,其组织和特性建立在他们对城市、地盘和官员所需要的荣誉的忠诚之上,既代表着对国家的一系列挑战,也有助于街坊邻居和城市民意的定型,从而扩大了市民社会的范围。天津的混混儿和混混儿产生的城市文化既是天津社会的问题又是天津稳定的工具。他还以天津以及北京和华北其他相关地区的档案和口述资料为基础,分析了乞丐次社会及其作为弱者的生存武器。②

美籍华人历史学家卢汉超长期从事有关上海的研究。《霓虹灯外:20世纪初日常生活中的上海》(上海古籍出版社2004年版)是其代表作,也是城市史、上海史、日常生活史等领域都无法回避的经典作品。该书为我们展现了一幅近代上海市井生活的"清明上河图":梳理了近代上海城市发展转变过程,分析了民国时期上海各社会阶层的社会地位和经济

---

① [美]费正清:《伟大的中国革命(1800—1985)》,刘尊棋译,世界知识出版社2001年版,第178—179页。
② 参见[美]关文斌:《乱世:天津混混儿与近代中国的城市特性》,刘海岩译,《城市史研究》第17—18辑,天津社会科学院出版社2000年版,第18—37页;关文斌:《近代天津的穷家门:行乞与生存策略论述》,任吉东译,《城市史研究》第23辑,天津社会科学院出版社2005年版,第267—286页。

层次,并以人力车夫为例描摹了移民群体在当时的生存状态;以细致的笔触再现了上海棚户区及石库门里弄的生活场景,对上海中下阶层市民的居住空间和日常生活进行了深入的叙述和细致的描摹;系统分析了近代上海的乞丐和游民形成原因、来源构成以及生活状况等。其指出:在19—20世纪的上海,乞丐的人数之多是前所未有的,究其原因恐怕还是和经济的繁荣有关,乞丐的活动范围集中于富人以及佛教徒、道教徒聚集之处,某些精明的乞丐依靠娴熟的乞讨技巧往往能赚得不菲的"工资","在上海,乞丐放高利贷、拥有私人黄包车甚至纳妾已不是什么新鲜的事情"。其在一系列研究基础上得出结论:城市中的下层阶级从一定意义上可说是乡村败落的结果。成百上千的农民由于灾荒或其他原因涌入城市,企图通过乞讨来谋得生存,体现出中国社会非同寻常的适应性和弹性,这种弹性来自百姓为求生存而固有的本能反应,在许多方面是19世纪以来中国社会的主题。

美国学者韩起澜(Emily Honig)著有《姐妹们与陌生人:上海棉纱厂女工,1911—1949》(斯坦福大学出版社1986年版)和《创造中国的社会群体:苏北人在上海,1850—1980》(耶鲁大学出版社1992年版,上海古籍出版社2004年版)。前者以民国时期的上海纺织女工为中心,考察了劳工特别是女工在工厂里的生活和工作状况,揭示了工人阶级内部尤其是工人中的"族群"分化,分析了各种社会现象产生的社会背景以及工人们如何通过自己来自乡村这一纽带来扩大影响。后者关注的焦点是上海最贫穷的苏北人,用大量的实例从不同方面描述了苏北人生活在上海最底层的情况。其认为:文化程度低、没有专门技术和方言差异制约了苏北人获取与江南人同等工作,迫使他们不得不从事苦力活或本地人不愿意做的低等职业,如人力车夫、垃圾工、清洁工,以及在理发店、洗澡堂谋生。

贺萧(Gail Hershatter)是美国研究中国劳工史、妇女史的著名学者,所著《天津的工人,1900—1949》(美国斯坦福大学出版社1986年版)对天津城市工人阶级的状况做了详细的描述和解释。讨论了铁器和机器制造业中学徒工的使用和受虐待情况、运输业中的工人组织、劳工的性别划分、工人闲暇时间的消遣方式以及有组织的天津劳工运动的历史;认为天津大多数生产单位都是规模小、技术低的工场,小规模的经济单位不能为集体行动提供充分条件,因而使得天津的劳工运动相对无法发展;天津码头工人加入各个地区性的组织,形成工人小团体团结、大团体分裂的局面,反映出天津劳工运动的复杂性。其所著《危险的愉悦:20世纪上海的娼妓问题与现代性》(加州大学出版社1997年版,江苏人民出版社2003年版)是一部20世纪上海娼妓业史话。该书把娼妓问题置于上海现代化的复杂环境中进行研究,将研究焦点集中在有关妓女的历史记忆和知识的形成上,"一方面探讨了上海的社会变迁对卖淫业的影响,另一方面,又论述了卖淫业在上海的社会变迁中所扮演的特殊角色"①。

史谦德(David Strand)的《人力车的北京:19世纪20年代的市民与政治》(加利福尼亚大学出版社1989年版),通过研究各社会团体(人力车夫、商人)对北京政治和社会生活的参与而扩大了我们的视野。人力车夫是新技术的受害者和反对者,而商人则在延绵不断的战争中担任着城市管理者的角色。该书以北京为例,描述了中国早期公共领域的发展,并认为晚清时期中国新兴的经济和社会力量催生了一个由新、旧公共团体合成的"新的政治舞台或公共领域",这一领域给人力车夫、挑夫等新市民提供了保护他们劳动权益的渠道。

法国学者安克强(Christian Henriot)搜集了大量的中西文报刊、档案资料和著述,写出《上海妓女:19—20世纪中国的卖淫与性》(1997年出版法文版,上海古籍出版社2004年版),对近代上海的卖淫和妓女现

---

① 陈晓兰:《身体与政治——关于〈危险的愉悦——20世纪上海的娼妓问题与现代性〉》,《妇女研究论丛》2006年第1期,第78页。

象做了全面系统的探讨。他从剖析高级妓女的活动空间和生存状况入手,对近代上海的卖淫市场、卖淫场所及由此产生的性经济进行了深入的考察,再现了旧上海妓女风光而悲惨的卖笑人生以及这种灯红酒绿、纸醉金迷生活背后的种种罪恶勾当,并对历届上海政府管制妓女的失败及当时民间团体对妓女的救助做了详细的分析和阐述。

美籍华人学者王笛的《街头文化:成都公共空间、下层民众与地方政治,1870—1930》(斯坦福大学出版社 2003 年版,中国人民大学出版社 2006 年版),是一部力图从下层民众的角度考察城市变革和现代化的力作,也是下层民众日常生活研究的代表作之一。该著以中国内陆城市成都为研究对象,以"街头文化"为中心,展示街头出现的各种文化现象——从城市的外观、民间艺人的表演到民众谋生的方法以及对街头的争夺,考察公共空间、下层民众、大众文化和地方政治的关系,揭示了下层民众的生存空间、文化传统的丧失以及他们为自己命运所做的抗争。尽管该书与本书研究的地域和主旨都不相同,但其在资料的搜集、解读以及社会史写作等方面令笔者受益匪浅。

另外,美国学者李慈(Zwia Lipkin)的《于国无用:民国时代南京的"社会问题"和社会工程,1927—1937》(哈佛大学亚洲研究中心 2006 年版)对国民党定都南京 10 年间的状况做了仔细的研究,特别重视对下层社会的研究,如难民、贫民区、人力车和乞丐等。

综观上述国内、国外的相关研究成果,不难看出,在已有的社会史和城市史研究中,不少学者对于包括城市下层社会在内的近代中国城市社会各阶层、群体的研究给予了相当的关注,这些研究为本研究奠定了重要的基础。但是,关于城市下层社会的研究总体仍显薄弱:对城市下层社会的关注程度和认识深度参差不齐,如关于工人、游民乞丐、妓女、人力车夫的研究成果相对较多,而关于店员、手工业工人、小手工业者、小商贩等的研究成果非常少见;对于下层社会各群体的研究概括性论述的成分较多,还需要更多区域性或微观性考察加以充实;特别是迄今为止,还没有出现一部有关整个城市下层社会物质生活状况的专著,甚至对于近代中国城市下层社会到底应该包括哪些群体都还没达成共识。因此,对城市下层社会群体的研究只是"揭示了五光十色、斑驳陆离的下层社会生活场景的冰山一角"①,资料的发掘与整理还远远不够,还存在着大量的空白领域等待开发与填补。这些薄弱环节为笔者留下了充足的研究空间。

三、研究资料、理论方法及理路

(一) 研究资料的搜集及种类

历史学以史料为建构历史真实的基本前提,要忠实地还历史本来面,首先就要发掘史料,"史料不具或不确,则无历史可言"②。民国时期史学家傅斯年就格外重视史料的搜集,提倡"上穷碧落下黄泉,动手动脚找材料"。

就本研究而言,史料搜集面临着既"少"又"多"的尴尬。所谓"少",自然是指底层历史资料的缺乏。近代中国的历史仍然基本是由精英记录的,关于民众日常生活的现成史料,无论在全国性还是地方性的历史资料中都十分稀少。传统的史学研究的主流也是领导集团、上层人物、杰出人物的活动,对一般群众的思想活动和社会生活一般谈得很少。③马敏先生在评述王笛的《街头文化:成都公共空间、下层民众与地方政治,1870—1930》一书时也指出:"追寻已逝的城市文化,尤其要描写城市下层平民和大众文化,使之发出自己的声音,资料难度非常之大,时常要

---

① 罗国辉:《城市下层社会群体研究述评》,《学术界》2008年第2期,第274页。
② 梁启超:《中国历史研究法》,河北教育出版社2000年版,第49页。
③ 参见郭德宏:《社会史研究与中国现代史》,《史学月刊》1998年2期,第77页。

感叹'巧妇难为无米之炊'。"①所谓"多",就是指众所周知的中国近代历史文献浩如烟海,汗牛充栋,除了传统的史料,还有大量报纸、杂志、档案、日记、调查报告和其他各种记载,需要耗费大量的时间和精力进行分析整理。因此,能否从海量文献中"沙里淘金"式地搜集、发掘出充足的史料,是完成本研究非常关键的一环。

除了史料的搜集以及数量问题,对这些史料的辨析、解读也是不小的挑战。"由于时代和当事者的局限,前人留下的资料,远不能反映社会的全息和事态的全貌,即便是当事者的记录,也可能如鲁迅所说:'因为涂饰太厚、废话太多,所以很不容易察出底细来。正如通过密枝投射在莓苔上面的月光,只看见点点碎影。'"②对于下层社会的研究,这方面问题尤其突出,因为许多关于下层社会的记载都经过了精英的过滤,正如C.金兹堡(Carlo Ginzburg)指出的:"我们所能知道的(如果可能的话)过去农夫和手工工匠的思想、信仰以及期望,几乎都是经过了扭曲的观点和中介得到的。"③

关于资料的搜集与解读,王笛在前述《街头文化》一书中指出:西方已有学者把眼光放大到文学的资料上,比如明清以来的地方谚语、民间文学、地方戏曲以及诗词等,都可以作为史料来使用。他自己在书中也对史料做了极大的扩充,比如使用了大量的竹枝词,同时指出:"在运用这些资料时,我并不宣称这便是真正的、准确的、大众的日常生活的记录,而是反复强调这是这些精英所看到和理解的大众、大众文化和日常生活的记录,从中探索精英对下层民众和大众文化的态度以及演变。"他还使用了不少照片、漫画以及民俗风情画等,认为这些视觉资料可以起

---

① 马敏:《追寻已逝的街头记忆——评王笛著〈街头文化:成都公共空间、下层民众与地方政治,1870—1930〉》,《历史研究》2007年第5期,第178页。
② 刘志琴:《近代中国社会文化变迁录》,浙江人民出版社1998年版,"代序"第20页。
③ 转引自[美]王笛:《街头文化:成都公共空间、下层民众与地方政治,1870—1930》,李德英等译,中国人民大学出版社2006年版,第7页。

到"让资料自己说话"的效果。① 他将地方史研究可资利用的资料归纳为四类,即官方文本(地方志和档案)、大众传媒、调查统计以及私人记录,并强调:在使用这些资料时,必须考虑它们的来龙去脉,是谁,在什么时间,为什么目的以及处于什么情况下编辑、撰写或记录的。②

山西大学行龙等学者从事的贱民研究、秧歌研究、乡村给水及晋商研究,则是在史书记载缺失或资料非常有限的情况下通过大量的田野调查工作完成的。"走在乡土上,才会发现在书斋中百思不得其解的问题却是一个乡村社会的'常识',街头巷尾与乡民的闲谈间,一条条孤立的文献资料被激活连缀成一个会说话的故事。""碑刻、契约、档案、家谱、村志、传说、口述史料等资料的搜集和挖掘,丰富和完善了史料,弥补了史料不足的缺陷。"③这对笔者的资料搜集也有很大的启发。

一般认为,历史学家挖掘和查证的史料主要包括文献记录、档案、文件、报道、日记、书信、正史、地方志和回忆录等。④ 本书所用资料,除了民国时期以及当代的正史文献外,主要包括如下几类:

第一,民国档案资料。尽管档案资料更多涉及的是政府政策,关于下层社会的记录极为稀缺,但笔者沙里淘金,从山东省档案馆、山东主要地市档案馆以及结集出版的档案资料中搜集到一些有价值的档案资料。

第二,民国时期官方及民间的调查资料。民国时期政府以及民间留下了大量的调查资料,提供了许多关于社会、经济状况以及下层社会的重要信息,如前述齐鲁大学社会学系的《济南社会一瞥》、李文海主编的《民国时期社会调查丛编·底边社会卷》和《民国时期社会调查丛编·城市(劳工)生活卷》等。

---

① 转引自[美]王笛:《街头文化:成都公共空间、下层民众与地方政治,1870—1930》,李德英等译,中国人民大学出版社2006年版,"中文版自序"第6—7页。
② 同上书,第7页。
③ 行龙:《二十年中国社会史研究之反思》,《近代史研究》2006年第1期,第12—13页。
④ 参见张伟兵:《文学作为史料:探索社会真实的另一种路径》,《华中师范大学学报》(人文社会科学版)2007年第1期,第82—83页。

第三，民国报刊。今天的历史就是过去的社会，民国报刊中蕴含大量关于民众生活的信息。笔者查阅了十几种民国报刊，从中获得了大量有关当时山东城市下层社会生活的第一手资料，具有代表性的如《山东民国日报》《青岛民报》、烟台的《东海日报》等。

第四，民国地方地方志类资料。地方志中关于各地经济状况、工业状况、风土人情的介绍，具有旅游广告性质的指南书也往往包含一些工资、物价、服务收费方面的资料，所以也是重要的资料来源。如袁荣叟的《胶澳志》、魏镜的《青岛指南》、叶春墀的《济南指南》、罗腾霄的《济南大观》、周传铭的《济南快览等》。

第五，文史资料。文史资料资料具有"亲历、亲见、亲闻"的"三亲"特点，内容丰富、情节生动，是近代史特别是民国时期研究的重要资料。当然，文史资料毕竟是多年之后回忆的结果，回忆者可能有记忆错误，个人认识可能具有局限性，以及有相对较浓的政治色彩等，这都要求治史者在使用时必须格外慎重。

此外，本书也采用了一些有关城市下层社会的文学作品资料，如老舍的《月牙儿》，以及民国时期全国性或山东的报刊上的一些诗歌、杂文等，也运用了少量民间碑刻、契约等田野调查资料。本书最初还想进行口述史的调查，通过对一些老市民、老工人、老艺人等的调查访问，补充文献资料对普通民众日常生活记述的不足之处，验证文献资料所记录的重要信息的可靠性，只是由于种种条件的限制，这方面的工作做得微乎其微。

（二）研究的理论方法及理路

作为对城市下层社会物质生活史的研究，本书涉及众多分支学科及专门领域，必须在唯物史观的指导下，以开阔的理论视野，综合运用历史学、社会学、经济学、城市学等多学科的理论方法开展交叉研究。

历史研究，首重求真。唯物史观为我们提供了正确理解历史现象的立场和方法，本书首先必须在唯物史观的指导下，"运用唯物辩证法的基本原则和实事求是的研究方法,按照历史的本来面目研究历史"①。坚持实事求是、具体问题具体分析,努力做到"论从史出";要坚持联系、发展的观点,通过横向、纵向对比深入阐述问题;运用阶级分析法,又不能简单地贴上阶级标签;坚持历史主义方法,而不是盲目地厚今薄古或厚古薄今。

"社会史作为历史学与社会学的交叉学科,区别于其他社会科学的一个显著特点,是从社会学的视角来观察社会的历史发展。因此,在社会史的研究中,在构建社会史的科学研究体系中,运用社会学的知识,借鉴社会学的理论与方法,是必要的,也是不可避免的。"②具体到本书而言,从城市下层社会的形成、界定到对其物质生活的分析都离不开社会学的理论和方法,如社会分层、社会管理、社会保障和救济理论等。

城市下层社会形成是中国近代城市化发展的结果。因此本书的研究也必须运用城市化、城市现代化的理论和方法,比如城市化过程中人口迁移的推力—拉力理论等。

弄清城市下层社会的收入与支出状况是本书研究的重要方面,这就需要效仿计量史学进行定量分析,并运用经济学的一些理论方法,如恩格尔系数等。对下层社会不同群体、不同行业、不同地域之间的收支以及生活状况的分析还涉及对比分析方法的运用等。

本书共分绪论、正文、结语三大部分。其中绪论主要介绍选题缘由和意义、国内外相关研究成果,以及本研究所用的主要参考资料、理论方法和理路等。

正文部分包括五章。

第一章揭示了近代以来尤其是民国时期山东城市化以及城市下层社会的形成。近代山东城市下层社会人数众多,他们大多是未受过教

---

① 汪朝光:《50年来的中华民国史研究》,《近代史研究》1999年第5期,第160页。
② 朱汉国:《关于社会史研究的若干问题——以民国时期的社会史研究为例》,《史学月刊》1998年第3期,第85页。

育、缺乏熟练技艺的贫穷人,只能靠出卖劳动力或者以其他低等的谋生手段维持生存。按照职业并结合劳动、谋生方式的特点,城市下层社会可以分为工人店员群体、自谋生计者群体、苦力群体、游民群体等四个群体。

第二、三、四、五章分别是对上述城市下层社会的四个群体的物质生活状况的研究,主要从来源、构成、数量、收入、支出以及衣食住等方面进行分析。其中,对工人店员群体的研究将该群体分为现代产业工人、手工业工人、店员、学徒四个群体分别进行;对苦力群体的研究主要以人力车夫、码头工人为重点;而对游民群体的研究选择乞丐和下层妓女作为代表。

结语部分总结了民国时期城市下层社会收支与生活状况的三个特点:经济上的穷困性、生活质量的低层次性以及风险承受力的脆弱性,认为中国半殖民地半封建社会状态下总体生产力水平的低下、农村经济的凋敝以及社会保障不力是造成山东城市下层社会贫困生活的主要原因,并得出历史启示。

第一章 近代山东的城市化和城市下层社会的形成

中国近代的城市化既是中国近代社会转型的重要内容,同时也是中国近代社会转型的重要推动力。清季以降,当西方国家在工业化、城市化的道路上狂奔之时,中国却充斥着内忧外患,城市化水平被远远地抛在后面。从鸦片战争开始,在历经西方"强韧持久的进取"与清王朝"保守防范的抵拒"①以后,西方列强通过取得的一系列政治经济特权加紧对中国进行政治侵略和经济掠夺,中国被卷入世界资本主义市场。通商口岸的开辟、外国资本主义的涌入以及民族工商业的发展改变了中国城市的发展道路:城市数量和类型不断增多,城市人口持续增加;城市带来了一种崭新的生产方式和生活方式,在中国社会由传统向现代转型的过程中扮演了重要的角色。民国时期城市下层社会即近代中国社会转型的产物,尤其是近代以来开始的城市化以及由此引起的城市社会职业结构重构的产物。

第一节 近代山东的城市化

作为近代以来世界重要的社会、经济现象,城市化是指随着一个国

---

① 参见陈旭麓:《近代中国社会的新陈代谢》,上海社会科学出版社2006年版,第31—40页。

家或地区社会生产力的发展、科学技术的进步以及产业结构的调整,其社会由以农业为主的传统乡村社会向以工业(第二产业)和服务业(第三产业)等非农产业为主的现代城市型社会逐渐转变的历史过程。

中国近代城市化开始于鸦片战争后。通商口岸是中国近代城市化进程的起点和重心。在通商口岸的影响和带动下,内陆城市也呈现城市化和城市近代化的新趋势。山东作为中国东部沿海的一个省份,是较早接受外部挑战的地区之一。自烟台开埠拉开帷幕至民国前期,山东近代城市化总体获得长足的进展。主要表现在以下三个方面:城市工商业的发展;城市文教医卫事业的发展;城市人口的增长和城市地域的扩大。

一、城市工商业的发展

近代山东城市化的启动和推进首先表现为城市工业化的启动和推进,第二、第三产业在城市地域聚集,烟台、青岛、济南、济宁等城市尤其显著。

(一)城市现代工业的发展

所谓现代工业,是指"机制工厂工业","系采用电力及气力为原助力,有大规模之工厂,为生产之中心,即所谓现代工业者也"。① 与传统的人力手工小规模的生产不同,现代工业的主要特征是采用动力和机器进行工厂化生产,雇用工人数量相对较多。本节所讨论的现代工业,除包括机器生产的制造业、矿业和公用事业外,还包括新式的交通运输业,如铁路、水运等。

山东半岛城市现代工业发展起步较早。烟台在1858年《天津条约》签订后取代登州被迫开埠,20世纪70年代即有洋商于烟台创办蛋粉厂、机器缫丝厂等。在外国公司的带动下,由华商投资开办的工业也兴起,

---

① 实业部国际贸易局编:《中国实业志·山东省》,实业部国际贸易局1934年版,丁,第86页。

如 1890 年成立的协成机器厂、1894 年华侨张振勋创办的"张裕酿酒公司"等。棉织业、面粉业、火柴业、罐头食品业、钟表业、酿酒业、烛皂业、精盐业、电业等一批近代工业也随之兴起，如生明电灯股份公司、烟台电灯公司、钟表制造公司、胶东中蚨火柴公司、茂兰福面粉公司、醴泉啤酒公司、烟台通益精盐公司等，其中有的公司颇具特色，开风气之先。据 1920 年的《山东各县乡土调查录》统计，当时烟台有纺织工厂 30 家，胰皂工厂 4 家，布工厂 5 家，油坊 12 家。① 时人指出："芝罘山东重镇也，为北方要扼之区，举省工商最盛之地，出产之富饶，制造之精巧，较诸省会济南优而上之。"② 20 世纪 30 年代初期，烟台拥有新式机器工业 13 家，资本总额 385.7 万元。③

德占青岛后，青岛工业化也开始起步，当时发展的工业主要为"日常生活所必需的企业"以及一些为港口服务的企业，包括自来水厂、发电厂、屠宰厂、造船厂等，均为德国殖民当局经营。④ 第一次世界大战爆发后，日本对德国宣战占领青岛，除接收了德国创办的所有工业以外，还大肆扩大在华投资，"先后成立纱厂六家，丝厂一家，面粉厂二家，麦酒厂一家，火柴厂三家，油厂五家，盐厂十九家，砖瓦窑厂一家，冰厂一家，蛋厂二家，其他小工厂不可胜计，当日人交还之际，资本逾五十万元之日商，已有八十家之多"⑤。同一时期民族工业也有一定发展，建立起了包括华新纱厂、永记窑厂、东益铁工厂、恒兴面粉厂、新业玻璃厂、振业火柴厂、华北火柴厂等工厂。⑥ 到 20 世纪 30 年代初，据南京国民政府实业部国

---

① 参见林修竹：《山东各县乡土调查录》第 4 卷，山东省长公署教育科民国 9 年（1920 年）刊，第 6 页。
② 郑千里：《烟台要览》，烟台要览编纂局民国 12 年（1923 年）版，"序"第 18 页。
③ 实业部国际贸易局编：《中国实业志·山东省》，实业部国际贸易局 1934 年版，丁，第 66 页。
④ 参见任银睦：《青岛早期城市现代化研究》，生活·读书·新知三联书店 2007 年版，第 131 页。
⑤ 魏镜：《青岛指南》第 1 编，平原书局 1933 年版，第 4—5 页。
⑥ 参见王守中、郭大松：《近代山东城市变迁史》，山东教育出版社 2001 年版，第 479—480 页。

际贸易局的统计,青岛的新式工业企业共 158 家:机器工业 57 家,资本总额 271.7 万元;化学工业 29 家,资本总额 240.7 万元;纺织工业 24 家,总资本额 17621.3 万元;饮食品工业 31 家,资本总额 628.8 万元;建筑工业 9 家;其他工业 8 家。① 其中纺织工业是其支柱产业,到 1936 年,仅日资纱厂就有 9 个,工人总数超过 3 万人。② 前述民族工业的华新纱厂规模也很大。就全国纺织而论,"上海之下,无出其右",时人因而有"上青天"的说法。

山东省会所在地济南,在洋务运动期间出现了第一个采用机械生产的企业,即 1875 年山东巡抚丁宝桢创办的"山东机器局"。作为一家官办军用企业,山东机器局的创办和经营宗旨仅在于"求强",其经营活动也仅限于军事工业领域,对济南近代工业的催生与带动作用有限。1904年,经袁世凯、周馥奏请清廷批准,济南自行开放,设立华洋贸易商埠,允许中外商人居住贸易。同年,胶济铁路通车。济南这座传统型的内陆城市的工业化正式起步。自 1904 年至 1911 年,济南新建近代工业企业 11家,包括济南电灯公司、志成砖瓦公司、小清河轮船公司、泺源造纸厂、济南电话公司、津浦铁路机车工厂等。③ 1912 年津浦铁路通车后,济南工业"勃兴之程度,实出常人意料之外"④。1915 年军阀靳云鹏、潘复等在济南建立当时山东最大的纱厂——鲁丰纱厂。同年,章丘富商张肇铨与海阳人王少农、穆伯仁等人集资 10 万元,在济南东流水购地 13.6 亩,引进美国复式磨粉机 5 部、单式磨粉机 1 部、英国 180 马力蒸汽机 1 台,建立"丰年面粉厂"。丰年现代面粉厂开启了济南面粉业的辉煌,截至 1925年又有惠丰、茂新、民安、正利厚、恒兴、华丰、成丰、同丰等 8 家面粉工厂

---

① 参见实业部国际贸易局编:《中国实业志·山东省》,实业部国际贸易局 1934 年版,丙,第 53—56 页。
② 参见《日人在青开办的九大纱厂一览表》,山东省总工会工运史研究室、青岛市总工会上运史办公室编:《青岛惨案史料》,工人出版社 1985 年版,第 527 页。
③ 参见王守中、郭大松:《近代山东城市变迁史》,山东教育出版社 2001 年版,第 295—296 页。
④ 孙宝生:《历城县乡土调查录》,历城县实业局 1928 年版,第 86 页。

相继建立,济南的面粉业达到鼎盛。胶东制革厂、东元盛染厂、裕兴颜料厂、齐鲁铁工厂、顺和针棉织品厂、源丰针棉织品厂、溥益糖厂等也都相继建立起来。据王守中、郭大松统计,1912年至1927年间,济南创设资本额在5000元以上的工业企业66家,资本总额约为1644万元。[①] 济南已是"工业发达,工厂林立"[②],由一个过去新式工业十分落后的城市发展为新式工业资本、商办工业资本分别在全国城市中位居第8、第7的重要工业基地[③]。

20世纪30年代初,济南有大小各类工厂455家,其中近代机器工业20家,资本资本总额719.13万元,产值262.34万元;半机器工业216家,资本总额138.91万元,产值547.54万元;手工业219家,资本额22.98万元,产值137.19万元。尽管近代机器数量仅占工厂总数的4.40%,但资本总额占比达到了81.62%,半机器工业占16.56%,手工业仅占4.15%。尽管从产值看,近代机器工业仅占27.68%,但加上半机器工业则占85.51%,手工业仅占14.49%。[④] 这表明经过开埠后30多年的发展,新兴的机器工业已成为济南工业结构中举足轻重的力量,传统手工业已经退居次要地位。

运河城市济宁民国以后也一度出现了兴办近代工业的高潮。"自济宁电灯公司、电话公司、济丰面粉厂、同济蛋粉工厂、义昌蛋粉工厂、华纬织布工厂、济美织布工厂先后成立以来,成绩良好,由是绅商各届咸知工业之利益,而思有以提倡之",以至时人据此情形预测,这里"将来各种工厂相继而起者,必接踵相接也"。[⑤] 以后,虽有的倒闭,有的改组,截至20

---

① 参见王守中、郭大松:《近代山东城市变迁史》,山东教育出版社2001年版,第324页。
② 孙宝生:《历城县乡土调查录》,历城县实业局1928年版,第148页。
③ 参见隗瀛涛:《中国近代不同类型城市综合研究》,四川大学出版社1998年版,第630页。
④ 参见实业部国际贸易局编:《中国实业志·山东省》,实业部国际贸易局1934年版,丁,第19—20页。
⑤ 林修竹:《山东各县乡土调查录》第2卷,山东省长公署教育科1920年版,第67页。

世纪30年代初,仍有机器工业11家、资本总额为81.9万元。①

20世纪30年代初的潍县,拥有新式机器工业30家,资本总额略高于当时的济宁,为99.4万元。②根据1935年的调查,潍县有新式机器工业34家,资本总额为897250元。周村"亦山东省重要之工业区",缫丝业尤其著名,只是由于1927年后丝价低落,一些缫丝厂相继停业,到30年代初期,大规模机器工业"仅有榨油、面粉、漂染、电气等"③。"博山工业,较山东内地各县发达,其最著者,首推窑业,次为玻璃业,此外,铁工、皮业等亦有相当地位。"④机器工业发展相对比较晚的龙口、威海在30年代初期也分别拥有了4家、3家现代机器工厂,资本总额分别为13.7万元和5.3万元。⑤

（二）城市手工业的发展

山东的手工业素称发达。进入近代以后,尽管一些传统的行业,如手工纺织业,受到洋纱、洋布的竞争走向衰落,但是一些适合国际市场需要的手工业,如丝绸和粉丝业,则获得新的发展,更有一些新兴的手工业出现并盛极一时,如花边、发网、草帽缏等,城乡手工业经济均有较大发展。如费正清所述:"中外现代工业发展的同时,手工业作坊也发展起来了。这些作坊要么是分包商,要么是工厂产品的主要客户。在主要港口城市还出现了以手工操作为主的出口加工业。"⑥

手工棉纺织业是山东传统的家庭手工业之一。鸦片战争后,洋纱很快取代了土纱,大部分人被迫放弃手工纺织业而转向利用洋纱经营手工织布业。潍县、昌邑、莱芜、桓台、博兴、临淄、广饶、黄县、招远等地改用洋纱后,所织布布匹细腻,除自给外,还能大量出口。到1934年,潍县附

---

① 参见实业部国际贸易局编:《中国实业志·山东省》,实业部国际贸易局1934年版,丁,第224页。
② 同上书,第86—87页。
③ 同上书,第145页。
④ 同上书,第165页。
⑤ 同上书,丁,第79—80页;丙,第73—74页。
⑥ 费正清主编:《剑桥中华民国史》第1部,上海人民出版社1991年版,第38页。

近有织机9万台以上,从业者约15万人。① 榨油业是山东传统的手工业,进入民国以后各县油坊发展迅速。自1876年至1911年,山东约有榨油工场83家,到1915年猛增至6448家,绝大多数手工榨油工场,从业人数达25819人。② 1920年达到8739家,1921年山东省的榨油量为50万担,居全国第一位。③

"中国之制造花边事业,发轫于烟台,其初仅为就地妇女之一种家庭工作。迨至1895年,设立烟台工业会,经理出售花边事宜,于是商业之基础以立。"④ 1902年烟台出现第一家花边工厂,到清末民初已发展到数十家。⑤ 从1915年至1918年,烟台的花边出口一直占全国同业出口额的93％以上。⑥

1919年以后至20世纪30年代初,烟台花边出口数额及在全国出口额中所占比例有较大波动,但烟台本埠的花边生产基本处在比较稳定的发展状态。30年代初,山东全省花边业共计139家,烟台本埠就有110家。⑦ 山东的发网业制造始于1909年,"当时欧西妇女,习尚以发网为饰,欧美客商,遂有携带发网式样,来山东之济南、青岛、烟台等地,劝民仿造编结,贩运国外。当时所给编结工资甚大,济南、烟台附近居民,竞相学习,因此出货日盛,至民国初年,每月遂有二千罗出口,洋行收买价值,每罗贵至十五元"⑧。到1920年前后,仅烟台一地编织发网的工厂就达百余家,从事发网业员工2万余人,制售人发之发庄(有的也兼做发

---

① 参见千家驹编:《中国农村经济论文集》,中华书局1936年版,第132、542页。
② 参见山东省总工会编:《山东工人运动史》,山东人民出版社1988年版,第47页。
③ 参见逄振镐、江奔东主编:《山东经济史》,济南出版社1998年版,第224—225页。
④ 彭泽益编:《中国近代手工业史资料(1840—1949)》第2卷,生活·读书·新知三联书店1957年版,第408—409页。
⑤ 参见庄伟民:《近代山东市场经济的变迁》,中华书局2000年版,第334页。
⑥ 参见交通部烟台港管理局编:《近代山东沿海通商口岸贸易统计资料(1859—1949)》,对外贸易教育出版社1986年版,第195页。
⑦ 参见王守中、郭大松:《近代山东城市变迁史》,山东教育出版社2001年版,第543页。
⑧ 彭泽益编:《中国近代手工业史资料(1840—1949)》第3卷,生活·读书·新知三联书店1957年版,第41页。

网)多至113家。发网业还由济南、青岛、烟台等城市发展到山东的许多城市州县。① 1921年前后,潍县"城关营发网业达四十余家",制发网者散处于城北乡区,"凡三百余家,男女工作者凡二千余人,每年约出发网一万五千捆"。②

山东的草帽缏业在民国初期"臻于极盛"。"凡山东内地产此殆遍,就各地观之,以此为专业者,济南、潍县、黄县、诸城之公司及制造局外,其余则农民暇日以此为副业,妇孺不能力作者以此为专业。其产额最多之区,莱州府、青州府、济南府、武定府、兖州府诸属,而以莱州府之潍县及沙河为最,约占山东产额三分之一。"③

济南的手工业,在清末主要有漂染业、纺织业、铜锡业、翻砂业、砖瓦业、首饰业、榨油等种类。1912年以来,各业都获得了不同程度的发展。1924年,济南的手工工厂十分兴盛,织布厂、织巾厂、织缎厂、牙粉厂、造胰厂、织袜厂等数目甚多,纯粹的手工业中,"发网厂为最大,大小有二十余家,地毯厂有十八、九家","砖瓦石灰等业,十分兴盛"。④ 到1932年,济南手工业有1745家,覆盖了38个行业,年总产值为2009万元。⑤

而在全省中现代工业最发达的青岛,手工业也有明显发展。到20世纪30年代,其手工业行业包括饮食品、生活供应、木工、五金、建筑用具、藤器、缝纫、皮革、纺织、文具及修理12个大类、30多个小类。据青岛市社会局的调查,1933年有手工业户1523家,员工13734人;1934年

---

① 参见《中国对外贸易之物产》,《东方杂志》1919年第16卷第4号,第211页。
② 刘祖干等:《民国潍县志稿》第24卷,1941年刊,第12页。
③ 彭泽益编:《中国近代手工业史资料》第2卷,生活·读书·新知三联书店1957年版,第403—404页。
④ 参见山东省档案馆、山东社会科学院历史研究所合编:《山东革命历史档案资料选编》第一辑,山东人民出版社1981年版,第47页。
⑤ 参见胶济铁路管理委员会编:《胶济铁路经济调查报告分编·济南市》,青岛文华印刷社1934年版,第13页。

"共计1327户,工人总数共计10939人,男性者4782人,女性6157人"①。

烟台开埠后除前述新兴的草帽缏、花边、发网等手工业的兴盛,传统的打铁、榨油和缫丝业、酿酒业日益发展。

20世纪30年代初,烟台有手工业户342家,年产值138.6万。其中织造刺绣业最为发达,有143户,年产值78万。②

(三) 城市商业的发展

随着开埠后对外贸易的发展,围绕着土特产品的收购外销、进口商品的销售以及随后兴起的民族工业产品的推销,近代山东城市的商业也迅速发展起来。

烟台,作为近代山东第一个被迫对外开放的港口城市,"同治元年设立海关后,于是油饼之业日盛,粉干之业亦日盛,而其他草帽缏由沙河到埠出洋,极盛时达三百余万两,其本埠商家则以行栈为最巨,代客船买卖货物而扣其用(佣——编者),业此者盖不下数十家"③。频繁的进出口贸易带来了无限商机,吸引中外商人、商业资本向烟台转移。1891年烟台有商店(含少量油坊)1660家④,1901年为1780家⑤。德占青岛以后,烟台的进出口贸易迅速跌落,商业也受到影响。进入民国以后,随着城市人口的增加以及城市规模的扩大,商业又有所发展。1918年烟台有大小商号3000余家,1933年初有3500余家。⑥

青岛开埠以后,随着对外贸易的迅速增长,市内商业也随之稳步发

---

① 《本市之手工业因商业发展迥非昔比》,1933年9月8日,第6版;《本市手工业概况》,1934年7月30日,第6版。
② 实业部国际贸易局编:《中国实业志山东省》,实业部国际贸易局1934年版,丁,第66—67页。
③ 王陵基修、于宗潼等纂:《福山县志稿》第5卷,1931年铅印本,"商埠志·商业"第2页。
④ China. Imperial Maritime Customs. Decennial Reports, 1882–1891, Chefoo, p.54. Shanghai: the Statistical Department of the Inspectorate General of Customs, 1892.
⑤ China. Imperial Maritime Customs. Decennial Reports, 1892–1901, Chefoo, p.56. Shanghai: the Statistical Department of the Inspectorate General of Customs, 1904.
⑥ 参见胶济铁路管理委员会编:《胶济铁路经济调查报告分编·福山县》,青岛文华印刷社1934年版,第14页。

展。20世纪20年代中期以后发展更快,"商店之开设,日渐增多"。据1929年本市总商会调查,市内外大小商店铺不下3000家,到1932年达到4370家。从1932年10月到1933年5月不到一年的时间,仅新开商店就有3000余家,连同旧有商店共计6513家,另有各国侨商所设商店929家。① 到1935年12月,全市商店达到7000余家。②

济南"在晚清只能算作一个三流商业城市"③。开埠以前,其商业多集中于西关,有西关"五大行"之称的国药行、杂货行、绸布行、鞋帽行和钱行较为发达。"自胶济路通车济南开埠,鲁西各县之营业遂渐移集济南。"④ 1912年津浦铁路全线通车,与胶济线呈丁字形交汇,济南在进出口贸易和省际商业交往中的地位进一步提高,"凡山东西部及山西、河南等省之土货,欲输出外洋者,先集中于济南,再运集于青岛,故济南为鲁晋豫三省出口土货最初集中市场,青岛乃为其出口之商埠。洋货进口欲运入我国中部者,先集于青岛而后集于济南,故济南为中部洋货散布之商埠"⑤,商业日趋繁荣。1919年4月,济南商号计有32种行业、1993家。⑥ 1927年,济南城埠两地大小商业户数达到5787家,比1919年增加了接近2倍,比辛亥革命前增加了5倍左右。⑦ 1928年"五三惨案"发生前"为商业最盛时期",之后"商业大挫,原状未及恢复,再遭东北之祸,益之以经济恐慌,滋蔓不已,遂成江河日下之势"⑧。直到1932年,济南仍

---

① 参见《近年商业发展情形》,《青岛民报》1933年9月25日,第6版。
② 参见《全市商店最近调查》,《青岛民报》1935年12月10日,第6版。
③ David D. Buck, Urban Change in China: Politics and Development in Tsinan, Shantung, 1890—1949, p.3. the University of Wis-consin Press, 1978.
④ 胶济铁路管理委员会编:《胶济铁路经济调查报告分编·长山县》,青岛文华印刷社1934年版,第8页。
⑤ 实业部国际贸易局:《中国实业志·山东省》,实业部国际贸易局1934年版,丁,第38页。
⑥ 参见林修竹:《山东各县乡土调查录》,山东省长公署教育科1920年版,第13—14页,历城县。
⑦ 参见王守中、郭大松:《近代山东城市变迁史》,山东教育出版社2001年版,第372页。
⑧ 参见胶济铁路管理委员会编:《胶济铁路经济调查报告分编·济南市》,青岛文华印刷社1934年版,第15页。

有54种行业的商号共计3554家。①

在传统的棉业、绸布业、百货业、杂货业等获得较大发展的同时,济南的旅店、餐饮、理发、书店、影剧院等市民生活服务性商业也得到了较快发展。据叶春墀的统计,1914年济南比较有名的旅馆有50家②,到1927年已发展到215家③,小到各种中式简陋的客栈,大到各种西式豪华旅馆,旅馆档次应有尽有,颇能满足不同层次人员之需要。济南的理发业也随着清末尤其是民国以后剪辫之风的盛行而获得长足的发展。在1914年,济南市比较大的理发馆仅有光汉理发公司、国民理发公司、新华理发所等7家④,到1927年此类理发铺就已发展到了321家⑤。

运河城市济宁,"自漕运停而运输艰,资本家与劳动者交受影响,商业遂渐行凋敝","及津浦路成、兖济又修支路,运输便利,消息灵通,不特商业渐复旧观,而且市面又辟新象","即风俗人心亦由兹潜移默化日趋于纷华靡丽之场而不自觉"。⑥1919年出版的《山东各县乡土调查录》也提到,济宁自津浦支路通车后,"百货往来,尤觉便利,是以商业一途,甚为发达",但那时城内各商号总计仅百家左右。⑦1921年自行开埠以后,20余家国外商人在济宁开设皮栈、"洋行",地方土特产品大量出口,煤油、卷烟、火柴、布匹、棉纱等商品大量输入,商业进一步发展,1926年济宁城厢各商号已增至250余家⑧,较1918年增加了约1.5倍。此后由于张宗昌祸鲁、蒋介石、冯玉祥军事冲突,济宁商贸趋向衰落。但到20世纪30年代初期,仍有商号191家。⑨

---

① 参见胶济铁路管理委员会编:《胶济铁路经济调查报告分编·济南市》,青岛文华印刷社1934年版,第15页。
② 参见叶春墀编:《济南指南》,大东日报社1914年版,第137—140页。
③ 参见孙宝生编:《历城县乡土调查录》,历城县实业局1928年版,第163—167页。
④ 参见叶春墀编:《济南指南》,大东日报社1914年版,第143页。
⑤ 参见孙宝生编:《历城县乡土调查录》,历城县实业局1928年版,第163—167页。
⑥《济宁商业之发达》,《民国日报》1917年1月29日。
⑦ 参见林修竹:《山东各县乡土调查录》第2卷,山东省长公署教育科1920年版,第68页。
⑧ 参见潘守廉修,袁绍昂纂:《济宁县志》第2卷,1927年铅印本,第43—46页。
⑨ 参见实业部国际贸易局编:《中国实业志·山东省》,实业部国际贸易局1934年版,丁,第226—227页。

二、城市文教医卫事业的发展

文教医卫事业的发展是近代山东城市化的重要表现。新闻出版、新式教育与医疗机构在清末开始出现,民国以后发展迅速。

(一)新闻出版业的兴起与发展

山东报刊业起步于1894年英商沙泰公司在烟台创办的英文报纸《芝罘差报》。从甲午战后到辛亥革命前,济南、青岛、烟台3地共出现了16份报纸,其中官报和半官报性质的4份,民办8份,外国人创办的4份。①对山东报刊业,1901—1911年的《胶海关十年报告》记述仅有如下一句:"在这个十年期间,省内各地先后创办的报纸为数众多,但发行份数都不大,而且大多数创办后不久就告停刊。"②1912—1921年的《胶海关十年报告》记述了山东尤其是济南报刊业的繁荣情况:"1916年前,济南和青岛两地各有一份报纸,但是到了这10年的后半期,发行报纸的家数迅速增加。现在济南一处就有三十八家报刊。其中有的报纸发行量很大,最重要的报纸有《大东日报》《济南日报》《大民主报》,每日发行额都在一万份左右。此外,还有许多期刊和杂志:例如有关法律方面的《法报》,有关外交方面的《外交月刊》,有关商情方面的《济南商业杂志》,有关工业报道方面的《新实业丛报》,有关公共卫生方面的《卫生新报》和有关劳工及贸易方面的《工商报》。"③据1924年齐鲁大学社会学系学生的调查,当时济南有报纸19种,"几乎全是共和制建立后开始出版的"④。据统计,自1912年至1927年济南先后出现各类报刊60种。⑤尽管由于

---

① 参见曲琪:《辛亥革命前山东报纸述略》,《山东史志资料》1982年第1辑,第169—178页。
② 青岛市档案馆编:《帝国主义与胶海关》,档案出版社1986年版,第142页。
③ 同上书,第194页。
④ [美]A.G.帕克指导,齐鲁大学社会学系编著:《济南社会一瞥(1924)》下,郭大松译,庄慧娟校,《民国档案》1993年第3期,第59页。
⑤ 济南市史志编纂委员会编:《济南市志》第6册,中华书局1997年版,第319页。

政局的动荡以及经营等原因，不少报刊旋办旋停，但到20世纪20年代末，济南尚有报刊30种①。1936年，济南有报馆22家、通讯社23家。②

青岛在德、日占领时期"无所谓新闻事业"，至1922年被中国收回前，"仅有中日文报章各一种"；"接收以后，新闻事业，日渐发达"③，先后有《胶澳月报》《青岛公民报》《青岛时报》《平民自治报》《中华报》等问世，至20世纪30年代初期，青岛"报章繁兴，印刷鼎盛"，计有各类报纸20余种。④ 同时定期刊物"亦颇发达"，如观象台刊行之《观象月报》《海岸半月刊》《天文报告》；教育局刊行之《教育半月刊》《民众学校教育概况半年刊》；胶济铁路局刊出之《铁中月刊》《铁路月刊》《胶济铁路运输统计月报》；以及其他有关部门刊行的《警务旬刊》《港务统计月报》《农村生活周刊》《乡村建设月刊》等等，总计多达20余种。⑤ 1937年1月，青岛有报馆18家、通讯社9家。⑥ 众多报刊的问世不仅有利于提高民众的文化素质和知识水平，也从一个侧面反映出近代山东城市文教事业的进步。

(二) 新式教育的发展

山东的新式教育，从清末新政之"废科举、办学堂"起步。1901年10月，山东巡抚袁世凯奏陈办理山东学堂事宜及试办章程，大致厘定了小学(备斋)、中学(正斋)、专门大学(专斋)学制，清廷"敕各省照山东学堂章程举办学堂"⑦。这使山东和济南在开启近代教育体制方面走在了全

---

① 参见王守中、郭大松：《近代山东城市变迁史》，山东教育出版社2001年版，第409—412页。
② 济南市政府秘书处：《济南市市政统计(民国二十五年度)》，山东省档案馆藏，J115-05-97。
③ 魏镜：《青岛指南》第7编，平原书局1933年版，第56—60页；青岛市档案馆编：《帝国主义与胶海关》，档案出版社1986年版，第242—244页。
④ 参见青岛市档案馆、青岛市史志编纂委员会办公室编：《青岛大事记史料(1891—1987)》上，1989年刊，第48、54页。
⑤ 参见魏镜：《青岛指南》第7编，平原书局1933年版，第56—60页；青岛市档案馆编：《帝国主义与胶海关》，档案出版社1986年版，第242—244页。
⑥ 参见青岛市政府招待处编印：《青岛概览》，1937年1月，第56—58页。
⑦ 丁致聘编：《中国近七十年来教育记事》，国立编译馆1935年版，第9页。

国前列。① 民国以后,中央政府教育部先后颁行了壬子·癸丑学制(1912—1913年)、壬戌学制(1922年)等学校教育体制,促使全国近代教育体制迅速成熟。到民国初年,山东已经初步建立起以高等教育、中等教育、初等教育为内容的新型教育体制。

作为省会城市和历城县治所,济南的新式教育发展条件得天独厚。到20世纪20年代初,"济南有政府、私人、传教士或教会机构开办的各类学校。政府兴办的学校种类齐全;私人开办的学校有小学和中学;教会学校则从幼稚园到大学都有"②。

济南的高等教育,从袁世凯1901年创办全国第一个省级高等学堂——山东大学堂(1904年改为山东高等学堂)开始。到辛亥革命前,又先后设立了山东官立高等农业学堂(1906年)、山东官立法政学堂(1906年)、山东优级师范选科学堂(1907年)、山东优级师范学堂(1910年)、山东法律学堂(1910年)、山东基督教共和大学医科(1906年,也称共和医道学堂)。进入民国以后,社会对各类人才的需求日增。山东当局按照1912年教育部颁布的《专门学校令》,经过十余年的努力,在济南陆续建立起专业门类较为齐全的六大专门学校:山东公立工业专门学校(1912年)、山东公立商业专门学校(1912年)、山东公立法政专门学校(1913年)、山东公立农业专门学校(1913年)、山东公立医学专门学校(1920年)、山东公立矿业专门学校(1920年)。另外,前述山东优级师范学堂在1912年改为国立山东高等师范学校,原山东基督教共和大学改为私立齐鲁大学。到20世纪20年代中期,济南的高等教育进入鼎盛时期,基本建立起专业齐全、学科门类众多的高等教育体制。之后,张宗昌祸鲁、由六所专门学校合并成立的省立山东大学在北伐战争后停办,济南高等教

---

① 参见王守中、郭大松:《近代山东城市变迁史》,山东教育出版社2001年版,第390页。
② [美]A.G.帕克指导,齐鲁大学社会学系编著:《济南社会一瞥(1924)》下,郭大松译,庄慧娟校,《民国档案》1993年第3期,第57页。

育元气大伤。进入 30 年代后,除原有的齐鲁大学外,济南只建立了一所高等学校——省立医学专科学校(1932 年)。

济南的新式中小学教育在晚清十年已具雏形。1924 年,在校小学生、中学生分别为 5000 人、4500 人①。1927 年,济南有公立、私立以及教会学校各类中学 11 所、小学 29 所。到 20 世纪 30 年代中期,随着政局的稳定和社会经济的复苏,济南的中小学教育获得了长足的发展。据济南市教育局统计,1934 年,济南市有各类中等学校(包括师范学校和职业学校)22 所,小学校 96 所,教职员人数分别为 540 人和 742 人。②

德国从把青岛建设成远东地区的"模范殖民地"和"传播欧洲文化的基地"目的出发,十分注意发展青岛的教育事业。当时的学校分为为德国人开办的和为中国人开办的两种。为德国人开办的学校包括:初为德国公民团体组建后由殖民政府接管的 1 所 9 年制的"帝国政府学校",德国天主教修女举办的高级女子学堂 1 所和幼稚园 1 所。为中国人开办的学校包括:殖民地政府 1909 年建成开学的"特别高等学堂"1 所,基本在我国原有私塾基础上改设的公立小学 26 所;各教会开办的小学 16 所、中学 2 所、女子学校 2 所、神学院 2 所(招收中德两国学生)、幼儿园 1 所、花边编织的职业学校 1 所。③

日本占领青岛后,1915 年春季将在战争时期关闭的原德国人开办的 26 所公立小学渐次恢复,后又陆续增设 11 所,统称为"公学堂"。此外还有私立或教会举办的初等学校近 10 所。相对于初等教育,日占期间的青岛中高等教育总体上看非但没有发展、进步,甚至有所倒退。④

中国收回青岛后,出现了兴办中、高等教育的热潮,短短 5 年时间,

---

① [美]A.G.帕克指导,齐鲁大学社会学系编著:《济南社会一瞥(1924)》下,郭大松译,庄慧娟校,《民国档案》1993 年第 3 期,第 57 页。
② 参见济南市政府秘书处编:《济南市市政月刊》第 10 卷第 7、8 期合刊,1936 年 8 月。
③ 参见王守中、郭大松:《近代山东城市变迁史》,山东教育出版社 2001 年版,第 222—227 页。
④ 同上书,第 489—493 页。

先后兴办各类中高等学校9所,新设教会中学2所,另有青岛病院附设医学校1所。① 青岛有高等、中等、初等各级学校总计66所,教职员369人,学生8773人。② 1936年,青岛全市有小学106年,在校小学生27026人;中学7所,在校生2340人。另有胶济铁路局设立之胶济铁路中学1所、小学2所。③

烟台很早就有外国教会开办的新式学校,清末新政时期因这里行政上隶属于福山县,政府在这里开办的学校仅有道台主持的1所中学和清政府设立的1所海军学堂。辛亥革命以后,公立中学因经费问题停办,随后兴办的几所公立小学也因种种原因相继停办。到20世纪20年代末,公立学校仅有三个:由海军学堂发展而来,由海军部主办的海军学校;水产试验场附设的水产学校;华洋丝业联合会主办的蚕丝学校。但由于这一时期烟台私立学校和教会学校发展迅速,20世纪20年代末期,烟台实际有各类学校46所,其中中学和中等专业学校14所、小学32所,在校学生除共计4800—5000人。尤其值得一提的是,其中有些学校颇具有实用性、先进性:前述蚕丝学校为山东茧绸业的生产与改良做出重要贡献;毓璜顶幼稚园附设的培养幼师的师范训练班先后为全国培训了数十名高水平的幼教教师;启喑学校作为全国第一所聋哑学校更是开启中国聋哑人教育之先河,数十年间不仅培育了几百名聋哑儿童,使得他们能自食其力,而且培育了大批师资,先后在全国各地发展了十余所聋哑学校,为中国近代聋哑人教育事业做出了历史性贡献。④

运河城市济宁,因地处孔孟之乡,自昔文教事业即较为发达,清末新政时期也与时俱进,相继设立了不少新式学堂,奠定了近代教育基础。

---

① 参见王守中、郭大松:《近代山东城市变迁史》,山东教育出版社2001年版,第493页。
② 参见赵琪修,袁荣叜等纂:《胶澳志》,青岛华昌印刷局1928年版,台湾文海出版社1968年印行,第985—991页。
③ 参见青岛市政府招待处编印:《青岛概览》,1937年1月,第44—48页。
④ 参见王守中、郭大松:《近代山东城市变迁史》,山东教育出版社2001年版,第560—567页。

民元以后,随着工商业的发展和时势的变迁,近代教育体制不断完善,到20世纪20年代末期,济宁城内四隅计有国人开办的中专、中学、高级小学、国民学校32所,其中中专学校有1915年设立的"道立甲种工业学校"和"商业学校",中学有"省立第七中学",高等小学有8所9处(第一高等学校一校两址),国民学校有21所。此外,美国北长老会、美以美会和德国天主教会还在这里设立各类学校9所:华美学校、中西中学校设立于辛亥革命前,师范学校、培英中学校、华光小学校和4所女校都是辛亥革命后至20世纪20年代初期设立的。①

从清末山东政府1904年前后开始大力提倡出国留学,作为高等教育一部分的留学教育也开始发展,至辛亥革命前夕,山东公费、自费留学生有姓名可考者大约有360人左右②,所学专业包括法政、师范、军事、工业、农业、商业、矿业、化学、铁路、艺术等。

(三)医疗卫生事业的发展

美国学者罗芙芸认为:"卫生是定义现代性的主要因素,这不仅是对个人而言的,也是对城市的建筑环境甚至想象中的国家整体而言的。"③近代山东城市医疗卫生事业发展迅速,西医的进入与发展是其中的重要方面,青岛、济南、烟台等城市尤为显著。

德国殖民者占领青岛时期,医疗卫生事业是其致力发展的事业之一。当时青岛的医疗机构分总督府设立的和教会设立的两种。总督府设立的医疗机构主要服务于德国人;1898年开建、1902年完工的野战医院是当时青岛最大的一所医院,主要服务于当地德国驻军,也接受欧洲籍平民就医;另有位于崂山脚下的崂山疗养院(德国人称麦克伦堡疗养院)、位于沙子口的服务于驻军的一个小疗养院,以及一个为妇女儿童看

---

① 参见王守中、郭大松:《近代山东城市变迁史》,山东教育出版社2001年版,第599—600页。
② 参见安作璋主编:《山东通史·近代卷》下册,山东人民出版社1994年版,第529页。
③ [美]罗芙芸:《卫生的现代性:中国通商口岸卫生与疾病的含义》,向磊译,江苏人民出版社2007年版,第2页。

病的诊所。在为华人治病方面,德国当局只在李村、四方、台东、台西、大鲍岛和胶州等地设立了一些门诊部,医院都是教会设立的,较大的包括同善会设立的福柏医院、同善会华人教团设立的台东镇中心医院以及天主教圣言会在市中心设立的医院。①

1914年日本对德国宣战,青岛的医院或暂时关闭或毁于战火,其中崂山疗养院即毁于战火。1915年日本占领青岛,恢复原来德国总督府设立的驻军医院,改称日本青岛守备军医院,专为日本军政人员以及商民服务。同年,将守备军医院分出一部分改设青岛疗病院,为一般市民诊疗,次年又改称青岛病院,原来的守备军病院扩建为陆军病院,服务宗旨不变。此后日本青岛殖民当局根据城市发展的需要,陆续改定医疗行政体制,增设医疗机构。先是规定在青岛设立两所独立的公立医院,即青岛病院和铁道病院,青岛病院在青岛市区下设数所分院,铁道病院于铁路沿线及青岛市区下设5处分院;继而又将青岛病院各分院改为独立医院,铁道医院则改为青岛病院分院,于民政署总务部下设病院系,统一指挥监督各病院业务。总计日本占领时期先后设立并定型的公立医院,包括:青岛病院、新町分院、隔离医院(原青岛病院台西镇分院)、广岛分院(初为铁道病院)、四方分院、普济医院、李村分院。②

日本统治青岛末期和青岛收回之初,由于中日交涉和中国内战影响,青岛的公立医院没有多大发展。原青岛病院本应交还中国政府,因种种原因没能交还,仍由日本人经办,但该院设备先进,就诊人数日渐增加。青岛主要的公立医院包括普济医院、李村医院和传染病医院等。普济医院日占期间专为中国人诊疗,设施简陋,1925年夏天与李村医院合并成立市民卫生医院,前者为总院,后者为分院,1928年重新恢复普济医院、李村医院名号,后者仍为前者分院。③

---

① 参见王守中、郭大松:《近代山东城市变迁史》,山东教育出版社2001年版,第228—230页。
② 同上书,第498—499页。
③ 同上书,第499—500页。

南京国民政府统一后,青岛的医疗卫生事业呈现蓬勃发展的势头。到20世纪30年代初期,公立的市立医院共设立6个分院和4个诊疗所。私人设立的医疗机构中较著名的有黄祝三的共和医院以及王纫衷与青岛各慈善结构合办的三江青平民施医所。教会这一时期开办的信义会医院一跃成为青岛教会团体所办医院中"最完善之医院",下设台东、沧口、李村等数所分院,免费为民众诊疗。① 据1937年1月青岛市政府招待处编印的《青岛概览》,当时青岛共有医院51所,诊疗所在各重要村镇皆有设立,施诊施药,每年约有30万人。②

医疗卫生事业的发展也是济南城市近代化的重要标志。清末济南已有西医,不过当时济南的医疗事业仍以中医为主,中医医师多开设堂铺,诊病同时卖药。这种情况在民国以后发生了变化。到20世纪20年代中期,虽然济南仍有140余名中医、80多家堂铺栈号,但从有关统计资料看,西医已在医疗方面取代中医而占据主要地位。这一时期济南拥有"同任何中国城市一样好的医生和医学校",平均每3500人拥有1名在当局登记在册的西医。至20世纪20年代末期,济南有大小西医院30多所,小诊所10余处,大约不足3000人就有1名西医。③

在烟台,同中国大部分地区一样,西医也是随着传教士进入的。法国天主教和英国人在19世纪80年代分别建立了天主教施医院和体仁医院④,"1902年,美长老会在毓璜顶办医院"⑤。民国以后,烟台医疗卫生事业的进步主要还是上述三处教会医院的发展,特别是毓璜顶医院,逐步开设了内科、外科、妇产科、小儿科、耳鼻喉科、化验室、X光室,成为烟台唯一一所科室齐全、设备完善的现代化医院。天主教会于1906年

---

① 参见王守中、郭大松:《近代山东城市变迁史》,山东教育出版社2001年版,第500—501页。
② 青岛市政府招待处编印:《青岛概览》,1937年1月,第34—40页。
③ 参见王守中、郭大松:《近代山东城市变迁史》,山东教育出版社2001年版,第415—416页。
④ 同上书,第569—570页。
⑤ 山东省卫生史志编委会编:《山东省卫生志》,山东人民出版社1992年版,第556页。

开设的一座麻风病疗养院也得到发展。20世纪20年代初期,也开始出现了一些私人开办的西医诊所和小医院。① 根据1922—1931年的《海关十年报告》,烟台有较小医院10所,该报告中指出:这足以证明烟台人士对于西医信仰日坚。②

三、城市人口的增加和地域的扩大

随着工商业的不断发展、交通等的发展,各城市人口的持续增加,各城市的地域不断向近郊延展,规模日趋扩大。

(一)城市人口的增加

随着现代以机器生产为主的现代工业的发展以及第二、第三产业在城市地域聚集,城市在城乡人口流动中的拉力大大增强,农村人口大量向城市集中,城市人口密度不断增大。

济南在1904年开埠后,不仅"富商大贾麟萃麇至,即负贩小民亦皆提携妇孺,侨寓其间,以谋生计"③,人口随之不断增加。从1909年到1911年,济南府城及城郊人口由246000人增长到275300人,平均每年增长9767人。1911年辛亥革命爆发以及1914年日军沿胶济铁路进兵济南,许多居民离开济南,致使济南人口下降。随着民族商业的发展,济南城市人口逐年增加,到1929年,济南市区人口已达379549人,同1914年相比,增加133571人,增长54.3%,平均每年增8905人。到1936年,全市人口达到435136人,较1929年增加了55587人。④

对于济南当时的人口增长,齐鲁大学社会学系师生在1924年的调查报告中指出,当时"济南死亡率与出生率相当接近",每年"2.5%—4%

---

① 参见王守中、郭大松:《近代山东城市变迁史》,山东教育出版社2001年版,第569—571页。
② China. The Maritime Customs. Decennial Reports, 1922-1931, Chefoo, p.433. Shanghai: the Statisticl Depretment of the Inspectorate General of Customs.
③ 毛承霖:《续修历城县志》第4卷,1926年,"地域考三"第1页。
④ 山东省地方志编纂委员会:《山东史志资料》第1辑,山东人民出版社1982年版,第185页。

的增长率"主要是外来人口流入所致。① 另据统计,1930年5月,迁入4949人,迁出3303人,迁入人数比迁出人数多出49.83%;6月迁入3660人,迁出3016人,而同期6月出生169人,死亡152人。② 这组数据透露的信息与齐鲁大学社会学系师生的上述判断基本一致:外来人口的源源流入使济南城市人口不断增长。

青岛自开埠后,伴随着市政工程的建设,成千上万的劳动者从山东各地聚集青岛,1913年人口为53312人③。日本占领青岛后,为加强对青岛的控制,采取了鼓励向青岛移民、投资的政策。占领青岛仅一月后,"青岛日军宣布对日本本土移民实行开放"④,随后,"来自满洲、日本、台湾、朝鲜者,相望于道,不及半年,达至一万余人"⑤。到1922年,在青日人数量达到顶峰,"增至六千四百九十一户,计二万三千五百六十六人"⑥。1923年青岛全市人口为262117人,1933年达到444690人。⑦ 至1936年9月,青岛人口已增至575100人。⑧

烟台,"自辟商埠后,工商业日盛,人口亦因之顿繁,五方杂处,转徙频仍,但人数则有增无已"⑨。1883年,烟台人口总数仅3500人左右,而10年后增至32500人。到1901年,烟台人口总数增至57120人。⑩ 1919年烟台城市人口已近10万人。⑪ 到1933年,非农业人口包括学业人口

---

① 参见[美]A.G.帕克指导,齐鲁大学社会学系编著:《济南社会一瞥(1924)》上,郭大松译,庄慧娟校,《民国档案》1993年第2期,第51页。
② 山东省地方志编纂委员会:《山东史志资料》第1辑,山东人民出版社1982年版,第185页。
③ 参见青岛市档案馆编:《青岛数字全书》,中国文史出版社2003年版,第50页。
④ 民国山东通志编辑委员会:《民国山东通志》第10册,台北山东文献杂志社2002年版,第16页。
⑤ 张武:《最近之青岛》,桐城张宅1919年版,第6页。
⑥ 赵琪修,袁荣叟等纂:《胶澳志》,青岛华昌印刷局1928年版,台湾文海出版社1968年印行,第78页。
⑦ 参见青岛市档案馆编:《青岛数字全书》,中国文史出版社2003年版,第50页。
⑧ 参见青岛市政府招待处编印:《青岛概览》1937年1月,第5页。
⑨ 实业部国际贸易局编:《中国实业志·山东省》,实业部国际贸易局1934年版,丁,第56页。
⑩ 参见 Decennial Reports, Chefoo, 1892-1901。
⑪ 参见林修竹主编:《山东各县乡土调查录》第4卷,山东省长公署教育科1920年刊。

达 126209 人,农业人口仅占 13303 人。其中,商业人口 61320,占总人口的 44%,工业人口 47465,占 34%,学业人口 15541,占 11%,渔业和农业两者共计 13303 人,合占 9.5%。可见,非农业人口占 90.5%。① 到抗战前烟台城市人口已增至 144602 人。②

威海卫自被英国租借后,工商经济不断发展,人口也逐渐增加。根据英国殖民公署的调查,1911 年威海卫人口为 146840 人,1921 年为 154416 人。③ 1930 年中国收回威海卫后,人口继续增长。据威海卫管理公署的统计,1931 年人口为 189801 人④,1932 年为 195630 人,其中非农业人口 101572 人⑤,占 52%。

潍县、周村自昔为工商业重地,人口亦较他县为盛。据载,1906 年潍县城内人口约二三千户⑥,到 1932 年,实业部国际贸易统计的潍县城市人口已经达到 82781 人,"邑中工商两业均极发达,故人民之业除农民占最多数目外,工商两界人数,实较各县为多"⑦。周村城市人口,据清末民初的调查为 2.5 万人⑧,而 1929 年为 61189 人。后来,由于工商各业的衰退,周村人口开始逐渐减少,1931、1932 年分别为 57828 人和 56620 人。⑨

---

① 参见实业部国际贸易局编:《中国实业志·山东省》,实业部国际贸易局 1934 年版,丁,第 57 页。
② 参见刘精一:《烟台概览》,烟台概览编辑处 1937 年铅印本,第 2 页。
③ 参见实业部国际贸易局编:《中国实业志·山东省》,实业部国际贸易局 1934 年版,丙,第 64 页。
④ 参见胶济铁路管理委员会编:《胶济铁路经济调查报告分编·威海卫》,文华印刷社 1934 年版,第 2 页。
⑤ 参见实业部国际贸易局编:《中国实业志·山东省》,实业部国际贸易局 1934 年版,丙,第 64 页。
⑥ 参见庄维民:《近代山东市场经济的变迁》,中华书局 2000 年版,第 295 页。
⑦ 胶济铁路管理委员会编:《胶济铁路经济调查报告分编·潍县》,青岛文华印刷社 1934 年版,第 2 页。
⑧ 参见张玉法:《中国现代化的区域研究:山东省(1860—1916)》,台北"中央研究院"近代史研究所 1982 年版,第 704 页。
⑨ 参见实业部国际贸易局编:《中国实业志·山东省》,实业部国际贸易局 1934 年版,丁,第 142 页。

(二) 城市地域的扩大

随着工商业的不断发展以及城市人口的持续增加，各城市的地域不断向近郊延展，规模日趋扩大。

烟台开埠前，隶属于福山县，是一个"居民寥落，不过茅屋数十椽"的渔村。开埠后，随着各国领事馆的设立以及港口贸易、工商业的发展，城区面积不断扩大。1912年，"烟台有著名街道46条，皆以条石铺成"①。据日本驻烟台领事馆1919年的统计，烟台"市区面积约有二百万坪（一坪相当于6平方尺）。街道大小百余条"②。1920年，烟台人工港池建成后，同时辟建了北马路、海滨街等20多条道路，形成较为完整的城区道路网络，城区面积进一步扩大。1923年郑千里编著的《烟台要览》载有"烟台街市全图"，其范围东起福山路，西至通伸村，南起上舟村北，北至烟台山，共标注街巷380余条。烟台逐渐发展为"高楼广厦，比户相连"的中等城市。

青岛最初隶属于即墨县，是胶州湾畔一个只有数百人的渔村。晚清时期，因其海防重要性日益受到关注。1891年，主管北洋防务的李鸿章视察青岛，奏调登州镇总兵章高元移驻于此，并进行基本的防务建设，是为青岛建置之始。1897年德国占领青岛后，当局投入巨资对城市、港口、铁路和市政工业进行建设，力图将其打造为宣传德国优越性的模范殖民地，此时的青岛"呈现出军港与商港的物质外观"③。1914—1922年日占期间，日本出于经济扩张与掠夺的目的大量在青岛进行工商业投资，客观上促进了青岛工商业发展，其中棉纺织业的发展更使青岛获得了与上

---

① 张玉法：《中国现代化的区域研究——山东省（1860—1916）》，台北"中央研究院"近代史研究所1981年版，第698页。
② 日本驻烟台领事馆：《芝罘领事馆辖内事情》，大正八年（1919）十月十八日，烟台港务局烟台港史编写组：《烟台港史（古近代部分）》，人民交通出版社1988年版，第179页。
③ 柳敏：《融入与疏离：乡下人的城市境遇——基于青岛的考察（1929—1937）》，南开大学2011届博士学位论文。

海、天津三足鼎立的地位。伴随着工商业的发展以及城市人口增长对住房的大量需求,青岛"城市规模扩大了三倍,小鲍岛日侨区的扩张繁荣与四方沧口工业区的出现最为显著"①。1922年12月,青岛被接收,设立胶澳商埠局管辖。尽管在军阀混战的大背景下,青岛城市的发展总体不明显,但是,青岛的工商业仍为日本控制,投资仍在增长。1929年国民政府接管青岛,设立青岛特别市,直接隶属国民政府中央行政院,青岛成为与南京、上海、天津、汉口并列的五大行政院直辖城市之一;次年,改称青岛市,仍隶属于行政院。1931年12月,沈鸿烈就任青岛市市长并开始全面建设青岛,青岛的都市范围不断向东部扩充,城市规模进一步扩大。

山东省会城市济南,老城面积仅约7.5平方千米。受洋务运动影响,1875年山东巡抚丁宝桢"建机器局于城北赵家庄"②,由于是军工企业,该局距离老城较远,直线距离约4千米。作为济南第一个采用机械生产的企业,济南机器局对济南北郊工业区的形成和济南开埠后的城市布局起了推动作用。③ 1904年济南在古城西部自开商埠。其范围是:西关外东起十王殿(经一路东头),西至南大槐树(纬十路附近),南沿长清大道(经七路附近),北抵胶济铁路,计东西长约2.5千米,南北宽约1千米,占地2.67平方千米。此区域一般被称为"旧商埠"。④ 民国建立以后,"振兴实业"的思潮兴起。1912年津浦铁路通车,济南"工商业逐步增多","旧有商埠界限不够应用,曾于民国七年、民国十五年先后两次扩展

---

① 孙保锋:《台西区的嬗变》,青岛市市南区政协编:《台西镇——一种日常化的青岛平民生活》,山东画报出版社2010年版,第15页。
② 杨秉德主编:《中国近代城市与建筑》,中国建筑工业出版社1993年版,第318页。
③ 参见曹洪涛、刘金声:《中国近现代城市的发展》,中国城市出版社1998年版,第213页。
④ 参见天津图书馆、天津社会科学院历史研究所编:《袁世凯奏议》下,天津古籍出版社版1987年版,第1087页;李百浩、王西波:《济南近代城市规划历史研究》,《城市规划汇刊》2003年第2期,第51页。

商埠界址"①,第一次将普利门沿顺河街一线向西至纬一路拓界为商埠租地,第二次将清泉街(今并入顺河街)以西、馆驿街以南展为商埠用地,此时商埠租地面积已增至3700余亩,商埠与旧城也连为一体。② 商埠开办后,胶济铁路以北在通往洛口(位于黄河口,为济南水运出入口)的道路两旁自然形成了许多小型工商业店铺,城市初显了一种交通指向型的发展势头。③ 20世纪30年代,在成通棉纺厂(1932年建立,后为济南国棉四厂)、仁丰棉纺厂(1932建立,后为济南国棉三厂)、利民机器染厂(1933年建立,后为济南毛巾总厂)等企业的推动下,胶济铁路以北的成丰桥地区开始迅速发展,城市地域向北逐步扩展。④

第二节　城市社会职业结构的重构和民国时期山东城市下层社会的界定

一、城市职业结构的重构

城市社会职业构成的变化是社会转型的产物。所谓社会转型,是指社会生活的各个领域、各个层面发生整体性的变革,包括社会的经济结构、政治结构和文化的变迁。社会转型是一种社会质变,其实质是传统体制获取现代功能,从一种稳定状态过渡到另一种稳定状态,使传统获得现代性的变迁过程。⑤

近代以前,中国城市居民主要是以贵族和各级官僚为主的政治统治

---

① 济南市房地产管理局编志办公室编:《济南市房地产志资料》第一辑(内部资料),1983年,第25页。
② 参见济南市志编纂委员会编:《济南市志》第2册,中华书局1997年版,第19页。
③ 参见济南市房地产管理局编志办公室编:《济南市房地产志资料》第1辑(内部资料),1983年,第25页。
④ 参见汪坚强:《近现代济南城市形态的演变与发展研究》,清华大学2004届硕士学位论文。
⑤ 参见陈国庆主编:《中国近代社会转型研究》,社会科学文献出版社2005年版,第1页。

和社会管理层。以城市中的官僚阶层为核心,形成了以士大夫、士绅为主的知识阶层,为适应特权阶层的消费而存在的属于工商阶层和劳工阶层的工商业者、体力劳动者以及一些附属性、寄生性人口,如娼、优、隶、卒、僧、道、医等。另外,还有为数不少的无正当职业而四处游荡的流氓、乞丐等游民阶层。在论及清代城市居民结构时,费正清曾这样概括道:"这些城市是清王朝上层权贵、禁军统领、富商巨贾以及名工巧匠的居住地。在这些城市的人口中,还有在野的名门豪绅、中小商人、官署衙门胥吏、劳工和脚夫,以及没什么文化的僧侣、术士,赋闲的小产业主、落榜举子、退伍军官。此外还有一批诸如流浪汉、季节工和无业游民之类的人。"[1]传统时代的山东城市亦大致如此。

随着山东城市在经济、政治、社会文化各个方面的变化,城市社会职业构成也发生了重大变化:在许多传统社会存在的职业继续存在和发展的同时,更多新的职业不断在城市社会中涌现,这些新的职业往往同城市市政建设、经济发展和文化生活紧密联系。《剑桥中华民国史》的著者对晚清中国城市职业变迁作了如下描述:"中外现代工业发展的同时,手工业作坊也发展起来了。这些作坊要么是分包商,要么是工厂产品的主要客户。在主要港口城市还出现了以手工操作为主的出口加工业。在城市中,相继出现了一些新的职业领域,如各种自由职业、新闻业和出版业,以及现代教育和文化机构。城市中的一小部分居民除了可以在制造业和商业部门就业外,还可以在上述新的领域中选择职业。"[2]

近代山东城市职业结构的最大变化就是工商业人口迅速增加。随着城市化的发展,工业经济与商业贸易成为城市重要的经济支柱,人们的谋生手段大都与工业生产和商品交换有关。大批具有资财的绅士、官

---

[1] 费正清主编:《剑桥中华民国史》第1部,上海人民出版社1991年版,第37页。
[2] 同上书,第38页。

僚、富商和留学生开始投资或经营工商业,成为企业家、银行家或股东;在工厂企业中,有懂得一定技术和经营的包工头,他们首先与资本家订立契约,承包工程或工序,再出面招募工人,支付工资;破产的农民、手工业者、下层市民被招募,进入工厂、矿产、铁路行业,便成为现代产业工人。在城市商业贸易中,除了活跃着买办、通事、跑街、捐客、报关的身影外,各种摊贩、商贩的数量不断增加,他们经营的品种和范围不断扩大,城市中出现了流动的商贩群体。

城市化打破了传统社会单一狭窄的就业结构,城市出现了教育、新闻、金融、政治、科技、文化等新的职业领域,产生了市政管理人员、出版家、科学家、编辑、记者、律师、西式医生等新职业。城市职业分工越来越细,人数越来越多,工作内容越来越专门化、专业化。

同时,适应市民生活各种需要的职业也是五花八门。"有按摩业、有理发业、有擦背业、有扦脚业、有茶楼酒肆的招待业、有游戏场中的歌唱业、有看相业、有算命业、有测字业;规模宏大,震慑全球的,有赌博业、有赛狗业、有赛马业,以及一切的一切,苟有熟悉都市生活者当可举出几百种来。这等职业也都是生产事业发达,都市生活复杂的结果。"[①]其中既有日常的服务业、修理业,也有娱乐、休闲业,还包括一些色情或迷信类的非正当行业者。这些职业中不少属于下层职业,为城市下层社会的人们提供了谋生的手段。

青岛在1898年开埠以前,传统社会的经济结构未有丝毫改变,非农业人口不仅数量极少,且主要为传统的匠人、艺人以及塾师、僧道等。开埠以后仅仅30年的时间,不仅工商业从业人口大量增加,而且社会职业日趋复杂化、多样化,这从表1-1、表1-2可以反映出来。

---

① 周谷城:《中国社会之结构》,上海新生命书局1930年版,第364页。

表1-1 青岛李村附近48个乡镇职业类别表

职业类别	人数	职业类别	人数	职业类别	人数
泥匠、石匠	430	兽医	4	说书艺人	8
铁匠	34	扎纸裱糊匠	8	教书塾师	41
染匠	10	皮革制造匠	15	僧道	12
木匠	98	吹鼓手	47	占卦算命	11
锡匠	8	唱戏武技	45		

资料来源:日译德文《关于胶州地区的土地和税收政策问题》(原书1899年刊印),转引自任银睦:《青岛早期社会现代化研究》,生活·读书·新知三联书店2007年版,第193页。

表1-2 青岛城市人口职业调查表(1928年)

职业类别	人数	职业类别	人数	职业类别	人数
公务员	2419	律师	25	劳力人	12157
军人	1332	农业	64348	妓女	269
警士	1232	工业	23765	其他	3963
教员	384	商业	30038	无职业	108871
学生	5357	渔业	10159		
新闻界	92	交通员	155		
医士	87	矿业	55	总计	264735①

资料来源:王清彬等编:《第一次中国劳动年鉴》第1编,北平社会调查部1928年版,第4—5页。

　　山东省会城市济南,随着开埠通商以及由此带来的资本主义工商业的发展、城市工业化水平的提高,职业结构逐渐呈现出近现代色彩。以1927年为例,是年城区及近郊总计297308人中,职业分布及人数见表1-3。1936年,济南城市人口职业分布情况是:公署局所34073人,监狱641人,团体12081人,学校28139人,工厂6623人,金融业1041人,寺庙255人,教堂3408人,公共场所313人,娱乐场所174人,报馆44人,通讯社41人,商号60758人,农业145916人,乐户947人。②

---

① 原文如此。——编者
② 济南市政府秘书处:《济南市市政统计(民国二十五年度)》,山东省档案馆藏,J115-05-97。

表1-3 1927年济南市居民职业构成情况表

职业	人数	职业	人数	职业	人数
农业	149892	教员	116	娼妓	438
矿业	19	医生	264	其他	21810
工业	30268	新闻记者	40	无业	24490
商业	10057	律师	24		
牧业、渔业	15	学生	26141		
公务员	2015	苦力	31719	总计	297308

资料来源:济南市史志编纂委员会编:《济南市志》第1册,中华书局1997年版,第495—496页。

烟台在开埠后职业种类也有增加,这从表1-4可以看出来。当然,从该表中也可以看出,在开埠三四十年后,烟台的职业构成还比较简单。出现这种情况的主要原因在于:烟台在1901年前本是一个商贸城市,城市管理功能也较青岛、济南为少。进入民国以后,在商业继续发展的同时,烟台的工业也有较大的进步和发展,尤其是进入20世纪30年代后,烟台继作为经济中心的职能外,又承担起胶东各县文化中心的职能,教育、医疗等行业都有了较大的发展,职业结构渐趋全面,见表1-5。综合这两个表格,我们可以发现开埠后的烟台在职业结构方面有一个极其明显的特点,即在从业人口中工、商两业始终占据极高的比例。

表1-4 1901年烟台从业人口分布表

行业或职业	家数	从业人数	占总从业人口(%)
铁匠、渔民、装卸工		32000	56.02
商店、油坊等	1780	13000	22.76
私人公寓	800	4800	8.40
大小舢板	1700	3400	5.95
妓院	340	1200	2.10
鸦片烟馆	430	1200	2.10

续 表

行业或职业	家数	从业人数	占总从业人口(%)
客栈	310	1100	1.93
海关和衙门雇员		420	0.74
总计		57120	100

资料来源:Decennial Reports, 1882-1891, Chefoo, p.56.

表1-5　1939年烟台职业结构表

职业	人数	占比(%)	职业	人数	占比(%)
农业	13220	8.42	夫役雇用	321	0.20
工业	24509	15.62	自由职业者[2]	7742	4.93
矿业	82	0.05	娼妓业	904	0.58
商业	47429	30.22	娱乐场业	378	0.24
交通	1851	1.18	鸦片商业	278	0.18
公务[1]	1137	0.72	家庭服务	22863	14.57
劳动业	17833	11.36	总计	156931	99.98
无业者	18384	11.71			

资料来源:《山东省烟台市各种职业人口统计表》,刘精一等:《烟台大观》,青岛新民报印局1941年版,第3—17页。百分数系笔者计算得来。

注:1. 公务部分包括公务员、警务人员、军务人员、法务人员。
2. 自由职业者包括从事教育、医业、宗教、艺术、律师、新闻、代书、占卜等业者。

1932年威海卫人口总计195630人,职业分布为:农业45.75%,工业5.4%,商业5.19%,学界1.61%,渔业2.33%,其他职业0.38%,无业39.26%。① 博山的从业人口,根据1929年的调查,分布如下:农业54636人,工业14000人,商业180人,学生8794人。②

综观近代山东城市职业的发展,在总体表现为职业构成复杂化、社会分工细致化、专门化的同时,也呈现出三个具体的趋向:第一,工商业

---

① 参见实业部国际贸易局编:《中国实业志·山东省》,实业部国际贸易局1934年版,丙,第66页。
② 同上书,丁,第163页。

从业人数不断扩大。尽管不同城市工商业从业人口占城市总人口的比例有很大差别,但工商业从业人口的增加却是不争的事实。第二,随着城市政治管理、市政管理、文教卫生等事业的发展,属于社会管理、服务的职业日趋多元化,官员、公务员、军人、警士、教员、学生、编辑、记者、医士、律师开始成为城市社会的重要成员。第三,城市待业或无业人数相对庞大,无业失业率居高不下。由于城市工业发展不足,农民又在农村破产的情况下源源不断地涌入城市,普通劳动力在城市中始终供过于求,城市失业问题严重,这是近代山东城市职业发展中始终面临的一个十分严峻的问题。

二、社会分层理论与民国山东城市下层社会的界定

随着上述山东城市化的发展以及工商业、管理业、服务业从业人员的壮大,山东城市现代社会阶层结构逐渐形成,出现了庞大的城市下层社会群体。

(一)社会分层理论概说

"社会分层"是借用地质学的概念分析社会结构形成的一个社会学范畴,对其含义有两种不同的理解:"一是视其为客观过程的界定,即认为社会分层是指社会成员在社会生活中由于获取社会资源的能力和机会不同而呈现出高低有序的等级或层次的现象和过程;二是视其为主观方法的界定,即认为社会分层是根据一定的标准将其社会成员划分为高低有序的等级或层次的方法。"①尽管这两种含义关系密切,"前者决定后者,后者是对前者的反映",但社会分层理论的含义主要是指后者。最有代表性和最有影响的理论有马克斯·韦伯的社会分层理论、马克思的社会分层理论和迪尔凯姆的社会分层理论。②

---

① 刘祖云:《社会转型与社会分层》,《新华文摘》1999年第11期,第17页。
② 参见刘祖云、戴洁:《再论社会分层的依据》,《中南民族大学学报》(人文社会科学版)2006年第6期,第124页。

1. 马克思的社会分层理论

阶级划分理论是马克思的社会分层理论的核心。生产资料和劳动的占有关系是阶级划分的主要标准。马克思认为,生产资料是最重要的社会资源:一方面,生产资料占有与否及占有多少直接决定人们在生产过程中的地位和角色(是领导者、决策者,还是服从者、操作者)、决定人们分配的方式和多寡(是通过利润获取报酬且数量巨大,还是通过工资获取报酬且数额极小);另一方面,生产资料的占有与否及占有多少直接决定人们的生存或生活方式的不同,即占有大量生产资料的人凭借占有生产资料剥削别人来养活自己,占有少量生产资料的人通过自己的劳动来养活自己,毫无生产资料的人通过出卖自己的劳动来养活自己。因此,人们对生产资料的占有以及由这种占有方式所影响的人们在生产组织中的地位,不仅决定人们经济收入的多少,而且决定人们社会地位的高低,从而使社会发生分化,并形成对立的社会阶级。

马克思在指出社会发生阶级分化的同时,也注意到社会阶层分化的现象。阶层是依据生产资料占有关系之外的属性来划分的,它存在于阶级内部或者是与阶级相联系而又相对独立的利益群体。马克思、恩格斯合著的《共产党宣言》指出:"在过去的各个历史时代,我们几乎到处都可以看到社会完全划分为各个不同的等级,看到社会地位分成多种多样的层次。"[1]马克思、恩格斯对资本主义社会两大对立阶级之间的中间阶层,包括小工业家、小商人、小食利者、手工业者、农民、医生、律师、牧师和学者等,进行了系统分析,一方面指出由于资本主义具有向大资本集中的趋势,中间阶层等级的下层必然不断地落入无产阶级的队伍[2];另一方面也曾敏锐地注意到社会中间阶层可能进一步扩大的倾向,马克思在《剩余价值理论》一文中评论马尔萨斯时就指出:"他的最高希望是,中等阶级的人数将增加,无产阶级(有工作的无产阶级)在总人口占的比例将

---

[1] 中共中央编译局:《马克思恩格斯文集》第2卷,人民出版社2009年版,第31页。
[2] 同上书,第39页。

相对地越来越小(虽然它的人数会绝对地增加)。马尔萨斯自己认为这种希望多少有点空想,然而实际上资产阶级社会的发展进程却正是这样。"①

2. 马克斯·韦伯的社会分层理论

西方社会学史上,最早提出社会分层理论的是德国社会学家马克斯·韦伯。在《阶级、地位和政党》一文中,韦伯指出:任何社会都存在三种彼此独立又相互联系的基本秩序,即经济秩序、社会秩序和政治秩序;经济秩序固然非常重要,但它却不能代替和决定其他两种秩序。他提出了划分社会层次结构的三个维度,即财富与收入(经济地位)、权力(政治地位)和声望(社会地位)。

财富和经济收入的多少是划分社会阶级的标准。"阶级"并不是共同体,而是在市场表现出来的具有相同生活机遇和经济利益的人。阶级地位是由市场决定的,具有较多财富的人在市场上具有较大优势,处于更有利的地位。权力是政治领域分层的标准,"意味着在一种社会关系里哪怕是遇到反对也能贯彻自己意志的任何机会,不管这种机会是建立在什么基础之上"②。权力可以产生于对匮乏的供给和对生产资料的控制,可以产生于个人或群体在科层组织中的地位,还可以产生于法律和其他因素。声望是社会领域的标准,社会地位(有时也译为"身份")是具有好的声望或缺乏它的标志。所谓社会身份群体是指那些有着相同或相似的生活方式,并能从他人那里得到等量的身份尊敬的人所组成的群体。在西方分层理论中,常常按照这个标准把社会成员划分成不同的社会身份群体。

韦伯认为上述三个标准是相互联系的,但又可以各自独立,其社会分层理论被称为"社会分层三位一体模式"或"三重标准论",至今仍然是

---

① 中共中央编译局:《马克思恩格斯全集》第26卷第3册,人民出版社1974年版,第63页。
② [德]马克斯·韦伯:《经济与社会》上卷,林荣远译,商务印书馆1997年版,第81页。

西方社会学阶层理论的基础。①

3. 迪尔凯姆的社会分层理论

尽管迪尔凯姆并没有明确提出一套社会分层理论,但从迪尔凯姆《社会分工论》中我们可以发现其社会分层思想的端倪。迪尔凯姆将社会分工理解为一种职业专门化,认为随着社会发展程度的提高,社会资源与职业的联系日益紧密,不同职业所嵌入的社会资源的数量和质量大相径庭,个人拥有何种职业也就决定了其所能获取的社会资源。所以,职业专门化深刻地影响着人们的生活方式,从事不同职业的人们在生活经历、价值观念和道德规范等方面的同质性减弱。② 显然,在迪尔凯姆的社会分层理论中,职业地位是最重要的社会分层依据。

在上述三大经典分层理论的基础上,西方社会学者又提出了多种社会分层理论,如帕累托的精英阶级理论、功能主义的社会分层理论、冲突论的社会分层理论以及进化论的社会分层理论,等等。戴维斯和穆尔曾指出:"那些从事意义重大、技术含量高的工作的社会成员通常能获得较多的经济报酬、占据较高的社会地位;而那些从事无足轻重、技术含量低的工作的社会成员则只能获得较少的经济报酬、处于较低的社会地位。"③帕森斯、戴维斯和穆尔就是继承并发展了迪尔凯姆的思想,成为功能主义社会分层理论的重要代表人物。

上述社会分层理论又可以进一步分为两大类:马克思的阶级理论与西方社会学的多元分层理论。二者有本质的区别,如:马克思主义关于阶级的本质注重的是生产关系,主要从生产过程中工人与资本家的关系来揭示阶级属性,而韦伯关注的是市场关系,认为阶级地位是由市场处境决定的;马克思认为财富的集中将导致阶级的两极分化,韦伯的观点

---

① 仇立平:《社会阶层理论:马克思和韦伯》,《上海大学学报》1997年第5期,第101页。
② 参见刘祖云、戴洁:《再论社会分层的依据》,《中南民族大学学报》(人文社会科学版)2006年第6期,第126页。
③ 转引自刘祖云、戴洁:《再论社会分层的依据》,《中南民族大学学报》(人文社会科学版)2006年第6期,第126页。

则暗示市场的社会分层只能使社会分裂成无数部分以及更小部分,阶级只是社会分层中的一种现象,地位群体、政党是社会分层的另一种现象;马克思认为资本主义社会的两大阶级及其对抗在于资本主义生产方式,韦伯则认为社会阶级结构不过是社会不平等和分配模式的产物,而不是由生产方式决定的。①

以韦伯为代表的西方社会学的多元分层理论在社会分层的研究中历来占主导地位。但是,随着研究的深入,学者也清晰认识到马克思与韦伯的分层理论之间的联系:马克思的阶级理论不是"唯经济决定论"或"一元论",而是以经济因素(生产关系)为主、多元因素综合在一起的理论,马克思和韦伯都认为社会分层是多元的;生产资料的占有状况与财富、声望和权力密切相关,前者往往是后者的原因;两者在很多方面是可以合并起来的,分别适合于对社会阶层的深层结构和表层结构的分析,在经济层面(主要是生产关系)上的社会分层,反映的是社会阶层的深层结构,而在财富、权力、声望、生活方式、职业等层面上的社会分层,反映的是社会阶层的表层结构。②

当代的大多数社会分层研究都与职业有关,从职业声望或职业的经济地位考察职业在社会分层中的作用。因为职业是联系社会阶层深层结构和表层结构的结合点,它一方面与社会阶层深层结构中的财产所有权有关,另一方面又与社会阶层的表层结构相联系。职业地位由职业权力、职业所能带来的财富以及职业所具有的声望共同构成,包括权力、财富、声望。不同职业所具有的社会声望、教育程度、经济收入和财富、生活方式、价值观念是有差别的,甚至有很大差别。

(二)民国山东城市社会分层以及下层社会的界定

学者李明伟在谈及关于清末民初时期中国城市的社会分层时曾指

---

① 参见仇立平:《社会阶层理论:马克思和韦伯》,《上海大学学报》第5期,第99—104页。
② 参见仇立平:《职业地位:社会分层的指示器——上海社会结构与社会分层研究》,《社会学研究》2001年第5期,第18—19页;李路路:《论社会分层研究》,《社会学研究》1999年第1期,第101—109页;庞树奇、仇立平:《我国社会现阶段阶级、阶层结构初探》,《社会学研究》1989年第5期,第63—75页。

出，由于清末民初的中国正处于传统社会向近代工业社会转变的时期，它既不同于西欧早期的资本主义社会，更不同于今天欧美所处的后工业化社会，因此我们既不能简单套用西方社会分层理论模式，也不能简单照搬马克思主义阶层理论的某些具体结论，必须在坚持马克思主义阶层分析的基本观点和方法的前提下，借鉴西方社会分层理论中某些基本维度和标准，从当时中国城市社会的实际出发，对城市社会进行综合分析和具体解剖。[①] 笔者赞同这一观点。即使到了 20 世纪 30 年代的中期，随着中国城市化、工业化进程的加速推进以及与之相伴的社会加剧分化，以功能职业为基本标准的现代城市社会阶层结构更加明显，但是由于中国半殖民地半封建的社会性质和经济结构以及经济发展的多层次、不平衡状况，城市社会分层仍然呈现出复杂性和不稳定性，传统社会分层的遗迹也依稀可见。为此，我们通过对 20 世纪 30 年代为止的山东主要城市居民职业结构的考察，主要依据现在社会学分层研究中常用的职业标准，借鉴李明伟对清末民初城市下层社会的分层结果，将民国前期山东城市社会大致划分为以下九个层次：

第一，外侨、清朝贵族、大官僚、军阀、豪绅巨富；第二，外国银行、洋行的董事、高级职员和买办；第三，大型工厂、商店和银行的投资者、经营者、社会名流；第四，银行、公司和大型工厂、商店的专业职员、高级雇员；第五，中小工厂、商店投资者和经营者、出版商、主编、律师、医生、教授、一般政府职员、公司职员；第六，小企业主、店主、高级店员、中间商、包工头、行帮头、工头、技术工人、中小学教师；第七，手工业者、商贩、店员、学徒；第八，工厂、商店和手工作坊的半熟练工人和非熟练工人、矿山、运输、建筑、装卸等行业的工人和季节工、临时工、小摊贩等；第九，自谋生计者、苦力、娼妓、乞丐、难民等。

在上述九个社会阶层中，第一、二、三类属于城市社会上层。他们控

[①] 参见李明伟：《清末民初中国城市社会阶层研究（1897—1927）》，社会科学文献出版社 2005 年版，第 66 页。

制着大量的社会资源,政治势力强大、经济实力雄厚。例如,穆伯仁、崔景三、辛铸九、马伯声、苗杏村、苗杏垣、张采丞等人控制的地方资本集团先后创办了诸如成通纺织品有限公司、仁丰纱厂、华庆面粉厂、成丰面粉厂、惠丰面粉厂等著名企业。其中,桓台帮和章丘帮又是济南现代工业投资主体中的主力。如桓台苗氏集团,从清末进入济南,由商而工,先后创办了成丰面粉厂、成大纱厂、成记面粉厂、成通纱厂、文德铁厂等十余家企业。民国不少军政要人也热衷于投资现代工业,如1918年成立的华庆面粉厂,就有山东督军田中玉、财政厅长周嘉琛、实业厅长田桂芳、济南交涉署长施长卿、济南道尹唐柯三投资其中。

政府高层公务员上层一方面月薪很高,另一方面因享有特权而有许多隐性收入,同样属于社会上层。1931年青岛市各局台所职员支薪者共有1238人,月薪最高者600元,最低者20元。其中月薪300元以上者30人[①],这些人多为局长、台长、所长、秘书长、科长等。

第四、五、六类属于城市社会的中间阶层。他们当中大多数人都受过不同程度的教育,其中相当一部分具有较高的文化水平,拥有一定的社会资源,有固定职业和固定收入,生活条件比较优裕。在社会地位上高于体力劳动者,低于大官僚、买办、资本家阶层。

公务员、职员、自由职业者和中小企业家等,作为从事非体力劳动、具有某项专业技能的专业人员,是中间阶层的主要职业群体。同时,随着教育、新闻、出版业的不断发展,城市中编辑、记者、艺人、教师、工程师、律师、医生等职业人群迅速扩大。与传统社会的知识分子不同,他们是近代商业社会中的被雇佣者,从事文化产业的生产或新式文化的传播,也是中间阶层的重要组成部分。在20世纪30年代的清平县,"按照各学校学生多少,教授成绩优劣,以为薪金之厚薄;高等小学教员待遇亦视此为差等"。"完全小学校长薪金,有学生4班者,月薪30元,每多1

---

① 参见青岛市政府秘书处:《青岛市行政统计汇编》(内部资料),1931年,第3页。

班,增加1元;教导主任,学生6班以下者,月薪28元,以下者26元;高级教员月薪均为24元;初级教员月薪20元。"[1]在中间阶层中,小学教师收入是下等,从绝对数额看,清平县完全小学教师的工资收入并不算高,但即使在济南这样的大城市,20元也是一个技术工人的月工资水平。

第七、八、九类属于山东城市社会的下层,也是近代山东城市中人口的主体部分。城市下层社会人数众多,他们大多是未受过教育、缺乏熟练技艺的贫穷人,只能靠出卖劳动力或以其他低等的谋生手段维持生存。

按照职业并结合其劳动、谋生方式的特点,民国前期的山东城市社会下层又可分为以下四个群体:工人店员群体,主要由现代产业工人、店员、手工业工人以及学徒四个群体组成,他们受雇于各种工商企业,绝大部分人从事体力劳动,工资收入较为稳定;自谋生计者群体,以小手工业者、小商贩、手艺人等为主,不受别人雇佣也不雇佣别人而自谋生计是其突出的特点;苦力群体主要包括马车夫、人力车夫以及建筑、运输、装卸、清洁等行业的季节工、临时工等,其从事超强度的体力劳动,且收入具有很大的不确定性;游民群体主要包括乞丐、娼妓、戏子、算命者、看相者、巫婆、兵痞流氓等,游动性、寄生性是其主要特点。

---

[1] 临清市地方史志办公室:《清平县志》(简体点注续修本),聊城市文化广电新闻出版局2011年版,第99页。

第二章 民国时期山东城市工人店员群体的物质生活

民国山东城市的工人店员群体是指那些在现代的或传统的工商企业中以出卖劳动力为生的被雇用劳动者。他们不占有任何生产资料,以工资收入为主要生活来源,是城市下层社会数量最大的群体。这一群体主要包括现代产业工人、手工业工人、店员,还包括一些工业企业、商店使用的学徒。下面四节分别对现代产业工人、手工业工人、店员和学徒的收支和生活状况进行考察。

第一节 民国时期山东城市现代产业工人的物质生活

现代产业工人是指在现代工厂、矿山、交通运输等企业中从事集体生产劳动、以工资收入为生活来源的工人。

一、现代产业工人概况

产业工人是近代机器工业的产物,民国山东城市的现代产业工人也是在外国资本—帝国主义的侵略不断加深的背景下,伴随着山东的外资企业、官僚资本企业以及民族资本企业的建立而产生和发展起来的。

山东首批产业工人诞生在烟台开埠至甲午战争期间。① 在洋务派官僚创办军用以及民用企业的同时,山东的民族资本企业开始出现,烟台等地的外资企业也相继设立。甲午战败后,在清政府提挈工商的大背景下,山东各地又设立了一些新型工业企业。据不完全统计,到1910年辛亥革命前夕,山东各地大、中型近代企业计有88家,产业工人约为33700人。②

中华民国建立以后,随着山东近代工业的较快发展,产业工人的数量也有较大幅度增长。第一次世界大战期间,由于欧美列强暂时放松了对中国经济的控制,山东民族工业也得到了一个发展的机会。到1919年,山东产业工人已发展到10万人左右。③ 到1930年,据中共山东省委的报告,此时山东产业工人约有15万人,各业工人具体分布如下:矿工2.5万人,纺织工人3万人,码头工人1.5万人,铁路工人5000人,面粉业3000人,卷烟和火柴业5000人,铁厂5000人,邮电、汽车、自来水、电气业等约有工人1万人,其他如车夫、市政等工人在5万人以上。④ 由于我们将码头工人、人力车夫放在后面的苦力群体中,从中减去码头工人1.5万人、人力车夫1.5万人⑤,则山东产业工人人数约为12万人。

另据1933年国民政府实业部的调查统计,山东当时有各类制造工业(包括工厂工业和作坊工业)10642家,雇佣工人94902人。此外,还有矿产业工人16938人。⑥ 尽管实业部所统计的企业中有些属于手工工厂,但是其中也没有包括外资企业,而其间外国资本在山东投资建立了一些规模较大的企业,雇用的工人较多。尤其是日本,在占领青岛后的8

---

① 参见山东省总工会编:《山东工人运动史》,山东人民出版社1988年版,42—43页。
② 同上书,第3页。
③ 同上书,第52页。
④ 参见山东省档案馆、山东省社会科学历史研究所合编:《山东革命历史档案资料选编》第2辑,山东人民出版社1981年版,第143页。
⑤ 济南人力车夫约1万人,青岛约5000人,其余县市人数较少,忽略不计。
⑥ 实业部国际贸易局编:《中国实业志·山东省》,实业部国际贸易局1934年版,乙,第114—116页。

年中相继建立了6个纺织厂,雇用华工2.2万余人,在中国收回青岛后,又陆续增加了3家;而日本在山东投资火柴、面粉、榨油等行业所建立的企业,也雇佣着约4万华工。[①] 因此,1933年山东产业工人的人数当较1930年有所增加。

民国前期山东产业工人的分布具有地域上的不平衡性,主要集中在青岛、烟台等沿海城市以及胶济铁路沿线的济南、淄博、潍坊等大中城市。

青岛是山东重要的工业港口城市,工厂企业较为集中,故工人数量较多。据1926年的统计,当时胶澳商埠共有各种工厂38家,工人24513人。[②] 据1932年的统计,本市中外各工厂合计为174家,扣除太隆洋行、地毯工厂等情况不明的16家,其余158家共计有工人33630人。[③] 据1933年统计,全市产业工人总数达42717人。[④] 1935年,依国民党中央工厂检查处就适合于《修正工厂法》[⑤]之工厂与工人数之统计,青岛市的工厂数为231家,工人数为32236人[⑥];而国民政府主计处统计局当年统计出的青岛工业工人总数为26428人。[⑦] 1936年的统计数据是41534人。[⑧]

济南是山东省的省会所在地,聚集的产业工人也较多。据统计,1927年济南主要工业行业户数为120家,职工总数为8087人;1934年济南主要工业行业户数为137家,职工总数为11967人,其中职员1131

---

① 参见刘大可等:《日本侵略山东史》,山东人民出版社1991年版,第155页。
② 参见山东省长公署统计处:《山东统计月刊》1926年第4期,第53—55页。
③ 参见青岛市社会局编:《青岛市工商业概览》,1932年,第14、41页。
④ 参见严中平等:《中国近代经济史统计资料选辑》,北京科学出版社1955年版,第110页。
⑤ 参见按照南京国民政府1932年12月30日公布施行的《修正工厂法》第一章第一条的规定,"凡用发动机器之工厂平时雇佣工人在三十人以上者适用本法"。
⑥ 参见《全国工厂工人统计》,《东海日报》1935年5月6日,第2版。
⑦ 参见国民政府主计处统计局编:《中华民国统计提要》二十四年辑,1935年,第277页。
⑧ 参见杨子慧主编:《中国历代人口统计资料研究》,改革出版社1996年版,第1397页。

人,工人10836人。① 另外,在淄川、博山煤矿区则集中了大批煤矿工人。其他产业工人比较集中的地区有潍县、周村、烟台、枣庄、济宁等地。②

　　山东产业工人的行业分布同样具有不平衡性。民国前期山东现代产业最集中的行业为纺织业(包括纺纱、棉织、丝织)和煤矿业。在纺织业中,前已提及,在日本统治青岛的8年间,仅日商在青岛开办的6家纱厂就有工人两万余名,而几家大的民族企业如青岛的华新纱厂、济南的鲁丰纱厂等也聚集着较多工人。山东全省煤矿工人主要集中在各大中型煤炭企业中,如淄川鲁大矿业公司、峄县中兴煤矿公司、博山中兴煤矿公司等。其他产业工人较为集中的行业包括交通运输业、饮食品业、日用品业、五金机械业等,具体分布在胶济、津浦两铁路以及面粉、卷烟、火柴、玻璃、机器制造等行业中。

　　民国前期山东产业工人的社会来源同全国的情况类似。从农村流入城市的农民,尤其是来自城市近郊以及周边省份的农民是产业工人的主要来源。究其原因,既缘于农民日益破产、被迫进城谋生,也因为"工业发达有使乡村人口集中工业区域做工的趋势"。以位于峄县的山东中兴煤矿为例,据1931年的调查,以籍贯论,总计2268名里工③,山东人数最多,为1564人,占68.9%,河北次之,占16.4%;"外工的籍贯比里工集中得多","采矿处外工共2752人,所属籍贯仅有五省,而以山东为最多……山东之中,又以峄县为最多,占本省89.4%;相邻之腾县次之,占6%;其他山东各县占4.6%"。"各处里工到矿以前的职业以农为最多,占全体里工的44.1%",除去情况不明的以及其他职业中有一部是农民或由农民出身的,"所以农民占全体之百分数实际上犹不止此";

---

① 参见济南市志编纂委员会:《济南市志资料》第3辑(内部资料),1982年,第34、59页。
② 参见民国山东通志编辑委员会编:《民国山东通志》第3册,台湾山东文献杂志社2002年版,第1767页。
③ 当时煤矿工人普通都有里工同外工两大类。里工是由公司直接雇用的工人,大半以月计资,工资由公司直接付给。外工是包工制度下包工头代为雇用的工人,完全以日计算,工资由公司依照包工协约的规定按期付与包工头,再由包工头付给外工。

"外工之中,农民所占的百分数当更大"。① 产业工人的另外两个来源是来自外地的熟练工人和城市居民中的贫苦市民。如青岛一个日本人办的屠宰场的工人全部来自鲁西的回民,他们祖祖辈辈都是从事这种职业的。②

在民国前期山东各个行业的产业工人中,技术工人只占很小的一部分,绝大部分是非技术工人,这在采矿、船舶修造、棉纺、缫丝、火柴、卷烟等部门中都很明显。③ 以采矿业中的中兴煤矿为例,1924年有机工212名,电工234名,半熟练工913名,而外工(即以包工制招来的非熟练工)则有几千名。④

在民国前期山东的产业工人队伍中,女工和童工也占着极大的比重。妇女和儿童劳动是"资本主义使用机器的第一个口号"⑤。在中国近代工业发展的初期,缫丝、棉纺织、火柴、造纸、卷烟等部门都普遍地大量雇佣女工和童工。⑥ 山东也不例外。根据民国北京政府农商部1916年的统计,山东全省工人数为39971人,其中男工17795人,女工则有22176人。⑦ 随着近代工业的发展,女工和童工被更加广泛地雇佣。甚至连煤矿这样危险的地方也不例外。据调查,1931年淄川煤矿5219名矿工中,童工占1000名以上,这"千余名童工之工作,又悉在狭薄炭层中,即其炭层内不仅大人不能工作,有时小儿亦须蛇行是能入去,以发育未完全之童工,从师于如斯之苦工作,试入览其现场,但见煤污覆面,旱

---

① 施裕寿、刘心铨:《山东中兴煤矿工人调查》,李文海主编:《民国时期社会调查丛编·城市(劳工)生活卷》下,福建教育出版社2005年版,第898—899、904—905页。
② 参见刘明逵编:《中国工人阶级历史状况》第1卷第1册,中共中央党校出版社1985年版,第172页。
③ 同上书,第11页。
④ 参见汪敬虞编:《中国近代工业史资料》第2辑下册,科学出版社1957年版,第1194页。
⑤ 中共中央编译局:《马克思恩格斯全集》第23卷,第433页。
⑥ 参见刘明逵编:《中国工人阶级历史状况》第1卷第1册,中共中央党校出版社1985年版,第10页。
⑦ 同上书,第33页;山东省政府实业厅编印:《实业厅民国十九年矿业报告》,第151页,山东省档案馆藏,J102-03-0040-001。

地如雨,目灼灼似怨非怨,气呼呼无苦亦苦。此种无识无知、可哀可怜之童貌,任是铁石心肠之人,骤视之,未有不为之下几滴同情泪者。科内作业,本来是人间地狱,而此种童工之劳役,更为地狱中之地狱也"①。

除了低廉的工资外,反抗力弱、易于管理也是资本家大量雇佣女工的重要原因。下述时人有关青岛纱厂大量雇佣女工的评论就是很好的反映:"记得在民国十八年以前的当儿,那时候工厂里的工人,大多都采用男子,同时他们的代价也比较多一些,一个人每月收入,总约在20元左右,但是自从十八年各纱厂大闹其工潮之后直到现在,在厂做工的男子,非特陆续裁撤,且其薪金,也陡然的跌下了许多,有的男子固然被辞退了,同时又有的男子因为以劳力所获得的代价,不够生活的支配,自行不干了等等……这样一来,可巧,正给资本家们得到了好机会,他们明了:中国的女子,与男子一样的能吃苦。你看看现在那一个纱厂不是以女工占多数?同时他们深相信女工们是没有'群化力'与'抵抗力'的。而且极服从当把头的指挥与压迫……"

二、产业工人的工资状况

(一)工资的一般数额、差异及增长情况

据1916年民国北京政府农商部的统计,山东男工工资最多0.25元,最少0.19元;女工最多0.26元,最少0.14元。② 1930年,根据民国山东省政府实业厅的统计,山东各重要城镇工厂工人的工资情况见表2-1。表中共29个城市(青岛直属于南京国民政府行政院,不包括在内),从普通每人每月平均工资看,除蓬莱一地该项空缺外,其余28个城市中,超过15元以上的只有烟台、莱芜、即墨3个;12个城市的平均工资为10.5—13.75元;更有13个城市低于10元,且其中的10个都在8.1元以下。

---

① 《经济恐慌之象征:纱厂门前人如潮涌》,《青岛民报》1937年3月16日,第6版。
② 参见刘明逵:《中国工人阶级历史状况》第1卷第1册,中共中央党校出版社1985年版,第33页。

表 2-1　山东各重要城镇工厂工人工资统计表　　　　单位:元

地名	每人每月工资			地名	每人每月工资		
	最高	最低	平均		最高	最低	平均
烟台	80	5	15.68	莱芜	19.5	12	15.8
蓬莱	21	—	—	夏津	12	6	9
周村	16	11	10.50①	德县	12	2	9.75
潍县	40	9	12	单县	6	6	6
青州	18	7	13	章丘	14.5	13	13.75
威海卫	29	10	11.50	定陶	6	5	5.5
临朐	13	7.6	11.36	嘉祥	12	10	11
沂水	13	13	13	鄄城	10	3.5	6.75
腾县	35	7	13.5	聊城	11.5	11.5	11.5
昌邑	6	3	4.85	即墨	26	6	16
泰安	40	7	7	蒙阴	15	12	13.5
临清	30	9	9	胶县	11	6	8
寿光	4.5	3	3.75	日照	6	3	4.5
龙口	30	6	8.10	莱阳	10.5	10.5	10.5
济宁	45	4	8				

注:1. 原表地名中包括淄川、邹县、高唐,但淄川、邹县缺数字,高唐注明"未详"。
2. 原表有"备考"列,仅昌邑、寿光两处有内容,其中昌邑为"家庭手工业草帽缏等"、寿光为"家庭副业"。
资料来源:山东省政府实业厅编印:《山东工商报告(民国二十年十月)》,1931年,第三编"统计"。

忻平在研究20世纪二三十年代上海的工资关系时指出,"所谓工资关系,大致可以分成地域、产业(行业)、企业、分工(工种)与种族、性别等多种"②。这对于民国前期山东城市产业工人的工资差异的研究具有一定的借鉴意义。

第一,从地域看,青岛的工资略高于全省水平。

---

① 原文如此。——编者
② 忻平:《从上海发现历史——现代化进程中的上海人及其社会生活(1927—1937)》,上海大学出版社2009年版,第243页。

1922—1931年的《海关十年报告》中记述的青岛工人的工资情况为："普通每人每月所入,约得银元15元至20元不等,平均每人最少月入10元,最多30元。"① 根据民国南京政府商务部1930年的调查,青岛产业工人平均月工资是:男工最高的24元,最低8元,普通15元;女工一般是15元;童工10元。② 从表2-2中1926—1930年各行业平均工资情况,可以发现,除了针织和火柴低于10元,其余行业均为15元上下。

表2-2 1926—1930青岛历年每月平均工资统计表　　　单位:元

年份 行业	1926	1927	1927	1929	1930
纺纱	12.00	12.00	13.00	12.00	15.00
缫丝	11.50	11.50	12.50	13.50	14.00
针织	—	—	—	9.62	9.62
火柴	8.00	8.00	8.00	8.00	12.00
烟叶	12.00	12.00	13.00	13.00	15.00
调味	14.00	14.00	15.00	15.00	18.00
面粉	14.00	15.00	15.00	16.00	16.00
蛋品	14.00	14.00	14.00	14.00	14.00
印刷	20.00	20.00	20.00	20.00	20.00

资料来源:工商部编印:《全国工人生活及工业生产调查统计报告书》,李文海主编:《民国时期社会调查丛编·城市(劳工)生活卷》上,福建教育出版社2014年版,第126—127页。

1924年齐鲁大学社会学系调查出的济南的工资情况是:"做粗活的非学徒童工,工资为每月2元,技术工人每月20元。一名体格健壮的做粗活的工人,每月平均工资为7.5元。该城全部拿工资的男性工人不足总数的1/3,其他工人的薪水除了或多或少的实钱以外,则是以实物、服装和住宿的方式支付。"③ 1927年出版的《济南快览》也提到,当时工人工

---

① 青岛市档案馆编:《帝国主义与胶海关》,档案出版社1986年版,第215页。
② 参见国民政府主计处统计局编:《中华民国统计提要》二十四年辑,1935年,第277页。
③ [美] A.G.帕克指导,齐鲁大学社会学系编著:《济南社会一瞥(1924)》下,郭大松译,庄慧娟校,《民国档案》1993年第3期,第54页。

资基本"月自二元起乃至二十元不等,平均工价恒在七元五角左右"①。据民国山东省政府实业厅1930年的统计,济南各工厂工人的工资情况见表2-3。从表中可以看出:当时济南20个工业行业中普通工资超过15元以上的只有食物、电汽、造纸、面粉以及机器5个行业,且这5个行业中的4个都是15.08元,最高的食物业也仅为16.66元;7个行业的普通工资为10—14.5元,其余8个均在10元以下。

表2-3 济南分类工厂工资比较表　　　　　单位:元

工资业别	每人每月			工资业别	每人每月		
	最高	最低	普通		最高	最低	普通
电汽	85	15	15.08	布机	14.75	8.5	11.22
纺纱	21	7.5	14.5	花边	8	5.5	6.75
造纸	60	9	15.08	机器	20.66	9.5	15.08
制胶	13	7	10	地毯	9	4.8	6.90
面粉	90	10.35	15.08	铸铁	17.33	7.03	12.18
砖瓦	10.02	6.5	8.26	发网	11.8	6.20	9
制革	17.33	6.33	11.83	食物	24	9.33	16.66
织布	11.57	7.75	9.66	印刷	14.83	8.41	11.62
染色	10.5	6.50	8.5	火柴	8.5	6	7.25
酿酒	12	6	9	烛皂	15.00	7.20	11.10

资料来源:山东省政府实业厅编:《山东工商报告(民国二十年十月)》,1931年,第197页。

将上述20世纪二三十年代青岛、济南的工资水平进行对比,可以看出青岛略高于济南。济南是当时山东唯一可以与青岛并列的大城市,其工资水平还略低于青岛,其他城市当然不会高。1928年出版的《胶澳志》中明确提到:"胶澳开埠而后,事业与年俱进,劳工之需要日增,户口倍加而工资仍较内地为进步。"②1933年出版的《青岛指南》中也指出,青岛

---

① 周传铭:《济南快览》,济南世界书局1927年版,第224页。
② 赵琪修,袁荣叟等纂:《胶澳志》,青岛华昌印刷局1928年版,台湾文海出版社1968年印行,第391页。

"各项职业工资约与津、沪相仿佛"①。而当时天津、上海的工资水平在全国属于中、上等。表2-4是笔者根据实业部1933年的统计资料制成,就涉及的5个统计行业看,除了缺少青岛统计数据的机器业和棉织业,青岛的面粉业、印刷业、木工业的普通工资均高于山东的水平,依次高出4元、3元和17.5元。尽管涉及行业少,也在一定程度上反映出青岛工资水平略高于山东的情况。

表2-4 山东、青岛分行业工资对照表　　　　单位:元

业别\工资		每人每月		
		最高	最低	普通
机器	山东	80.00	10.00	15.00
	青岛			
面粉	山东	52.00	6.00	20.00
	青岛	36.00	15.00	24.00
印刷	山东	30.00	3.60	13.00
	青岛			16.00
棉织	山东	18.00	4.50	9.00
	青岛			
木工	山东	11.40	3.00	8.50
	青岛	30.00	12.00	18.00

资料来源:实业部中国劳动年鉴编纂委员编:《民国二十二年中国劳动年鉴》,第120—128页。

第二,从行业看,工人比较集中的矿业、纺织、火柴等总体工资相对较低,电业(包括电灯、电话、电报等)、交通(包括铁路、邮电、航运、汽车等)、机器、饮食品等稍高。

纺织行业的工人,一般技术要求不高,而且女工较多,总体工资水平较低。从表2-4可以看出:20世纪30年代初期,山东机器、面粉、印刷三个行业的普通工资分别是15元、20元和13元,而棉织业的是9元。

---

① 魏镜:《青岛指南》第6编,平原书局1933年版,第14页。

青岛华新纱厂是青岛华资纱厂最大的,且其工人的工资水平不比日本纱厂低。根据刘心铨的调查统计,从1926年到1929年,该厂工人的实际所得如表2-5。从表中可以看出:除了机务工人和杂务男工的工资稍高以外,占纱厂工人绝大多数的制造工人,除男工的工资在1929年超过了10元,其余均在9元之下,杂务女工则更低,始终在5元上下。① 到1935年,男工的平均月薪是22元,女工仅仅12元左右。② 鲁丰纱厂是济南最大的工厂,根据济南市政府社会局1931年的统计,该厂工人"每日工资平均四角五分,女工、童工约三角左右"③。

表2-5　1926—1929年华新青厂工人之平均实际所得　　　　单位:元

年份	制造工人		机务工人	杂务工人	
	男	女		男	女
1926	8.8	6.9	15.8	11.1	4.3
1927	8.9	6.9	16.3	11.6	5.0
1928	8.9	7.0	16.9	11.4	4.5
1929	10.4	8.5	18.4	11.2	5.7

资料来源:刘心铨:《华北纱厂工人工资统计》,李文海主编:《民国时期社会调查丛编·城市(劳工)生活卷》下,福建教育出版社2005年版,第941页。

矿山工人不只劳动强度较大,而且面临生命危险,但工人的工资并不高。早在1903年某洋员考察中国矿务情况后就曾指出:"中国产矿附近,居民大抵穷无谋食者居多,故开矿工价必廉。且华民向习于勤俭,每月工价每人仅五六元,至多亦不过十元而止;寻常工值一日之货,不及外洋一下钟之工价。"④进入民国以后,山东矿工工资低廉的情况没有多大改变。以当时全国中资煤矿中规模最大的峄县中兴煤矿为例,"从1899

---

① 根据刘心铨的统计,该厂历年制造工人占全体工人的比率分别为84.1%、90.0%、84.9%、91.4%。
② 参见《本市国人自营工业访问记之六:华新纱厂参观记》,《青岛民报》1935年1月19日,第6版。
③ 济南市志编纂委员会编印:《济南市志资料》第3辑(内部资料),1982年,第82页。
④ 汪敬虞编:《中国近代工业史资料》第2辑下册,科学出版社1957年版,第1233页。

年中兴公司成立到1926年这个长时期中,中兴公司矿工的工资几乎没有什么变动。占工人中绝大多数的、没有技术的工人,一般月工资在7元左右(在1914年以前一般只在6元左右),最低的只有3、4元"①。绝大多数里工的待遇也好不了多少。从1917到1926年,占中兴煤矿里工中大多数的无技能以及粗技工人的平均工资大体上维持在7.46至8.09元之间,且其中50％的工人工资在7.07至7.65元之下。② 1927年以后,由于工会建立后领导工人不断进行斗争,工人工资才有较为明显的增加。1930年中兴煤矿里工、外工的平均工资率分别是13.02和14.57,其中半数的里工和外工工资率③分别在在12元、13.77元以下。④

当然,个别矿工由于加班较多,其实际工资也可能高出平均工资率很多。中兴煤矿的调查者就指出:"据我们所知道的,在平常时候实际所得有高出工资率很多的。因为他们为家计所迫,不能不在日常工作之外再打'连班'(连班即是连作两班的意思)。打连班较多的,每月约在10次与15次之间,亦即是他们的实际所得超出工资率约1/3至1/2。"⑤另据1933年《中国劳动年鉴》的统计,山东矿工每日工资如下:里工最高2.45元,最低0.25元,普通为0.75元;外工最高1.4元,最低0.20元,普通0.55元。⑥ 按每月30日计算,里工、外工的普通工资分别是21.5元和16.5元。编者同时也指出:"又因工资微薄之故,平均每两日须作三班方能生活,甚有

---

① 中共枣庄矿务局委员会、山东大学历史系、中国科学院山东分院历史研究所编著:《枣庄煤矿史》,山东人民出版社1959年版,第52页。
② 参见施裕寿、刘心铨:《山东中兴煤矿工人调查》,李文海主编:《民国时期社会调查丛编·城市(劳工)生活卷》下,福建教育出版社2005年版,第911页。
③ 工资率即工厂所规定付给的一定时间内的工作报酬。工人的实际所得乃是一定期间内工人实得的收入,除了按工作时间的多少得到应得的工资外,尚包括例外的收益如津贴、奖金等在内,但其中须扣除罚款和赔款等项。
④ 参见施裕寿、刘心铨:《山东中兴煤矿工人调查》,李文海主编:《民国时期社会调查丛编·城市(劳工)生活卷》下,福建教育出版社2005年版,第919页。
⑤ 同上。
⑥ 参见《申报年鉴(民国二十四年)》,沈云龙主编:《近代中国史料丛刊》第98辑,台湾文海出版社1966年(创刊)印行,第898页。

一次下井连作两班者。"

20世纪30年代初期,青岛、济宁、潍县、泰安、周村等地电业工人的普通工资均为20元。[①] 表2-6是20年代中期青岛发电所工人每日工资情况,从中可以看出,工资最少的司机练习生、火夫练习生月工资也能达到9元以上。

表2-6 青岛发电所每日工资表　　　　　　　　　　单位:元

工作	每日工资	工作	每日工资	工作	每日工资
火夫	0.44—0.80	司机练习	0.30—0.43	气罐工	0.49—1.32
火夫练习	0.33—0.39	电气工人	0.70—1.04	完成工	0.65—1.62
送电工人	0.40—1.21	工夫	0.44—1.32	铸工	0.96—1.20
司机	0.45—0.90	图样工	0.60—1.24	锻工	0.80—0.96

王清彬等编:《中国劳动年鉴》,北平社会调查部1928年版,第276页。

交通行业以胶济铁路为例。表2-7是该路工人从1923到1929年的平均工资率、平均实际所得情况。从中可以看出,胶济铁路不只是平均工资率高,即便是平均实际所得,1923年已经达到16.89元,以后除1928年外每年都在稳步小幅增长,到1929年达到20.34元。1934年,据国民党中央工人科调查,胶济铁路工人最低工资为14元,最高工资则为100元,且每年年终都有1个或半个月的奖贴。[②]

表2-7 胶济铁路工人历年平均工资率和历年平均实际所得　单位:元

年份	1923	1924	1925	1926	1927	1928	1929
工资率	18.08	17.34	17.82	18.56	19.50	19.80	20.93
实际所得	16.98	17.19	17.20	18.26	19.22	19.20	20.34

资料来源:刘心铨:《华北铁路工人工资统计》,李文海主编:《民国时期社会调查丛编·城市(劳工)生活卷》下,福建教育出版社2005年版,第986、1012页。

---

① 参见山东省地方志编纂委员会编:《山东省志·劳动志》,山东人民出版社1993年版,第224页。
② 参见《申报年鉴(民国二十四年)》,沈云龙主编:《近代中国史料丛刊》第98辑,台湾文海出版社1966年(创刊)印行,第899页。

20世纪30年代初期一些城市的分行业工资统计资料更直观地反映出不同行业之间的工资差异情况。从表2-8、表2-9以及前面的表2-4中可以看出,青岛、烟台两个城市普遍存在机器、饮食品、电业总体工资较高而纺织、火柴等行业总体较低的现象。

表2-8 青岛市中外各类工厂工资比较表

工业类别	国籍	厂数	每月每人工资(元)		
			最高	最低	平均
纺织工业	中国	27	60	1	9.8
	日本	12	90	6.3	14.7
机器五金工业	中国	67	50	1	13.26
	日本	8	45	7	17.50
教育文化用品工业	中国	6	30.50	0.50	14.20
	日本	6	48	9	22
化学工业	中国	21	50	2	12.32
	日本	12	40	6	12.1
饮食品工业	中国	26	80	5	15.5
	日本	6	45	7	17.4
其他工业	中国	18	30	1	11
	日本	10	55	8	17.6
日用品工业	中国	4	10	2	4.5
特种工业	中国	7	90	2	20

注:原表中外资工厂中还有英、美,因其厂数较少,工人也不多,故略去,"工业类别"列的排列顺序稍有调整;"特种工业"具体包括胶济铁路四方机厂、海军铁工厂、青岛市港务局工务科造船厂、青岛市港务局工务科木工厂、青岛市工务局自来水厂、胶澳电器股份有限公司、青岛市社会局民生工厂。

资料来源:《青岛市社会局业务特刊(民国二十二至二十三年)》,山东省图书馆特藏部藏。

表2-9 1932年烟台各业工人每日工资表　　　　　　　　单位:元

业别\工资	男工			女工	童工
	最高	普通	最低		
化学		0.217—0.667		0.27	0.033—0.083
饮食	2.80	0.28—0.50	0.20	0.345	
纺织	0.33	0.20—0.27	0.13		0.33
机械	1.00	0.20—0.30	0.10	0.17	0.033—0.05
公用①	1.20	0.60	0.30		
窑业		0.33			0.05
文化	0.33	0.30			0.033

注:不供膳。
资料来源:邢必信等编:《第二次中国劳动年鉴》,北平社会调查所1932年版,第99页。

另外,1929年3月中共山东省委负责人在有关山东工人情形的报告中对各行业收入差别的介绍也较为详细:"山东工人生活状况甚不一致。最好的为青岛电灯工人,其次为电(邮)政工人。电灯公司工资最低者每日七八毛,每日一元者很多,并且每年总要加资一次,有事可以请假一月,工资可不扣,第一(二)月不到则扣一半,第三月不到则退职。其次,邮政工人生活亦甚好,按年增加工资一次,工资每月三十六元者甚多,苦力亦可有二十余元。再其次,胶济路工人(共有五千人)生活亦好,每月工资起码十余元……烧火开车的工资都在二十元至二十元以上,机务处最高工资六七十元。他们的工资都能按期发领,日人来后又增加工资一次。""中国纱厂工人生活,有工资每日只一毛者,五六毛工资的很少,大多数仅三四毛……日本纱厂工资较中国的稍多。""凡在日纱厂者,其情形大致相同,最低工资为二角半至三角,这是女工、童工的工资。至于男工,则每日有四五角。""炭矿工人有里外工的分别。矿工生活,先就日本方面说,外工生活甚苦,每日工资仅二毛五至三毛,每日工作时间为十二小时,甚至有连至二十四小时者,完全为包工制。一个工人每天能生产三十元的煤,但自己仅得工资二毛五。他们经常最感痛苦的为工资低微,则生活困难,设备草率,则生命危险。""里工系机器工人,工资自四毛至一元,五六毛的居多数……此外,尚有临时工人,工资较里工为低,但工作较里工为多。""中国公司下的炭矿工人,生活较日公司中为更苦,工作时间为十二小时,工资更低,设备更不完善,性命更危险。因此工人都愿到日本炭矿公司中去做工。""一般市政工人生活较之其他中国所营的工厂工人生活稍好,每日工资为四五毛。电话公司接线生每月工资约十四五元。""青岛英美烟草公司工人生活较好,每日两三毛工资者较少,六七毛的较多。每日工作十二小时。""振业火柴公司工人生活甚苦,是包资性质,最多的工资仅三四毛钱。"①

第三,同一产业(行业)内部各企业间工资关系有所差异。

针对20世纪二三十年代上海同一产业内部存在的工资差异,忻平曾指出,"外资企业高于华资企业,华资企业中官办企业高于民营企业,大企业又明显比小企业高。"②这种情况在山东城市中同样存在。从表2-8中可以看出,在同时存在中国、日本工厂的青岛各行业中,除化学工业外,中国工厂的每人每月平均工资均低于日本工厂;青岛特种工业的每人每月最高工资、平均工资在全部行业都是最高的,而这些所谓的"特种工业"其实都是官办工业。前述1929年3月中共山东省委负责人在有关山东工人情形的报告中也提到了日资纱厂工人、炭矿工人工资高于华资工厂工人的情况。之所以出现这种情况,是因为外资企业、官办企业、大企业一般拥有优厚的资金、先进的设备和较高的劳动生产率,其中一些企业特别是像官办企业还具有一定的行业垄断性,可以获得较多的利润,因而其工资率也相对高。

第四,在同一企业或单位中的工资差异。

---

① 山东省档案馆、山东省社会科学历史研究所合编:《山东革命历史档案资料选编》第2辑,山东人民出版社1981年版,第40—41页。
② 忻平:《从上海发现历史——现代化进程中的上海人及其社会生活(1927—1937)》,上海大学出版社2009年版,第243—244页。

一是技术人员高于非技术人员、复杂技术人员高于简单技术人员、熟练工人高于非熟练工人。查尔斯·蒂利曾经指出:"技术是一种社会产品,一种谈判的身份。尽管知识、经历和聪明都与技术密切相关,但技术最终并不取决于单个工人的特性,而是取决于工人与雇主的关系;技术工人很难被取代或是可有可无,非技术工人很容易被取代,或有或无均无大碍。"①因此,工人的技术熟练程度成为决定工人社会价值、工资高低的关键因素,"是解释工人阶级内部分层的一个关键变数"②。表2-10是胶济铁路及其所属四方机厂不同技能工人工资对比情况,可以看出,无论是胶济铁路还是四方机厂,无技工人的工资都不到技能工人的一半,半技工人的工资大致相当于技能工人的2/3。其实即使是纯技能工人,因为技能的差别也存在很大差别。正如时人指出的:"有技工人的技能差别较大,故工资的差别也很大,半技工人的技能大致相同,故工资的差别也小,无技工人根本上无技能可言,所以工资也几乎完全没有差别。"③

表2-10 胶济铁路及所属四方机厂不同技能工人工资率对比表

	铁路工人平均工资率			四方机厂工人平均工资率		
	技能工人	半技工人	无技工人	技能工人	半技工人	无技工人
1923	27.45	18.45	12.73	27.40	17.01	11.63
1924	27.18	18.28	12.36	26.84	17.00	10.93
1925	27.90	18.90	12.47	27.71	17.16	11.06
1926	30.19	21.46	12.32	29.38	19.25	11.94
1927	30.65	21.65	13.54	29.87	19.48	12.73

---

① 转引自[美]裴宜理:《上海罢工——中国工人政治研究》,刘平译,江苏人民出版社2001版,第330页。
② 同上书,第18页。
③ 王子建:《天津面粉厂工人及工资的一个研究》,李文海主编:《民国时期社会调查丛编·城市(劳工)生活卷》下,福建教育出版社2005年版,第961页。

续　表

	铁路工人平均工资率			四方机厂工人平均工资率		
	技能工人	半技工人	无技工人	技能工人	半技工人	无技工人
1928	30.88	21.74	13.87	30.08	17.98	12.67
1929	31.49	22.50	15.01	30.60	19.25	13.99

资料来源:刘心铨:《华北铁路工人工资统计》,李文海主编:《民国时期社会调查丛编·城市(劳工)生活卷》下,福建教育出版社 2005 年版,第 987、988、991 页。

二是女工、童工的工资一般低于男工。1920 年对山东蛋粉业的调查显示:普通工厂里,男工每月 12—14.5 元;女工(计件)每日 0.15 元。① 按每月 30 天算,蛋粉业女工月工资仅为 4.5 元,与男工差额悬殊。再以前述青岛华新纱厂为例,从前引表 2-5 可以看出,1926—1929 年的 4 年间,制造工人中男工的工资基本比女工高出 2 元左右,杂务工人中男工的工资更高出女工 6 元左右、女工工资"仅约为同类男工之一半而已"②。针对包括上述华新纱厂在内的华北 4 个纱厂的男、女工人工资差异情况,调查者指出:"各类女工之工资率,大抵皆低于同类之男工","因女工缺工普遍较男工多,故男女工实际所得之差往往较工资率之差为大"。③ 这说明,除了同工不同酬,女工相对男工缺工较多也是男工工资高于女工的原因之一。至于童工工资的低下,这是当时全国各地区、各行业普遍存在的现象,在前面提及的 20 年代中期济南的工资水平以及 30 年代初期青岛的工资情况中也有很好的体现,此处无须赘述。

就工人的工资变动情况而言,其增长极为缓慢。正常情况下,工资会随着社会的发展特别是物价的上涨而有所增长,如时人所说,"生活日高,劳动工资亦不得不顺势加增"④,但从总体来看,由于近代山东城市劳

---

① 参见王清彬等编:《第一次中国劳动年鉴》第 1 编,北平社会调查部 1928 年版,第 262 页。
② 刘心铨:《华北纱厂工人工资统计》,李文海主编:《民国时期社会调查丛编·城市(劳工)生活卷》下,福建教育出版社 2005 年版,第 937 页。
③ 同上书,第 944 页。
④ 罗腾霄:《济南大观》,济南大观出版社 1934 年版,第 34 页。

动力市场经常处于供大于求的状态,工人工资增长极为缓慢。

以青岛为例,1922—1931年的海关报告提及的青岛工人情况时就指出:"工资问题,实为劳资纠纷之焦点。对于各项工资标准,本埠市政当轴,曾经筹划规定,以期提高。但以劳工过多,演成求过于供之势,此项计划殊难贯彻。"①"青岛生活程度,虽属提高,然工资并未与之俱涨,殆因人浮于事之所致。据市政府调查,民国十三至民国十七年,五载之间,工资指数,无甚升降。迨民十九,工潮迭起,棉织工人(约占工人总额之半数),所得酬资,始增百分之五至百分之十。"分析前面表2-2中1926—1930青岛历年每月平均工资统计表可以发现:1926、1927年的确没有变动,1928、1929年稍有增加,1930年增幅稍大,尤其是工资较低的缫丝、纺织、火柴等行业。

另外,前述峄县中兴煤矿矿工的工资,从1899年公司成立到1926年近30年间几乎没有什么变动。即便是工资、待遇稍微好些的胶济铁路工人,前述刘心铨对1923—1929年工人工资的调查得出的结论是:"六年之中,所增不过2.85元"②,字里行间表示出对工人工资增长缓慢的失望。

(二)收支盈亏情况

有了产业工人工资的绝对数额,还需要将其与工人及其家庭所需生活费用的对比,才能看出工人的工资水平。

按照马克思主义经济学,在资本主义社会里,工人的工资实质上是劳动力的价值或价格,"是由生产、发展、维持和延续劳动力所必需的生活必需品的价值决定的"③。具体包括三部分内容:维持劳动者本人生存所必需的生活资料的价值;维持劳动者家属的生存所必需的生活资料的

---

① 青岛市档案馆编:《帝国主义与胶海关》,档案出版社1986年版,第215页。
② 刘心铨:《华北铁路工人工资统计》,李文海主编:《民国时期社会调查丛编·城市(劳工)生活卷》下,福建教育出版社2005年版,第986页。
③ 中共中央编译局:《马克思恩格斯选集》第2卷,人民出版社1995年版,第76—77页。

价值;劳动者接受教育和训练所支出的费用。就当时山东城市的工人而论,由于劳动力市场经常处于供大于求的状态,因此工人阶层的工资都被限制在最低水平上,除了极少数的行业和技术工人外,普通工人的工资收入能维持二至三口人的生活就不错了。因为一般城市家庭以四口、五口之家比较常见,工人的工资总体当然达不到养家糊口的标准。

山东的省会城市济南,根据齐鲁大学社会学系1924年的调查,"做粗活的非学徒童工,工资为每月2元,技术工人每月20元。一名体格健壮的做粗活的工人,每月平均工资为7.5元。该城全部拿工资的男性工人不足总数的1/3,其他工人的薪水除了或多或少的实钱以外,则是以实物、服装和住宿的方式支付。"①但当时"大概一名单身工人的生活费为7.5元,一个五口之家为15元"。因此,"79000名未婚青少年,大部分挣的钱稍高于他们的生活费用。做粗活的有二至三口之家的已婚男人,必须在某种程度上依靠家庭其他成员的收入维持生计。"②1927年出版的《济南快览》也提到,当时全市工人一万人左右,"其工资月自二元起乃至二十元不等,平均工价,恒在七元五角左右"。而当时"工人生活之标准,衣食住三项,个人平均月须七元五角,若五人以内家庭,月非二十元不能生活,故其生计之高,可为国中各市之冠"。

从下面这段关于1924年青岛工人收支盈余状况的分析与估计的材料中,我们或许可以得到些许启发。

> 工人生活之良否是以他们所赚的工资多少而定。因此他们的生活大致可分为三等:
> （甲）工人中赚钱最多的要算机器工了。他们的工钱至多每日一元二角;因此他们的生活比较略好。不过在这百物昂贵的青岛,

---

① [美]A.G.帕克指导,齐鲁大学社会学系编著:《济南社会一瞥(1924)》下,郭大松译,庄慧娟校,《民国档案》1993年第3期,第54页。
② 同上引,第55页。

一个人倒还不打紧,若是有父母妻子的,那末他们的生活就不见得好了,能维持一家人不冻不饿就难于其难。这种每月赚一元二角的工人,在工人中不过占百分之一;所以这种生活在工人中是极少数的人才能得着。

(乙)我们要想知道大多数的工人生活之困苦,必先知道在青岛每日每人的必需的最低生活费。锅饼是下苦力人中最普遍的食品,他们每人每日至少要吃三斤,而每斤卖十八个铜子,三斤就合一吊一百文,再吃点菜,每天非一吊三百文不够。①但他们每天至多赚三毛五分钱,仅仅够吃,所以一切最低的必要费用,如:住房子、剃头等还得从每日极力节省下来;至于想添些衣服鞋袜,那简直是不可能。所以他们的住处之极黑暗污秽的窝棚,光线不足与空气之腐臭,都足以使他们健康受到影响,常常生病。但是他们生病是没人管的,他们病中费用当然没有,必须向工友中分借,借债的结果更是他们不足自给的恐慌,悲惨的命运就跟随他们了。这种悲惨生活的工人最多,恐怕要占百分之九十以上。尤其是柔弱的女工与童工,他们的生活有特别述说的必要。中国妇女因缠足的原故身体异常软弱,六小时的工作他们已经不能胜任了,何况十二小时工作以外还继续添作夜工。她们的健康就好似秋风扫落叶一样,病魔就立刻来缠绕他们了,但是这种状态经她们一次罢工,已经打破了,可是十二小时的工作还是牛马般的负着。这样的女工大半是纱厂和丝厂尽多。再说纱厂童工,童工的痛苦比女工要厉害百倍,他们大半是不满十八岁的小孩子,从乡间被人骗了来的。他们到厂过的完全是小牛马

---

① 按当时币制,1吊=1000文。铜元为银元的辅币,有当10文、20文之分,1900年正式开始铸发时规定每百枚当10文铜元可兑换银元一枚,即1元=1000文,但这种规定在流通领域里实际不起任何作用,银元与铜元一投入市场,便失去控制,它们的价格基本上取决于各自币材在国际市场上的价格变化和国内供求关系的弛张。本文中铜元为当20文,银元与铜元比价接近1元=3000文。

的生活，每天赚得至多一角几分钱，做十二点以上不能胜任的工作；分两班，从早到晚，从晚到早，尽站在不见日光、不通空气的污秽屋子中，呼吸棉絮，一点儿空也没有，因此，说不上休息。他们吃的是窝窝头，白开水。他们物质上的营养不良，精神不舒畅，又加以沉重的工作，所以把一群可爱的小孩却养成乞儿不如的小病夫了。童工的生活几年来都是如此的悲惨，直到现在还是那样。嗟！万恶的资本家！①

根据1922—1931年的海关报告，1930年工潮后青岛工人的工资及收支情况如下："普通每人每月所入，约得银元15元至20元不等，平均每人最少月入10元，最多30元。其中三分之二，除足敷生活外，犹可稍事积储，余者类多资生不足，其穷困情形，殆与人力车夫无异也。"②

根据南京国民政府商务部的调查统计，1930年青岛产业工人人均月工资是：男工最高的24元，最低8元，普通15元；女工一般是15元；童工10元。从工人家庭每月收支情况看，在所调查的8户工人家庭中，平均月收入为33.75元，平均月支出则是35.69元，也就说每月亏空1.94元。③另据青岛市社会局1930年对华新、富士、内外、钟渊、宝来、隆兴等6个纱厂及峰村油坊等7个企业的4768名工人的调查，当时工人及其家属每月的支出状况如下：10元以下者，693人；11—15元，1198人；16—20元，1007人；21—25元，714人；26—30元，470人；31—35元，285人；36—40元，173人；40元以上者，228人。④按当时青岛的物价水平，一个家庭的月生活费至少要在20元以上。⑤按此标准，4768名工人中仅有

---

① 又铭：《青岛劳动概况》，原载《十日》1924年6月第24、25期，山东省总工会、山东省档案馆合编：《山东工人运动历史文献选编Ⅰ（1921—1937）》，山东省总工会1984年版，第36—37页。
② 青岛市档案馆编：《帝国主义与胶海关》，档案出版社1986年版，第215页。
③ 参见南京国民政府工商部编：《全国工人生活及工业生产调查统计总报告》，张国刚：《中国家庭史（民国时期）》第5卷，广东人民出版社2007年版，第304页。
④ 参见青岛市社会局：《青岛市社会局行政纪要》，1931年，第127页。
⑤ 参见青岛市史志办公室编：《青岛市志·物价志》，中国大百科全书出版社1996年版，第284页。

1870人、约占全部被调查工人1/3的家庭消费超过20元,也就是说解决了最基本的温饱问题,另外的2898人,占全部被调查工人近2/3,其家庭月支出都在20元以下,其中更有1800人家庭月支出在16元以下,其生活则应相当拮据。1935年青岛民报的记者对青岛"工农聚集之处"的沧口区进行探访,就他们的生活状况指出:"工人农民每月收入虽属不多,然还可自食其力,生活朴实,较好者,亦可稍有积蓄,平日除工作休息外,便无处消遣,虽有小戏院一所,然亦不能助长其兴趣,故赌博时有,饮酒风炽,或其他无益之消遣,此亦苦闷生活有之现象,工人除每星期换班休假外,惟有每日下班后两小时内,尚可出外游玩,或其他不正当之活动。"也就是说,记者对工人的经济状况估计较之前面几则资料稍显乐观。①

时人关于煤矿工人收支拮据的记录就更多,下面一段发表于1929年:"炭矿工人有里外工的分别。矿工生活,先就日本方面说,外工生活甚苦,每日工资仅二毛五至三毛,每日工作时间为十二小时,甚至有连至二十四小时者,完全为包工制。一个工人每天能生产三十元的煤,但自己仅得工资二毛五。整天很忙苦,吃饭无时间,且受打甚烈。他们经常最感痛苦的为工资低微,则生活困难,设备草率,则生命危险。所以他们反对包工,反对省工减料甚烈。外工因工作而死者给五十元,伤者不问。工人所吃的为煎饼,约六百钱一斤。这种饼即小孩每日也要吃二斤,大人则要吃三斤,故其所得,仅能维持其最低最苦的生活。"②

直到1937年青岛市政府奉南京国民政府命令制定最低工资法,规定的本市成年工的最低工资"以维持其本身及足以供给无工作能力之亲属二人之必要生活为准"③。也就是说,工人的最低工资以养活3口人为标准。尽管有了法律的规定,如果考虑到当时中国农村经济凋敝,城市

---

① 参见《本市沧口区民情概况》,《青岛民报》1935年4月25日,第6版。
② 山东省档案馆、山东省社会科学历史研究所合编:《山东革命历史档案资料选编》第2辑,山东人民出版社1981年版,第40页。
③ 《市府奉令公布最低工资法》,《青岛民报》1937年1月13日,第6版。

劳动力市场供过于求,许多限制资方权益、保护劳工权益的法律事实上很难真正得到实施的状况,许多工人可能连这样的最低工资也拿不到;即使这一法律在实践中能够得到认真执行,也就是说工人得到了这样的工资,养活全家仍是问题。

由于一个成年工人的收入不足以养家糊口,因此大多数工人家庭需要所有人投入力所能及的谋生劳动以勉强糊口,或夫妻二人共同进厂做工,或者妻子、老人给人帮佣、孩子当童工、拾破烂、乞讨等。像前述齐鲁大学社会学系的调查报告中提到的:"做粗活的有2—3口之家的已婚男人,必须在某种程度上依靠家庭其他成员的收入维持生计。"①在青岛的台东、台西镇,"女子则以糊洋火盒居多,老幼妇孺,则皆从事于拾煤核,打海栗子等事,藉博一二枚铜元,贴补家用。"②《青岛时报》的一个记者将青岛的捡煤核的小孩子、妇女等称为"都市社会中的煤末阶级":"他们的脸和手以及身上的破烂衣服都附着一层煤的黑色","常常成群结伙,奔驰于马路上或杂院之中","捡得煤末,转卖于杂院的贫家,换来些许金钱,维持他们的生活","普通收入常在一两毛至五毛之间","尚有极少数的人,自己捡来的煤末,预备自己烧",并称"煤末阶级中有些狡猾分子,他们的工作方式,不是捡,而是抢,不是扫,而是偷"。③《胶澳志》中也提到,"其妇孺间以手工或拾取褴褛为业,而不肖者则由拾取而转为窃取。大小港卸货场恒有贫民妇孺尾随于货车之后,乘机行窃"④。大点的孩子有的去"拉沿":"青岛的路陡,拉地盘车的到了上坡很费力,这时等在一旁的两三个小孩子就跑过去帮他推车,上沿,拉车的喘口气、擦把汗,从

---

① [美]A.G.帕克指导,齐鲁大学社会学系编:《济南社会一瞥(1924)》下,郭大松译,庄慧娟校,《民国档案》1993年第3期,第55页。
② 魏镜:《青岛指南》第6编,平原书局1933年版,第45页。
③ 《都市社会中的煤末阶级》,《青岛时报》1934年3月3日,第6版。
④ 赵琪修,袁荣叟等纂:《胶澳志》,青岛华昌印刷局1928年版,台湾文海出版社1968年印行,第376页。

身上摸出几个钱,一人一个,孩子们就满意地跑下沿,等下个活。"①

借债度日更是常见。在前述1924年关于青岛工人生活的那一段中我们已经看到。施裕寿、刘心铨的《山东中兴煤矿工人调查》中也指出:"工人亲友间通常概无馈赠及邀约,即左邻右舍亦多隔阂不相往来。但亲友间之借贷关系极为普通,全体工人之中,不免于债累者约在半数以上。负债原因,大半系为食用,亦有为娶妻及其他费用者。利息或有或无,利息高者每月每元须1角以至2角。欠债多者达一二百元,少者仅一二元。还偿方法,不外节衣省食,由工资中按月零付。"②无怪乎时人估计,中国城市工人,"至少有半数以上,没有充分的收入来度贫困线以上的生活"③。

三、产业工人物质生活

从工人家庭的消费结构也可看出工人物质生活状况之一斑。当时工人家庭消费支出的结构一般包括食物、衣着、房租、燃料、杂项五个方面,消费支出中一半以上用于食物方面。以青岛为例,袁荣叟的《胶澳志》曾指出:"乡民对于衣食住三项之经费,以食为大宗……故乡民终岁辛勤所得,十之七八用之于食,衣服所费不过二三成,居住则更占少数。至于市内之工匠劳力,则衣服与居住二项亦较乡民为优,大约食费占四五成,衣服占二成,住居占一成,若在女工,则食量视男子为减,而衣服所费则视男工为巨也。又在一般人观念,对于食之需求亦较衣服住居更形重要。"④1930年南京国民政府实业部对青岛8户工人生活状况的调查

---

① 孙保锋:《挪庄拾忆》,青岛市市南区政协编:《台西镇·一种口常化的青岛平民生活》,山东画报出版社2010年版,第101页。
② 施裕寿、刘心铨:《山东中兴煤矿工人调查》,李文海主编:《民国时期社会调查丛编·城市(劳工)生活卷》下,福建教育出版社2005年版,第929—930页。
③ 柯象峰:《中国贫穷问题》,正中书局1947年版,第78页。
④ 赵琪修,袁荣叟等纂:《胶澳志》,青岛华昌印刷局1928年版,台湾文海出版社1968年印行,第373—374页。

统计显示,每户平均月收入为33.75元,平均月支出则是35.69元。其支出的分配比例为:饮食41.86%,衣着14%,房租6.85%,燃料8.06%,杂项19.26%。1932年实业部对27户工人家庭的调查统计显示,平均每家全年总收入367.56元,总支出是344.29元,其中数额及占比为:食物180元,占比52.28%;衣服62.28元,占比18.09%;房租54元,占比15.68%;杂项48元,占比13.95%。

按照社会学理论,可以采用恩格尔系数即饮食费用占家计总费用的比重来衡量某个国家、地区、阶层的经济水平和生活水平。如果这项比重在59%以上,则称为绝对贫困;50%至59%,为勉强度日;40%至50%为小康水平;20%至40%为富裕;倘若在20%以下则为最富裕。[1] 一个家庭收入越少,家庭收入中(或总支出中)用来购买食物的支出所占的比例就越大,随着家庭收入的增加,家庭收入中(或总支出中)用来购买食物的支出比例则会下降。尽管这两次统计的食品占比有一定的差别,但是,很明显"杂项"一项第一次高于第二次近5个点。而当时的杂项支出大致包括交通、教育、卫生、嗜好、水费、用具、饰物、修理、社交、娱乐、捐税、利息、迷信、储蓄、医药等内容。[2] 一般认为,计入"杂项"的不少项目实质上也属于"食物"项下,因此,青岛工人阶层总体应更接近于"勉强度日"状态。考虑到1930—1932年是青岛各业经济发展较好的年份,1933年后受到国际经济危机的影响,经济形势开始恶化,工人阶层的收支情况更不容乐观。

上述收支情况决定了山东产业工人的衣食住行条件之简陋。

工厂工人的居住情况主要分为两种:一是住在厂方提供的工人宿舍,再就是自有住房。无论是厂房提供的宿舍还是工人自有住房,一般都比较拥挤,且环境卫生条件极差。

---

[1] 参见庞树奇、范明林主编:《普通社会学理论》,上海大学出版社2002年版,第401页。
[2] 参见上海市政府社会局编:《上海市工人生活程度》,中华书局1934年版,第78页。

关于济南工厂工人的居住状况,1924年齐鲁大学社会学系的调查报告中有较为详细的介绍:"像学徒住在他们工作的店铺一样,大多数男工住在他们工作的工厂。一般说来,男工睡觉的地方管理得不好,而且很拥挤,但即便如此,工厂工人的条件很可能比大多数店铺好些。有些社会问题,与男工的这种不自然的生活方式有关,而这种生活方式,又为济南城一些过剩的男性提供了住处。与交通费不成比例的低工资,延长了那些住得离工作地点远的男工花在路上的时间。男工缺乏自然的家庭生活,是现代城市中娼妓业发展的一个原因。在该城所有男性工人有可能过上自然的家庭生活之前,许多社会条件必须进行变革。"① 山东省政府实业厅1931年对该济南的厚德贫民工厂检查后,就工人住宿情况提出如下改良意见:"该厂所有工人居于一室,殊碍卫生。宜将住室隔为数间,砌以砖墙,以免人声嘈杂,冬季并宜设置火炉,以资取暖。盖工人白昼勤劳,精神之恢复,全在乎夜间得充分之安眠,数十人而居一室不宜也。"②

上述报告对于当时济南工人家庭的居住环境的简陋也有形象的描述:"在一座较贫穷的人居住的院落里,你会发现一间屋子一个小家庭。这些屋子大约12平米,由于通常只有一面透光,因而尽管有些房间后墙有高高的窗户,但都很昏暗,维修也极差。这种住宅如果靠近有泉水的城区,他们的地面——砖地或更常见的泥土地,终年都是潮湿的。在雨季,墙壁潮湿至离地面数米高的地方,院落常常变成一个小水池。家里没有厨房,人们在户外用泥土做的炉子上做饭,炉子由一只风箱保证通风,屋内有一张木桌子,数条长板凳,这些板凳可能是白天是座位,晚间当床用。屋内还有一只箱子,用来储藏家庭可能拥有的多余衣物。炊具及装饰品极少。大多数情况下,20—50元钱即可买下一个工人家庭的全

---

① [美]A.G.帕克指导,齐鲁大学社会学系编著:《济南社会一瞥(1924)》下,郭大松译,庄慧娟校,《民国档案》1993年第3期,第55页。
② 山东省政府实业厅编印:《山东工商报告(民国二十年十月)》,1931年,第15—16页。

部私有财产。"①

在青岛,早在德国占领时期,基于加强对工人管理、"缩短劳工到工地的脚程"等方面的考虑,1899年和1901年先后规划建设了台东镇和台西镇工人集体居住区。② 如早期的德华缫丝厂即为未婚和已婚的工人分别建立了宿舍和住宅,"该公司建造的宿舍可容纳1500工人住宿"③。到日本对德宣战前,台东镇人口已超过11200④,台东和台西逐渐发展为"华人中流以下之萃集所"⑤。日本第一次占领青岛以后,工人日多,又形成了四方、沧口工人和贫民集中聚集地。但一些宿舍条件极差,如日资的钟渊纱厂宿舍"是一排排拥挤不堪的平房,室内支着土坑,既无厕所,又无厨房,一间十平方的小屋,要睡四五个人"⑥。青岛火柴厂将三十多名工人安排在同一宿舍中,"空气异常恶浊,到他们住的屋里坐不上一小时,就觉着头痛"⑦。

一些工人家庭住在里院或杂院里。狭义的里院"是一种融合了中式四合院和西方商住式公寓建筑风格的建筑形式"⑧,为几幢两层或三层小楼围成的院落,房间从十余间至二百间不等,户数在七八户至百余户之间⑨。每间房子面积一般为16至18平方米,一门一窗。⑩ 绝大部分命名

---

① [美]A.G.帕克指导,齐鲁大学社会学系编著:《济南社会一瞥(1924)》下,郭大松译,庄慧娟校,《民国档案》1993年第3期,第56页。
② 参见周兆利:《近代台西镇的规划——中西结合的居住区》,青岛市市南区政协编:《台西镇——一种日常化的青岛平民生活》,山东画报出版社2010年版,5—6页。
③ 王守中、郭大松:《近代山东城市变迁史》,山东教育出版社2001年版,第220页。
④ 参见樊泽顺、刘宗伟主编:《那城·那事·那人:青岛120年档案》,山东画报出版社2011年版,第108页。
⑤ 叶春墀:《青岛概要》,商务印书馆1922年版,第5页。
⑥ 《回忆当年作工情况》,山东省总工会工运史研究室、青岛市总工会工运史办公室编:《青岛惨案史料》,工人出版社1985年版,第408—409页。
⑦ 《青岛政治经济状况》,山东省档案馆、山东社会科学院历史研究所合编:《山东革命历史档案资料选编》第1辑,山东人民出版社1981年版,第23页。
⑧ 青岛市市南区政协编:《里院·青岛平民生态样本》,青岛出版社2008年版,第238—239页。
⑨ 参见《青岛市杂院一览表》(1935年),青岛市档案馆藏,A17-2-1118。
⑩ 参见青岛市市南区政协编:《里院·青岛平民生态样本》,青岛出版社2003年版,第227页。

为"里",如九如里、永祥里、东华里。① 里院是青岛独具特色的民居形式,其兴建开始于德国统治时期,居住者"多为旧青岛各机关企事业单位的小职员、下级军官、公路铁路员工以及警务人员、小商贩、教职员工、小手工业者、产业工人、人力车夫等",且多以家族或同业形式集中租住②。据1933年的《青岛指南》记载:"本市里院建筑,据社会局统计,共计506号,16701间,住户10669家,赁居者上中下三等住户,莫不俱备。"③

日本第一次占领青岛时期,容纳更多人口的大杂院大量出现。1930年青岛特别市政府公安局规定,"凡同一大门出入住居五家以上均以杂院论"。1934年青岛市政府规定:"凡十户以上之杂院,应由公安局责令各房主,一律命以里名","但不满十户之杂院,必要时亦得命以里名"。④因此杂院也可称为里院。

1930年,青岛市社会局对本市的杂院调查显示:住户较少、年代较近或者住户为工人、公务员的里院,房间较宽大,环境较整洁⑤;住户较多、年代久远的卫生、安全状况均较差。"南村路与云南路有数处杂院,房屋皆多年失修,楼板朽坏,一旦中断,人有漏楼下或伤腿之虞";而且院内住户众多,二三十户或五十余户聚居层楼上下,"素不讲求清洁,秽土菜根任意倾置,臭气自楼下至达楼上。该杂院等住户多系贫民,无力租住大间房屋,房主即用木板隔作五六部,每部面积内可容一床及一人周转之地,月租洋三元或二元半不等"。⑥

杂院住户众多,除了对卫生清洁及安全设施多不讲求,"一遇火警,

---

① 参见鲁海:《青岛旧事》,青岛出版社2003年版,第17页。
② 参见青岛市市南区政协编:《里院·青岛平民生态样本》,青岛出版社2008年,第243页。
③ 魏镜:《青岛指南》第6编,平原书局1933年版,第46页。
④ 《青岛市编订门牌规则》(1934年),青岛市档案馆藏,A17-2-1108。
⑤ 参见《为奉派赴东平观城石村三路调查杂院报请钧鉴由》(1930年5月16日),《调查杂院情形》(1930年6月4日—10日),青岛市档案馆藏,B21-2-44。
⑥ 《为呈指六月二日奉派调查杂院情形由》,《为呈指六月三日奉派调查杂院情形由》(1930年6月4日),青岛市档案馆藏,B21-2-44。

或其他事故发生,无法救济,因此而发危害人命等事者,已非一次"①。为切实改善杂院脏乱差的状况,1933年7月,青岛市政府决定由社会局会同财政、公安、工务各局,组设改善杂院委员会,拟定杂院改善方案并切实施行。② 1934年9月14日,青岛市政府核准《区里院整理会章程》,并以青岛市政府训令内字第1641号训令社会局:"组一里院整理联合会,无论大小里院均共同出资,自动整理,藉以养成自治基础。"③

煤矿工人住宿条件一般更差。山东省政府农矿厅1929年对各大煤矿进行调查后所形成的报告中指出:"查土法开采之矿厂,均属经济不足,工程最危险,工作极艰苦,至矿工居处之简陋,素为矿商所不注意,就大体而论,矿厂距村庄较近者,矿工多属当地人,工作后即回家休息,矿厂并无宿舍、浴塘之设备,其余较远者,矿厂亦不过备土房作矿工居住之用,有浴塘者,几如凤毛麟角,至若医院、娱乐场所等,则为一般工人梦想所不及。"④其实,即使用"新法"开采的大型煤矿如中兴、鲁大、博东等,工人宿舍等情况也好不了多少。下表是这次调查中山东所有煤矿中矿工住宿、卫生设备较为完善的,从中可以看出:工人居住的基本都是土房,只是因为煤矿工人工作的特殊性,一般大的煤矿可能有浴池、医院等设施。由此大致看出煤矿工人居住状况的简陋情况。

表2-11 山东煤矿工人居住卫生设施一览表

公司	宿舍	浴塘	医院	娱乐场
中兴	土房	简单浴池	设有鞠仁医院,院室可容病人200余名,每月经费月2400元	设有工友俱乐部
鲁大	无	无	设有淄川医院	无

① 青岛市政府秘书处编印:《青岛市政府行政纪要》第3编(社会),1933年,第32页。
② 参见《关于转发〈青岛市改善杂院委员会组织简则修正案〉的指令》,青岛市档案馆藏,B21-3-89。
③ 《关于试准组织里院整理联合会各区情况一律办理的训令》,青岛市档案馆藏,B21-3-182。
④ 山东省政府农矿厅:《民国十八年山东矿业报告》,1929年,第122页。

续 表

公司	宿舍	浴塘	医院	娱乐场
博东	土房	矿工浴池一所	与东和医院有约,担任治疗一切	运动场
天源	土房200间	一所	东矿有医院一所,现被损毁	无
华丰	土房	一所	医院一所	无
悦升	租民房	一所	无	无
禹村煤矿局	平房2所	一所	无	篮球及足球场

资料来源:山东省政府农矿厅:《民国十八年山东矿业报告》,1929年,第122页—123页。

对于当时山东省第一、全国第二大煤矿的中兴煤矿矿工的居住情况,时人有详细的记录:"工人之住处,除去少数之有技工人能够租佃或自己建造比较整洁之房屋外,一般工人之住处大都破烂、拥挤、污秽与黑暗。屋顶及墙壁多用蒿类,或在蒿上涂泥。每室占地面约一平方丈,高则举手可达屋檐。夏日梅雨,泥泞满地,室内亦阴湿异常。"[1]"有家属之工人,大都租用或自建草房一两间,每间租价大约每月自三角以至一元,通常每间住二人以至五六人不等。用木床作卧具者绝少,大半系以蒿荐铺地而卧其上。"[2]"无家属的工人,大半寄居于饽饽铺中。饽饽铺类似客店,代办伙食,供给开水。晚间工人随地铺卧,晨起又将被褥收藏,每月每人约需租价及开水费三四角。""工人住区无完善之公共厕所,工人随处排泄,各处隙地,秽臭异常。"[3]

在博山一些实行"半分制"[4]的民营煤矿,外地矿工一般都住在把头为他们设立的窝铺里。窝铺的条件就更差了。博山东关有个叫康殿成

---

[1] 施裕寿、刘心铨:《山东中兴煤矿工人调查》,李文海主编:《民国时期社会调查丛编·城市(劳工)生活卷》下,福建教育出版社2005年版,第928页。
[2] 同上书,第928—929页。
[3] 同上书,第929页。
[4] 半分制,即包采制,是博山民营煤矿的一种劳动组织形式,相当于淄川一带煤矿的包柜、把头制。半分负责招募和管理工人,为矿业资本家采煤,并代替工人领取工资。半分将领取的工人工资一小部分支付给工人,大部分占为己有。

外号康囤子的,以设立窝铺残酷剥削工人闻名。从1919年起,他在博山到处设窝铺,设在西河的窝铺,在每间土屋地上铺几张破席,屋上端开个小窗口,又黑又湿,里面臭虫到处爬;设在冯八峪的窝铺则是在地下挖坑围上土打成土屋,在地上盖了屋顶,冬天地屋生了火,每个伙夫都光着腚在地屋睡觉。在窝铺里都没有设立便所,到晚上大门一关,伙夫只好随地便溺,所以一进窝铺就给人一种令人头晕目眩作呕的气氛。一到夏天,又热又潮,苍蝇、蚊子、臭虫、虱子到处横行,经常染成瘟疫,夺去广大矿工的生命。1924年,康囤子的一个窝铺住130多人,就有120多人得了"木汉病",死于这次疾疫者有50多人。①

至于饮食方面,多是当地最廉价的粮食配以极为简单的副食,聊以果腹而已。

在济南,商民"食品以麦粉为主,青菜鱼肉为副",而"乡民及劳动方面多以小米面为主,菜品以豆芽豆腐咸菜为副"。"较贫穷阶层的食物是:直径约18英寸、厚1.5英寸的无甜味的烙饼,这种饼是用小麦或较廉价的粮食面制作的;少量咸菜、葱类;以及通常用小米作的粮食粥。他们吃饭把粥或开水作为饮食。处在较舒适境地的家庭吃小麦馒头和面条,有些新鲜蔬菜和少量应时水果。"②

在青岛,"市内工匠劳力以小米为主食"③。"市内贫民,大都每日两餐,上午八九时为早餐,下午四五时为晚餐,其食物以甘薯为主。甘薯之外,杂以粟、豆、小麦、高粱之属,而以腌萝卜、白菜、菠菜、韭菜、茄子、豆腐、粉丝等为普通佐食之需。极贫之家,则以甘薯之嫩蔓,晒干磨粉,制成团子,以供常食。又有以大豆浸胖,磨碎成浆,煮以腌萝卜干,煮以成

---

① 参见山东大学、淄博矿务局编:《淄博煤矿史》,山东人民出版社1986年版,第215—216页。
② [美]A.G.帕克指导,齐鲁大学社会学系编著:《济南社会一瞥(1924)》下,郭大松译,庄慧娟校,《民国档案》1993年第3期,第55页。
③ 赵琪修,袁荣叟等纂:《胶澳志》,青岛华昌印刷局1982年版,台湾文海出版社1968年印行,第374页。

糜,名为小豆腐,以供饮料,视为美味,其食品之粗劣,盖可想见也。"①

中兴煤矿的工人,"工人食物以高粱及麦子煎饼为主。每日两餐,约在上午十时及下午五时。食法简单,普通仅以盐菜及大葱卷入煎饼而以糊涂汤佐之,糊涂汤系用麦粉或高粱粉加水加盐煮成,亦有以蔬菜加入者。工人在经济特别充裕时,或逢佳期,则喜吃黑面馒头。平时所食蔬菜大半不外豆芽、豆腐、青菜、白菜、萝卜之类,逢年过节,始食荤菜,家庭负担较轻之工人平时亦偶食肉,但为数极少。许多任务人与其家人所食之物不同,或者工人食麦子煎饼而家人食高粱煎饼,或者工人食黑面馒头而家人食麦子煎饼。其理由甚为明显,工人工作劳苦,不如此则不足以维持其工作能力,家人工作轻松,但求生命保存而已"②。"工人与其家人之食物常有优劣之殊,表示其所度者真为最低的生活程度。"③

至于衣服,因收入所限,"又在一般人观念,对于食之需求亦较衣服住居更形重要"④,多数家庭无暇讲究,聊以蔽体、御寒而已。王子建在《中国劳工生活程度》中所列的69项调查中,衣服花费通常只占10%。他也指出:低收入者并不是不愿意多买些衣服,无奈他们经济能力有限,顾了穿的就顾不了吃和住,他们的能力仅仅只能"图一饱",所以衣服方面,只能将就一些了。⑤

在济南,一般平民的"衣服当然是棉布料的,通常是蓝色,有时是黑色或灰色。他们冬天穿有棉花的棉衣,这种棉衣甚至厚到不便活动的程

---

① 魏镜:《青岛指南》第6编,平原书局1933年版,第1页。
② 施裕寿、刘心铨:《山东中兴煤矿工人调查》,李文海主编:《民国时期社会调查丛编·城市(劳工)生活卷》下,福建教育出版社2005年版,第929页。
③ 同上书,第931页。
④ 赵琪修,袁荣叜等纂:《胶澳志》,青岛华昌印刷局1928年版,台湾文海出版社1968年印行,第374页。
⑤ 参见王子建:《中国劳工生活程度》,《社会科学杂志》1931年6月第2卷第2期,第224—268页。

度,因为他们拿不起为居室取暖的费用"①。中兴煤矿"工人的衣服大都破烂污秽,所用材料均由外埠运来,以蓝布及花标布为最多。较穷之工人,每人往往仅有一套衣服,冬季之棉衣,至春季褪去棉花又作夹衣"②。即便这样,调查者仍感欣慰,因为"从前每至夏日则多数工人只以破布围身以代衣服,目前总算进步许多,虽然衣服破旧不堪,赤身者究不复见"③。

齐鲁大学社会学系的调查报告中曾指出:"孩子不能上学,父母不能阅读,生病拿不起钱进行适当治疗。工人们的生活水准,要到达可能以适当方式吃饭、穿衣、居住、取暖以及受教育的程度,尚须数年时间发展教育和尽心工业化建设。"这也概括了整个山东产业工人的生活状况。

第二节 民国时期山东城市手工业工人的物质生活

一、手工业工人概况

作为在城市现代化过程中出现的新兴职业群体,现代产业工人无疑是城市劳工群体发展的趋势所在。但是,由于民国前期的山东城市近代化水平总体较低,现代产业发展不足,山东的手工业又素称发达,所以现代产业工人在山东城市工人阶层中只占很少一部分,"而数量占最大多数的还是全省各地的手工业工人,像棉纺业、丝织业、花边业、发网业、条编业、草帽缏业以及五金业等各业中的从业工人,常常以数万数十万

---

① [美]A.G.帕克指导,齐鲁大学社会学系编著:《济南社会一瞥(1924)》下,郭大松译,庄慧娟校,《民国档案》1993年第3期,第55页。
② 施裕寿、刘心铨:《山东中兴煤矿工人调查》,李文海主编:《民国时期社会调查丛编·城市(劳工)生活卷》下,福建教育出版社2005年版,第929页。
③ 同上书,第929页。

计"①。据 1918 年农商部统计,山东共有各类手工业厂、户 114714 家,从业工人数 494383 人;1919 年中国手工业职工总数为 3798294 人,山东的手工业职工约占全国总数的 13% 左右。② 1933 年,对于全省 106 个县市中 43 个县市 66 个行业的调查显示,手工业家数为 78999,拥有职员 18501 人,工人 801782 人,艺徒 66191 人,总计 886474 人。③ 尽管这些手工业工人"多数亦工亦农,其身份兼有农人、工人的双重性质"④,也就是说,包括一些农民在内,但是如果考虑到上述调查涉及的县市数还不到山东全部县市数的一半(全省 106 个县),而城市又是手工业户及手工业工人的主要聚集地,则山东城市手工业工人数目之大可以想见。

与产业工人主要集中在大、中城市稍有不同,手工业工人地域分布相对分散。这主要是因为手工业行业,尤其是其中的纺织业、榨油业、五金业等,与百姓日常生活息息相关,随着民国以后城市化进程的发展以及各个城市的手工业的发展,无论是大、中城市还是一些县级城市,手工业工人都为数不少。

当然,由于一些城市特色手工业的发展,如潍县的手工织布业、周村等地的丝织业、博山的陶瓷、玻璃业以及 20 世纪 20 年代前后烟台的发网、花边业等,就这些行业来说,手工业工人也表现出一定程度的地域集中性。以潍县织布业为例,二三十年代"全县无不有之,而以该县东乡为最多。据调查,民国十五六年,全县有布机器一万余张,每机需工人两名。后逐年增加,至去年(1933 年——编者)全县有布机 7 万余张"。⑤

---

① 张玉法:《中国现代化的区域研究(1860—1916):山东省》,台北"中央研究院"近代史研究所 1982 年版,第 639 页。
② 参见山东省总工会编:《山东工人运动史》,山东人民出版社 1988 年版,第 53 页。
③ 参见《申报年鉴(民国二十四年)》,沈云龙主编:《近代中国史料丛刊》第 98 辑,台湾文海出版社 1966 年(创刊)印行,第 894 页。
④ 张玉法:《中国现代化的区域研究(1860—1916):山东省》,台北"中央研究院"近代史研究所 1982 年版,第 639 页。
⑤ 千家驹编:《中国农村经济论文集》,中华书局 1936 年版,第 541 页。

以每机需工两人算,1933年潍县织布业从业人数达14万人。尽管其中有许多农民,但因为从业者中以"该县东乡为最多",可以想见在潍县城内织布业手工工人数量之大。

另外,从清末民初到20世纪30年代中期,发网、花边、草帽缏等手工业,由于受到国际市场需求变动的左右而经历了兴起、繁盛到渐趋衰落的过程,这些行业的手工业工人人数前后变化较大。宣统年间传入的发网业,至"民九、民十两年,产额有增无减,盛况如旧,山东妇女依此为生者约在十万人左右"①,但"自十二年后,此业渐行萧条,制网者亦日渐减少"②,当年烟台"修缮发网工人在职者仅当一年半前百分之三十,则失业者之多可想矣"③。潍县、济南等地同样也有不少发网工人失业。花边业在第一次世界大战后"大受打击","一般花边公司,因存货山积,赔累不资,而织造花边之女工,亦感供过于求"④。而民国初期"臻于极盛"的草帽缏业,1929年前后也遭遇了"收买力大为减色",从业者"亦因之锐减"的窘况。⑤

二、手工业工人的收支和物质生活

(一)工时长,工资少

与现代工厂的产业工人相比,手工业工人不仅工作时间长,工资也相对低些。这主要是由手工工场、作坊技术落后,设备简陋,劳动生产率不高导致的。齐鲁大学社会学系的学生对济南进行调查后就指出:"总的看来,我们可以说,现代工厂在一般卫生、工时和工资等条件方面,比

---

① 彭泽益编:《中国近代手工业史资料(1840—1949)》第3卷,生活·读书·新知三联书店1957年版,第41页。
② 刘祖干等:《民国潍县志稿》第24卷,1941年刊,第12页。
③ 彭泽益编:《中国近代手工业史资料(1840—1949)》第3卷,生活·读书·新知三联书店1957年版,第41—42页。
④ 参见彭泽益编:《中国近代手工业史资料(1840—1949)》第2卷,生活·读书·新知三联书店1957年版,第701页。
⑤ 参见上书,第39页。

小店铺的要好。"现代工厂工人通常每天工作 11—12 小时,很少有人享受 10 小时工作日,有些则长达 14 小时。在家庭店铺,工作时间一般更长些,有些甚至长达 15 小时。① 同年另外一则有关济南工人生活情形的资料也指出:"手工业及手工工厂的工人最苦,每日工作时间至十六小时以上,工资一月不满一元的很多。"②

表 2-12 和表 2-13 分别是 1919 年和 1925 年山东手工业各业工人日工资情况。从表 2-12 可以看出,供应伙食的手工业工人普通日工资多在 0.20 元上下,不供应伙食的多在 0.25—0.30 元之间,仅有极少数行业超过 0.30 元,其中大多数属于技术要求稍高的行业如酿酒、雕刻、皮革等。从表 2-12 可以看出,1925 年山东手工业工人的"中级"工资情况是:伙食折算在内多在 0.30 元上下,不计伙食的仍然集中在 0.20 元上下。与 1919 年相比,没有太明显的变化。

表 2-12　1919 年山东各业工人日工资表　　　　单位:元

劳动者业别		供食			不供食		
		最高	普通	最低	最高	普通	最低
制造服用品业	织工	0.28	0.22	0.19	0.38	0.34	0.25
	弹棉	0.25	0.24	0.20	0.38	0.30	0.31③
	染坊	0.26	0.21	0.17			
	成衣	0.28	0.25	0.22			
	制帽	0.24	0.20	0.16			
	制鞋靴	0.25	0.22	0.18			
	制皮货	0.39	0.24	0.19			

---

① 参见[美]A.G.帕克指导,齐鲁大学社会学系编著:《济南社会一瞥(1924)》下,郭大松译,庄慧娟校,《民国档案》1993 年第 3 期,第 54 页。
② 山东省档案馆、山东社会科学院历史研究所合编:《山东革命历史档案资料选编》第 1 辑,山东人民出版社 1981 年版,第 47 页。
③ 原文如此,应是 0.30 和 0.31 互换位置。——编者

续　表

劳动者业别		供食			不供食		
		最高	普通	最低	最高	普通	最低
饮食业	碾米	0.21	0.18	0.15	0.29	0.25	0.20
	磨坊	0.21	0.17	0.14	0.30	0.25	0.21
	酿酒	0.29	0.24	0.19	0.37	0.31	0.26
	酱园	0.23	0.18	0.14	0.31	0.26	0.21
	制茶	0.24	0.19	0.14	0.36	0.29	0.24
	制烟	0.23	0.19	0.14	0.34	0.30	0.24
建筑业	木匠	0.25	0.20	0.16	0.32	0.27	0.21
	瓦匠	0.24	0.19	0.15	0.33	0.30	0.25
	锯匠				0.31	0.28	0.24
	石匠	0.24	0.20	0.17	0.32	0.28	0.25
	制瓦	0.21	0.17	0.12	0.31	0.27	0.22
器具制造业	木器家具	0.40	0.29	0.24			
	造车	0.40	0.35	0.28			
	金银器	0.50	0.41	0.30			
	铜锡器	0.35	0.27	0.23			
	铁工	0.26	0.22	0.17			
	桶工	0.21	0.18	0.15			
	柳藤棕竹器	0.27	0.23	0.18			
各项杂业	造纸	0.20	0.16	0.11	0.30	0.25	0.21
	榨油	0.22	0.18	0.14	0.30	0.25	0.21
	油漆	0.24	0.20	0.16	0.34	0.31	0.26
	雕刻	0.31	0.26	0.20	0.42	0.33	0.28
	印刷	0.25	0.18	0.13	0.35	0.29	0.25
	皮革	0.27	0.22	0.18	0.37	0.32	0.23
	制席	0.19	0.14	0.10	0.28	0.24	0.18
	夫役	0.26	0.21	0.17			

资料来源：山东省总工会编：《山东工人运动史》，山东人民出版社1988年版，第56页。

表2-13　1925年山东省各地手工业工人每日平均工资　　单位:元

类别		最上级	中级	最下级
织工	男	0.25(0.38)	0.22(0.34)	0.19(0.31)
	女	0.18(0.32)	0.15(0.27)	0.12(0.23)
弹花工		0.28(0.38)	0.24(0.30)	0.20(0.25)
染师		0.26	0.21	0.17
裁缝		0.28	0.25	0.22
制帽匠		0.24	0.20	0.16
制鞋匠		0.25	0.22	0.18
制皮匠		0.29	0.24	0.19
碾米工人		0.21(0.29)	0.18(0.25)	0.15(0.20)
烘烟业者		0.33(0.34)	0.19(0.30)	0.14(0.24)
木匠		0.25(0.32)	0.26(0.27)	0.16(0.21)
泥水匠		0.29(0.30)	0.30(0.27)	0.15(0.25)
锯木匠		0.31	0.28	0.24
石匠		0.24(0.32)	0.20(0.28)	0.17(0.25)
制砖匠		0.21(0.31)	0.17(0.27)	0.12(0.22)
制家具匠		0.40	0.29	0.24
制车匠		0.40	0.35	0.26
金银匠		0.50	0.41	0.30
铜锡匠		0.35	0.27	0.23
铁匠		0.26	0.22	0.12
制木桶者		0.21	0.18	0.15
制藤器者		0.26	0.18	0.12
画匠		0.24(0.34)	0.20(0.31)	0.16(0.26)
雕刻师		0.31(0.42)	0.26(0.33)	0.20(0.28)
硝皮匠		0.27(0.37)	0.22(0.32)	0.18(0.23)
织席者		0.19(0.28)	0.14(0.24)	0.10(0.18)

注:1. 此表内工资内多不包含膳食;其列入括号中者,则非纯粹工资,膳食亦记在内。
2. 表中木匠和泥水匠的工资有误,但原文如此。
资料来源:东晖:《中国各业工资表编制》,《上海总商会月报》1925年第5卷第2号,第18—23页。

一直到20世纪30年代初期,手工业工人工资仍然很低。据1931年济南市政府社会股对涉及织布、毛毯、毛巾、织带、花边、发网、针织、制绳等8个行业的29户手工工场的调查,织布厂工人平均月工资最低,仅2.74元;毛毯厂、毛巾厂以及制绳厂工人均不足6元;只有发网厂、针织厂以及织带厂超过了10元,最高的也仅12.6元,而其工作时间多在12—14小时,最多者如制绳厂达16小时。① 即使考虑到上列各厂653名工人中有107名童工,这样的收入仍显低下。根据1933年出版的《劳动年鉴》,山东各地手工业工人每日普通工资在0.15至0.60元之间,博山之陶瓷、炉料工人和临淄之制烟工人工资为最高,每日1元,而昌邑制鞋工人工资最低,每日仅挣7分钱。② 据1934年实业部国际贸易局对山东铜锡业的调查,工人"膳宿皆由作坊供给,工资有论件、论日两种","济南工薪最贵",每月每工10元,济宁、临清、胶县8元,周村、潍县6至7元不等。③

青岛的总体工资水平稍高,手工业工人的工资一般稍高一些。据青岛市政府社会股1932年对本市手工业所作的调查,各业普通工资最低的为9元,绝大多数集中在12—18元之间。④ 根据魏镜编辑、1933年出版的《青岛指南》记载,青岛手工业各业每月最低工资均在8元以上,大部分在10—14元之间。⑤ 这与青岛市社会局的统计结果基本一致。但据青岛市社会局在1937年对部分染织工厂的工人工资收入的调查,男工每天3角,女工每天1角至4角。⑥

---

① 参见济南市志编纂委员会:《济南市志资料》第3辑(内部资料),1982年,第57页。
② 参见彭泽益编:《中国近代手工业史资料(1840—1949)》第3卷,生活·读书·新知三联书店1957年版,第565页。
③ 参见实业部国际贸易局编:《中国实业志·山东省》,1934年,辛,第667页。
④ 参见青岛市政府秘书处:《1932年青岛市行政统计汇编》(内部资料),第7—14页。
⑤ 参见魏镜:《青岛指南》第1编,平原书局1933年版,第15—19页。
⑥ 参见《青岛市染织业工人二十六年工资价目表》,青岛市档案馆藏,A0021-001-0166,P1001。

(二) 入不敷出,生活清苦

较低的工资收入注定了手工业工人中间入不敷出的情况比较普遍。

表2-14反映的是青岛市政府社会股1932年对本市手工业工人生活情形的统计结果。在统计的3602名工人,收入能够自给的为2159人,占59.93%;有结余的440人,占12.22%;收入不敷支出的1003人,仅占27.85%。表面看,似乎比较乐观,但事实远非如此。在总计10939名工人中,仅糊火柴盒的就有6490人,占总人数的一半还多,而当时各地糊火柴盒的工人的工资收入都是最低的,他们中大多数都应该属于不能自给的。很明显,如果将他们统计在内,收入不能自给的人数当然占大多数了。

表2-14 青岛市手工业工人生活情形表

类别	户数	工人数	生活情形		
			自给(人数)	不足(人数)	裕余(人数)
木工类	223	647	280	253	114
五金类	49	162	72	74	16
建筑用具类	57	411	254	119	38
藤竹类	18	68	29	34	5
缝纫类	135	371	99	161	111
皮革类	58	184	110	53	21
纺织类	10	81	47	29	5
文具类	66	302	278	24	—
生活供应类	78	318	248	62	8
饮食品类	198	957	693	177	87
修理	62	101	49	17	35
共计	954	3602	2159	1003	440
百分比(%)	—	100	59.93	27.85	12.22

注:原表中户数1327户,工人总数共计10939人(男性4782人,女性6157人)。五金类中的白铁、缝纫类中的成衣、洋服、帽作以及纺织类中的织袜,因数据有问题,糊火柴盒6490人无生活情形具体统计,故此表中的户数、工人数均未包括。

资料来源:《1932年青岛市行政统计汇编》(内部资料),第7—14页。

时人谈及1924年济南的工人生活情形时曾指出:"手工业及手工工厂的工人最苦,每日工作时间至十六小时以上,工资一月不满一元的很多,吃的非常坏,无床、椅、桌、凳,就地而食,就地而卧,且都是学徒制。机器工人的工作时间十一时至十四时不等,按需要多寡而增加,但至少在十小时以上。学徒期间无工资,吃的较手工业的工人好。星期日除官办者外无休假,一年无假节,一切生死疾病,都是'听天由命',无抚恤医药费用。"①前述1924年齐鲁大学社会学系学生对济南进行调查后撰写的调查报告,对济南的手工业工人工作场所兼居住条件之差也有提及:"在较老式建筑里,工作间常常昏暗、潮湿,冬天冷,夏天热,而且充满难闻的气味或灰尘……在大多数情况下,小型家庭店铺拥挤、肮脏、昏暗、潮湿、充满灰尘,而且冬天很冷。""像学徒住在他们工作的店铺一样,大多数男工住在他们工作的工厂。一般说来,男工睡觉的地方管理得不好,而且很拥挤,但即便如此,工厂工人的条件很可能比大多数店铺好些。"②

张东木有关济南著名的铁工厂——东元盛铁工厂的回忆或许可以为我们了解济南手工工人的饮食、居住情况提供一个较为详细的参照。据张回忆,由于东元盛铁工厂是集体投资建立的,在福利待遇方面比同行业的其他厂要好一些。例如,东元盛铁工厂的主食,一年四季吃面粉,而同行业的铁工厂只是在夏季吃面粉,其他三季吃小米煎饼;其他铁工厂的宿舍冬季没有火炉取暖,而东元盛的宿舍则有火炉取暖等。③众所周知,由于劳动强度的关系,打铁工人一般吃得要好一些。当时济南打铁的工人一年只在夏季才能吃得上面粉,其他三季都吃小米煎饼,普通

---

① 山东省档案馆、山东社会科学院历史研究所合编:《山东革命历史档案资料选编》第1辑,山东人民出版社1981年版,第47页。
② [美]A.G.帕克指导,齐鲁大学社会学系编著:《济南社会一瞥(1924)》下,郭大松译,庄慧娟校,《民国档案》1993年第3期,第55页。
③ 参见张东木:《济南东元盛铁工厂史料简述》,山东省政协文史资料委员会编:《山东工商经济史料集萃》第1辑,山东人民出版社1989年版,第198页。

手工业工人只会比这更差。

对于博山玻璃业的工人的生活情况,时人有如下记载:"博山玻璃工人之膳食,均系自备,有归家就食者,有将饭食携至工厂者;除家庭十分贫寒生计极为艰难外,多善啖喜饮,纵欲口腹,大有'今朝有酒今朝醉,明日无钱明日忧'之概,以为不如是必无健全之体力,以作此等苦工。故其所得工值,多半消耗于斯,至于卫生方面,漫不注意,概处境使然耳。博邑本为产煤之区,所有道路,均呈黑色,更加工业炉灶,不下数千余户,微风稍扬,烟灰弥漫天空,房屋市尘,无不在其笼罩之中。工人每日工作于煤烟烈火之下,手面均呈黝黑之色,无清洁之时。所用炉灶又多系旧式,煤烟炭灰,无处宣泄,遂至蒸腾一室,空气恶劣,莫此为甚。"①下面这首歌谣描述的是当时景芝酒厂酿酒工人生存状态,但是,从景芝酒厂工人生活的一斑我们也可窥见当时大部分手工业工人的生活状况之全豹:终年在落后的生产方式下从事着长时间、高强度的劳动,换得的却是"少吃缺穿"的结局:

  当锅头的坐吃赊穿,
  当把头的跑跑颠颠,
  扬锨的气喘连连,
  挑水的压得对虾一般,
  一年来少吃缺穿,
  腰布一收砸了饭碗!②

---

① 彭泽益编:《中国近代手工业史资料(1840—1949)》第3卷,生活·读书·新知三联书店1957年版,第285页。
② 赵雷:《景芝酿酒业及景芝酒厂》,山东省政协文史资料委员会编:《山东工商经济史料集萃》第3辑,山东人民出版社1989年版,第114页。

第三节　民国时期山东城市店员群体的物质生活

店员是商店的雇员。"他们一般不占有生产资料,生活来源的全部或者主要部分是依靠向店主出卖劳动力的工资。"①

一、民国前期山东城市店员群体概况

辛亥革命后,山东的城市经济日趋兴盛,各业公司与店、堂、铺、行密布于各市镇,店员人数日渐增加。据统计,1918年山东主要城镇共有大小商号22900余家,约有店员4万余人。② 到1933年,山东109个县市拥有商店41633家,巫宝三等人估算的平均每店从业人员为5.24人。③ 每店减去一个店主,则平均每店有店员4.24人,4万多家商店的店员人数就达到了16万之多。

民国时期,山东主要商业中心包括济南、青岛、烟台、威海卫、济宁、周村、潍县等城市,这些地方自然也是店员相对集中的地区。

1919年的济南,据《山东各县乡土调查录》记载,有各类商号2000余家,其中有的商号拥有店员三四十人。④ 20世纪20年代中期,"警察登记各种类型和规模的店铺有3500家,每家职员少至2人,多至20人,警察报告外人店铺和商行为425家,其中日本人开办近400家,德国人12家,英国人8家,美国人7家,俄国人6家,法国人3家"⑤,有"30000名或更多些主要是出售货物店铺的店员,大概是同样数量主要是制作货物店

---

① 《毛泽东选集》第1卷,人民出版社1991年版,第10页。
② 参见山东省总工会编:《山东工人运动史》,山东人民出版社1988年版,第52页。
③ 参见巫宝三:《中国国民所得》上册,中华书局1947年版,第102页。
④ 参见山东省总工会编:《山东工人运动史》,山东人民出版社1988年版,第52页。
⑤ [美]A.G.帕克指导,齐鲁大学社会学系编:《济南社会一瞥(1924)》上,郭大松译,庄慧娟校,《民国档案》1993年第2期,第50页。

铺的店员"①。1934年出版的《中国实业志·山东省》记载的济南市1933年的商店数为3390家,总计从业人数33951人,平均每店人数10.02人。②

青岛,据1928年出版的《胶澳志》记载,商业从业人数为31132人,而当年的工业从业人员仅为29431人。③ 1931年,华商经营的商店有4438家,外资商店1045家,总计5483家;其中仅华商店员就有店员22721人、工友④21953人,两项合计44674人。⑤ 到1933年,青岛商店总数达到了7608家⑥,比1931年增加了2125家,商业从业人数40691人⑦。

作为重要商贸城市的烟台,在1901年时经营商店(包括少量油坊)的就有1780户,约13000人⑧。1919年,商号总数达到3000余家。⑨ 1933年,烟台有大小商号3500余家,商业从业人口占总人口的43.95%,在各业中占第一位。⑩ 1933年,其他拥有较多商店店员的城市还有胶县1691家、泰安1400家、济宁396家、威海卫351家等⑪,这些城市店员应该也比较多。

按照职务高低以及进店年限长短等,店员群体可分为多种层次,其劳动条件和待遇差别很大。高级店员参与商店的管理与经营,是资本家的得力助手,他们的工资要比普通店员高出许多,每逢年底,还能得拿到

---

① [美]A.G.帕克指导,齐鲁大学社会学系编著:《济南社会一瞥(1924)》上,郭大松译,庄慧娟校,《民国档案》1993年第2期,第54页。
② 参见巫宝三:《中国国民所得》下册,中华书局1947年版,第262页。
③ 参见赵琪修,袁荣叜等纂:《胶澳志》,青岛华昌印刷局1928年版,台湾文海出版社1968印行,第384—386页。
④ 《青岛市工商业概览》解释为:"因年龄比较学徒为长而系雇用性质,又以本市习惯,凡属工友均不由店主供给伙食,此店员与工友不同之点也。"
⑤ 参见青岛市社会局编:《青岛市工商业概览》,1932年,第54—59页。
⑥ 参见巫宝三:《中国国民所得》下册,中华书局1947年版,第262页。
⑦ 参见魏镜:《青岛指南》第1编,平原书局1933年版,第13页。
⑧ 参见 China. Imperial Maritime Customs. Decennial Reports, 1892-1901, Chefoo, p.56. Shanghai: the Statistical Department of the Inspectorate General of Customs, 1904.
⑨ 参见山东省总工会编:《山东工人运动史》,山东人民出版社1988年版,第52页。
⑩ 参见胶济铁路管理委员会编:《胶济铁路经济调查报告分编·福山县》,文华印刷社1934年版,第14页。
⑪ 参见巫宝三:《中国国民所得》下册,中华书局1947年版,第262页。

较多的分红,其经济、社会地位较高,基本属于社会的中层;普通店员的经济和社会地位都与普通工人类似,属于社会下层。① 以章丘旧军镇孟家在济南、烟台等地开设的瑞蚨祥绸缎店为例,在人事上分成七个层次:东家、经理、吃股人员、内伙计、外伙计、学徒、后司。尽管内伙计、外伙计都属于普通店员,但由于来源不同,他们之间也有很大的差别。内伙计是由本庄学徒出身的店员,他们多是章丘人,与资东有这样或那样的社会关系;外伙计则是指非在本店学徒出身的店员,他们是从市场雇来的纯粹工资劳动者,与资方或代理人没有特殊的社会关系。瑞蚨祥的经理和吃股人员都是从内伙计中提升的,外伙计不管能力大小、业务好坏,永远不可能成为吃股人员。② 再如济宁的玉堂酱园,除去总经理、总会计、帮账、经理、二老板外,店员从柜头到伙计分为八级。③

二、普通店员的收入状况

毛泽东在《中国社会各阶级的分析》一文中对店员的经济状况及政治态度曾有简洁的论述:"店员是商店的雇员,以微薄的薪资,供家庭的费用,物价年年增长,薪给往往须数年一增,偶与此辈倾谈,便见叫苦不迭。其地位和贫农及小手工业者不相上下,对于革命宣传极易接受。"④山东的情况大致如此。店员群体尽管基本工资低廉,但工资形式相对多样化,其总体工资水平,高于手工业工人,与产业工人大致相当,行业、资历等造成的工资差异也明显。

(一)基本工资低廉,工资形式多样

为了刺激职工多做生意,一般商店往往将职工的收入与该店的经营

---

① 参见李明伟:《清末民初中国城市社会阶层研究》,社会科学文献出版社2005年版,第396页。
② 参见刘越千:《山东孟家与瑞蚨祥》,《工商史料》1,文史资料出版社1980年版,第184—185页。
③ 参见张正宽、时家驹:《京省驰名的玉堂酱园》,山东省政协文史资料委员会编:《山东工商经济史料集萃》第3辑,山东人民出版社1989年版,第129页。
④ 《毛泽东选集》第1卷,人民出版社1991年版,第7页。

业绩相联系,给店员较低的固定工资,再以各种各样变相的工资形式作补充,造成店员基本工资低廉、工资形式多样。

以青岛为例,可见普通店员基本工资之低。根据魏镜编辑、1933年出版的《青岛指南》记载,当时青岛的"商店职员,普通月薪8、9元,高级职员每月自12元至20元,小伙友自2、3元至5、6元不等"①,同时手工各业工人每月最低工资是8元,且大部分在10—14元之间②。青岛市政府社会股1932年对本市手工业所做的调查显示,各业普通工资最低的也在9元,且绝大多数集中在12—18元之间。③也就是说,普通店员的基本月薪仅相当于手工业工人的最低工资,足见其低。20世纪30年代初的济南,店员的最低工资绝大部分在两三元上下。④

与商店盈利联系最密切的花红是店员工资的重要形式。据《胶澳志》载:"商店职员,其雇佣及劳动之性质与一般工匠有异,大都心力兼劳,宾主有特殊之关系,薪俸甚薄而重在花红,历来习惯如是,鲁籍各帮商店普通伙计月给十元内外,掌柜年俸二百元,但花红或比照月薪一、二倍不等。小商店月薪微者仅二、三元,饭食零用店中开支,学徒小店无薪,大店或月给二、三元,然南籍各帮商店薪工较巨,至于银行公司更不可同年而语矣。"⑤20世纪30年代初出版的《青岛市工商业概览》中也提到中资商店员工薪资情况:"其薪工资数较之外人为廉,盖本市生活程度虽高而商人习尚简朴,且本国商店沿用旧习,其伙食零费均由店内供给,尚有花红一项为商人之例规,按每年盈利多寡分派,故其薪资虽廉,尚有花红可以弥补。"⑥20世纪30年代初的济南,绝大部分商店也都实行分

---

① 魏镜:《青岛指南》第1编,平原书局1933年版,第14页。
② 同上书,第15—19页。
③ 参见青岛市政府秘书处:《1932年青岛市行政统计汇编》(内部资料),第7—14页。
④ 参见山东省政府实业厅编印:《山东工商报告(民国二十年十月)》,1931年,第220—289页。
⑤ 赵琪修,袁荣叟等纂:《胶澳志》,青岛华昌印刷局1928年版,台湾文海出版社1968年印行,第408页。
⑥ 青岛市社会局编:《青岛市工商业概览》,1932年,第54页。

红制度。分红的比例以"东六伙四""东七伙三""东八伙二""钱七人三"等比较多见。①

一些经营有道的商店变相工资的名目更加复杂。表2-15所列是济宁玉堂酱园的职工福利,可谓名目繁多。另外还有学员的"蜡烛油淋钱"、职工的"婚丧礼钱"、"年终分红钱",对来探亲的家属供给食宿等。奖励制度还规定:如遇水、火灾害,护店有功者,或有创作发明者,到年终发给特别花红津贴10吊;对不违反店规,干活出力者,年终根据不同情况奖给花红津贴2吊至5吊。②再如当时驰名全国的瑞蚨祥鸿记商号,店员除了工资、伙食以外,变相的工资形式包括年终馈送、探亲川资、放假的娱乐费、春节的守岁钱、医疗费以及婚丧待遇、用货优惠等等。③

表2-15 玉堂酱园职工的奖励与福利

名目	分配情况
小菜钱	门市店经理、柜头、店员,年终分小菜钱(实物),豆腐干8斤,金波酒2瓶,小菜2罐。学徒折半
筒子钱	小菜房工人每外送1吊钱的货,给铜钱2个,先盛在竹筒子里,每月逢初二、十六倒出,按等级分配
折荤钱	在伙食方面,每月逢五排十吃"小荤",初二、十六吃"大荤"。小荤菜里加点肉,大荤每人发2.5个铜元
优待价	店员买小菜平时8折,腊月7折;工人平时不折,腊月8折
卫生费	每人每月洗澡、理发费200文
带岁钱	年终决算后,从盈利中提出一部分按级别发给不同的"带岁钱"

资料来源:张正宽、时家驹:《京省驰名的玉堂酱园》,山东省政协文史资料委员会编:《山东工商经济史料集萃》第3辑,山东人民出版社1989年版,第129—130页。

---

① 参见山东省政府实业厅编印:《山东工商报告(民国二十年十月)》,1931年,第220—289页。
② 参见张正宽、时家驹:《京省驰名的玉堂酱园》,山东省政协文史资料委员会编:《山东工商经济史料集萃》第3辑,山东人民出版社1989年版,第129—130页。
③ 参见济南市两会文史组:《济南百年老号瑞蚨祥》,徐华东主编:《济南开埠与地方经济》,黄河出版社2004年版,第100—104页。

这些名目繁多的变相工资形式,在补助店员低廉的基本工资的同时,亦在人格上体现了一种资方"赏赐"、劳方"受惠"的不平等关系,如时人胡钧所言,"在很大程度上妨碍了工人与资本家建立直接的雇佣关系",从中既折射出一些封建的依附关系,也体现出当时山东城市中工资制度新旧掺杂的特点。①

(二) 收入差异明显

一般商店的店员都分若干等级,实行等级工资制和不同的福利待遇。从表2-16可以看出,玉堂酱园店员月工资分从为八级,一级店员是8吊,八级店员仅1.6吊,悬殊达5倍。表2-17反映的是1924年瑞蚨祥鸿记代表性职工工资情况。从中可以看出,内伙计与外伙计实行的是不同的工资标准,而同样是内伙计,年工资最高的是132元,最低的仅13元,相差几近10倍。

表2-16 玉堂酱园职工月工资标准　　　　单位:铜钱吊

职员	工资数	店员	工资数	工人	工资数
总理	30	一级	8	大头	3.2
总会计	20	二级	6.4	二头	3
帮帐	15	三级	5.6	三头	2.8
经理	10	四级	4.8	四头	2.6
二老板	8	五级	4	五头	2.4
		六级	3.6	六头	2.2
		七级	2.8	长工	1.8
		八级	1.6	长期临时工	1.6

资料来源:张正宽、时家驹:《京省驰名的玉堂酱园》,山东省政协文史资料委员会编:《山东工商经济史料集萃》第3辑,山东人民出版社1989年版,第129页。

---

① 参见任银睦:《青岛早期城市现代化研究》,生活·读书·新知三联书店2007年版,第222页。

表2-17　1924年瑞蚨祥鸿记代表性职工工资情况表　　　　单位:元

类别	姓名	年工资	年增加额	年终馈送额	附注
内伙计		132	12	40	最高工资
		130	15	40	
		98	15	35	
		55	15	25	
		52	12	20	
		29	15	25	
		16	20	10	
		14	12	10	
		13	15	20	最低工资
学徒		5	10		3年后开始增加工资
		5			学徒第一年
外伙计		8.10(月工资)	0.90	25	
		6.00(月工资)		20	
		4.60(月工资)	0.90	20	

资料来源:济南市两会文史组:《济南百年老号瑞蚨祥》,徐华东主编:《济南开埠与地方经济》,黄河出版社2004年版,第100页。

另外,不同的行业之间工资也有一定的差异。一般需要较多资金的行业如银行、典当业或奢侈品类行业如绸缎业等,店员工资相对会高一些。据《青岛市工商业概览》1932年对青岛全市华商商店的调查,店员最高工资在30元以上的行业包括:金融类的银行、银号、钱庄业以及典当业;土产类的蛋业、行栈业及堆栈业;服用类的纱线业、绸缎业及呢绒业;饮食类的腌腊鱼熏火腿业、粮店业及咖啡业;消耗类的黄酒烧酒卷烟业;日用类的阳光杂货业、钟表眼镜业;交通类的运输业;其他类的保险业。而其他几个大类包括家具、五金、建筑、纸张印刷、化学电气、卫生,各行业店员的最高工资绝大多数在20元以下。

三、普通店员的物质生活

民国前期,店员的工作十分辛苦,每天站柜台要十几个小时。一般早上 8 点开门,到晚上 8 点打烊还算早的。① 当时济南的瑞蚨祥,一年四季都是晚上 10 点上门。②

大的商店一般都有较为严格的店规、惩罚条例等。以济宁的玉堂酱园为例,其店员守则包括:(1) 对顾客要和蔼;(2) 学徒期不得坐板凳,无顾客也要站在柜台前,练习算盘;(3) 称货计量要准,算账要细;(4) 时刻提高警惕,严防"高买"(骗子);(5) 时时保持营业场所的清洁卫生。惩罚条例多达 10 项:(1) 凡有偷漏走私拐带者砸锅(即开除);(2) 吃酒斗殴闹架者记大过一次;(3) 工作不认真滑头者记小过一次;(4) 店员在柜上与顾客吵架者记小过一次;(5) 不严守店③内制度者记小过一次;(6) 逢年过节正忙时,不进店上班或擅自出走者记小过一次;(8) 自留人住宿者记大过一次;(9) 职工不准赊贷和浮借银钱;(10) 职工不准私自赌博,违者记大过一次。

一般店员食宿均在店铺。这样做主要是从避免增加店内人员的家务负担、影响店的营业来考虑的。如济南的瑞蚨祥就严格规定不准店员及资方代理人带家眷到设店城市居住,即使是本城人也必须住店。④ 济宁的振泰绸布店规定,已婚的伙计每 7 天休息一次,头一天下班将店内事情办理完毕后回家,第二天上班前回店。未婚的不准在家住宿,只准 7

---

① 参见李明伟:《清末民初中国城市社会阶层研究》,社会科学文献出版社 2005 年版,第 396 页。
② 参见济南市两会文史组:《济南百年老号瑞蚨祥》,徐华东主编:《济南开埠与地方经济》,黄河出版社 2004 年版,第 116 页。
③ 参见张正宽、时家驹:《京省驰名的玉堂酱园》,山东省政协文史资料委员会编:《山东工商经济史料集萃》第 3 辑,山东人民出版社 1989 年版,第 130 页。
④ 参见济南市两会文史组:《济南百年老号瑞蚨祥》,徐华东主编:《济南开埠与地方经济》,黄河出版社 2004 年版,第 116 页。

天回家一次换衣服,马上回店。①

至于住宿条件,像瑞蚨祥这样驰名全国的大商店都没有店员宿舍,除少数上层店员和资方代理人有固定床铺以外,店员晚上都得在店里临时搭铺,其他普通店铺的情况可以想见。在济南,"在大多数情况下,小型家庭店铺拥挤、肮脏、昏暗、潮湿、充满灰尘,而且冬天很冷"②。

饮食习惯往往有北方、南方之别。如在20世纪20年代的青岛,"北方人仍以粟麦杂粮为主,南方人仍以米食为主,本省籍之商家住户每日二餐,早餐十点,晚餐四点,外省籍每日三餐,各从其故乡之习惯"③。罗腾霄编辑、1934年出版的《济南大观》也提到,"本市中外杂处,食尚不一,南方居民每日仍食大米,食品中以鱼虾为多,商民日食两餐外,并有用早点晚点者,早餐上午十点钟,亦有七点钟者,晚餐下午六点钟……食品以麦粉为主,青菜鱼肉为副"④。

极少数生意较好的商店伙食质量可能稍好一些。以济南瑞蚨祥为例,伙食可分为日常伙食与节酒宴两类。日常伙食是每日两餐,10人一桌。早餐4盘菜(两样),2荤2素,每人一碗汤。晚餐4盘2碗,也是荤素各半,还有酒。饭食全为二等面馍馍或大米饭。每月有两次犒劳;瑞蚨祥在初一、十五,鸿记分店在初二、十六。每逢节日如春节、元宵节、清明节、五月节、八月节等,都比日常伙食加好一些。⑤

---

① 参见骆绍康:《济宁振泰绸布店纪实》,山东省政协文史资料委员会编:《山东工商经济史料集萃》第3辑,山东人民出版社1989年版,第184页。
② [美]A.G.帕克指导,齐鲁大学社会学系编著:《济南社会一瞥(1924)》下,郭大松译,庄慧娟校,《民国档案》1993年第3期,第55页。
③ 赵琪修,袁荣叟等纂:《胶澳志》,青岛华昌印刷局1928年版,台湾文海出版社1968年印行,第372页。
④ 罗腾霄:《济南大观》,济南大观出版社1934年版,第100页。
⑤ 参见济南市两会文史组:《济南百年老号瑞蚨祥》,徐华东主编:《济南开埠与地方经济》,黄河出版社2004年版,第116页。

第四节 民国时期山东城市学徒群体的物质生活

一、学徒群体概况

所谓学徒,通常是指那些与师傅或雇主缔结契约、以学习生产技能或经营管理经验为目的、在一定时期内从事劳役服务的青少年。① 在约定的学徒期限内,雇主或师傅对于学徒有责任传授关于职业的知识技能,学徒则有义务在规定的时期为雇主提供无偿劳动。

近代中国学徒制度是从封建社会的行会手工业制度沿袭下来的②,"盛行于国内各手工业、小工业、商店及其他新式工业","最盛行的行业是洗染、缝纫、印刷、制革、制碱、五金、地毯、钱庄、药铺、粮食等工厂商店"③。按照学徒学艺于手工业、商业或是现代工厂,学徒大致可以分为手工业学徒、商业学徒以及工厂学徒。

大量使用学徒是中国近代手工业的一个重要特征。手工业资本家为了节约工资成本,大量使用学徒从事劳动,使得学徒制度从旧式的人才培养制度蜕变为一种劳动用工制度。④ 正如时人指出的:"我国学徒制……因无工资,而厂主利其值廉,竞事招收","近来各业中,如地毯、织布、织袜等业,往往谓家数太多,出货不能畅销,欲减轻工本,竞谋多招学徒,以省工资"。⑤

民国前期山东的手工业也不例外。根据青岛市政府社会局1932年

---

① 参见彭南生:《行会制度的近代命运》,人民出版社2003年版,第218页。
② 参见刘明逵编:《中国工人阶级历史状况》第1卷第1册,中共中央党校出版社1985年版,第376页。
③ 山东省总工会工运史研究室、青岛市总工会工运史办公室编:《青岛惨案史料》,工人出版社1985年版,第283页。
④ 参见彭南生:《行会制度的近代命运》,人民出版社2003年版,第254页。
⑤ 彭泽益编:《中国近代手工业史资料》第3卷,生活·读书·新知三联书店1957年版,第165页。

的调查,青岛手工各业 1327 户共计雇工 10939 人,其中有学徒 2600 人,占总人数的 23.8%。织袜业雇工 106 人,仅学徒就有 61 人,占比高达 58%。① 在济南,1933 年手工织布业中学徒占 29%②。

商业中学徒制度普遍存在。以当时各城市常见的夫妻店为例,时人有这样的描述:他们"住在一爿很小的店,他的家就附在里面,俗说叫做连家店,他们每天的收入,仅能够供给一家的生活;但是因为事情的繁琐,于是添一个学徒"③。新式的百货商店学徒制度也较盛行。

从总体上看,工厂中的学徒数量和比例较之手工业、商业低得多。④ 但工厂中使用学徒仍是普遍现象。1925 农商部工厂调查专员唐进对天津、上海等地 193 家中、外资工厂进行调查后指出:"各地工厂有劳动共同之点,即为多用学徒少用工人一事……既免于工资之支出,而青年学徒易于管束,比较成年工尚能耐劳,固各厂皆不约而同也。"⑤ 据青岛市社会局 1934 年 7—9 月间对青岛市工厂的调查,37 家工厂共有工人 6084 人,其中学徒 584 人,占总数的 9.6%。其中,机器制造业 5 家工厂的正式工人总数是 134,而学徒总数则为 176;造纸印刷业的 1 家工厂正式工人数是 43,学徒数为 44。⑥

另外,在近代文献中,手工业以及工厂的学徒有时与童工混用。1924 年齐鲁大学社会学系有关济南的调查报告中写道:"济南城最大数量的童工在较小的店铺里,这些店铺既接收做家务活的孩子,也接收学徒。学徒制在工厂和店铺中都存在……许多行业的学徒不可能谋取一

---

① 彭泽益编:《中国近代手工业史资料》第 3 卷,生活·读书·新知三联书店 1957 年版,第 567 页。
② 《几个工业区域的劳工状况鸟瞰(续)》,《劳工月刊》1933 年第 2 卷第 10 期,第 25—26 页。
③ 朱兆鸾:《改良学徒生活之我见》,《生活》1925 年 4 月第 1 卷第 15 期,转引自彭南生:《行会制度的近代命运》,人民出版社 2003 年版,第 278 页。
④ 参见彭南生:《行会制度的近代命运》,人民出版社 2003 年版,第 334 页。
⑤ 《唐进论我国工业概况与劳动情形》,《中华民国史档案资料汇编》第 3 辑,江苏古籍出版社 1991 年版,第 186 页。
⑥ 参见《青岛市社会局业务特刊(民国二十二至二十三年)》,山东省图书馆特藏部藏。

种很赚钱的生活职业,在这种情况下,学徒仅是一种获取廉价童工的制度。"①南京国民政府经济委员会在分析火柴业中的童工时也指出:"童工在华北多为学徒制,四年满师,学徒期内,由厂房酌给零用钱数角至四五元不等,工作时间普通为10小时至12小时。"②按照南京国民政府1929年颁布的《工厂法》,16岁以下的工厂工人称为童工。尽管该法同时规定工厂不得招收14岁以下儿童作为学徒,但当时12—13岁即为学徒者比较普遍,因此,12—16岁的学徒往往也被认为是童工。

据学者对学徒所作的实证研究,绝大多数学徒都只接受了几年私塾或小学教育,因家贫辍学而被迫为徒。③ 像时人指出的,"全国学龄前儿童据说有四千万,他们丝毫没有接受新式教育的机会。学徒制度是贫穷子弟学会谋生手段的唯一途径"④。当然,商业学徒的出身相对较为复杂,有些行业商人的子弟常在同业中互为学徒,而商业资本家对学徒的选择上一般也比工厂苛刻。⑤

二、学徒群体的物质生活

下面一段时人对当时中国学徒制度及学徒生活的概括性介绍,当然也适用于山东的学徒:"学徒制一般是三年至四年,有时也会因为某种特别的原因而延长。学艺期间,学徒要绝对听从师傅和店主的差使,不准自由行动,只有一定的休假和少量的节日假期。在师傅或店主家里居住期间,店里的一切琐事自己都有份,有时甚至店里或师傅家里的家务活

---

① [美]A.G.帕克指导,齐鲁大学社会学系编著:《济南社会一瞥(1924)》下,郭大松译,庄慧娟校,《民国档案》1993年第3期,第54页。
② 陈真编:《中国近代工业史资料》第4辑,生活·读书·新知三联书店1961年版,第649页。
③ 参见彭南生:《行会制度的近代命运》,人民出版社2003年版,第219页。
④ 山东省总工会工运史研究室、青岛市总工会工运史办公室编:《青岛惨案史料》,工人出版社1985年版,第283页。
⑤ 参见李明伟:《清末民初中国城市社会阶层研究》,社会科学文献出版社2005年版,第414页。

129

计也必须干。期满之后,作为学艺的谢礼,学徒要为师傅或店主做佣工,佣工期限是最初就规定好了的。另外,有的工厂、商店、学徒拜师的,还要收少量学费。也有对学艺期间无过失的学徒每月或每年付给少许津贴的……但重病或死亡时,师傅和店主不负责任。"①

(一) 铺保、立约入徒

欲到店、厂作学徒,一般需要有名望、有信誉的人的保举,此即铺保制度。保举人名曰"铺保",他必须与商号掌柜熟识且能取得商号的信任。"铺保"既是学徒的保荐人,也是学徒遵守店规、厂规的保证人,必要时需对学徒的违规行为负连带责任。学徒在合同有效期间无特殊理由而中途退职时,厂主或店主可向学徒家长或保证人索要学徒学艺期间的饭费及其他费用。② 铺保制度无疑有利于商家加强对学徒的管理和控制。

学徒一般还须签订习艺合同,"被迫写上习艺期内,'如违厂规,甘受一切处分,倘遇不测,安于天命,与厂无涉'等等,实际上是一纸卖身契约"③。下面是一份真实的学徒合同,为章丘人孟××到济南元增利作学徒时所签。④

生死合同

愚妇愿将亲生儿××,央请保人孟××,保至元增利学徒,订定四年为期,除缮(膳)宿费归元增利等备外,其余概归自备。学艺期内无论本身或家庭发生任何事故,不得中途辍业,如有天灾人祸、吉

---

① 山东省总工会工运史研究室、青岛市总工会工运史办公室编:《青岛惨案史料》,工人出版社1985年版,第283页。
② 同上书,第285页。
③ 刘明逵编:《中国工人阶级历史状况》第1卷第1册,中共中央党校出版社1985年版,第376页。
④ 合同见山东省总工会所编《山东工人运动史》之正文前所配插图,原文为繁体且无标点,标点系本书所加。另外,为保护当事人隐私,特将当事人真实姓名隐去。

凶祸福、悬梁投井、生死存亡,概不与厂方相干;如有违犯厂规行为随时辞退并有保人赔偿饭资(每年按一百元计算),不得推欠,恐后无凭,特立关约存照。

立关约人　孟氏

保　　人　孟××

学艺人　孟××年龄16岁

籍　　贯　章邱县西樊留庄人

中华民国三十三年八月十六日　立

青岛冀鲁制针厂的学徒,除要求须有"妥实铺保"外,也按下列统一样式填写契约。① 尽管冀鲁制针厂合同规定以及用词不像前者那样冷酷、苛刻,但本质上仍然是学徒的"卖身契约":

立保单人×××兹保到学徒×××年岁×××系×××省×××县×××村人愿在××××冀鲁制针工厂学习工艺遵守厂规服从师傅指导,如违厂规,保证人情愿依照规定负担责任,倘有意外灾害(非工作关系)及其个人不法行为与厂无涉,恐后无凭,立此保条为证

承保人　×××

×年×月×日　立

(二) 工作繁杂辛苦,待遇恶劣

对于学徒的学习、工作、生活待遇,不同的工、商业组织中会有不同。但总体而言,其工作繁杂辛苦,待遇恶劣,尤以旧式作坊、商号为最。

旧式作坊、商号的学徒,除了学习做生意、照应顾客以外,一般还做

---

① 参见《青岛冀鲁制针厂学徒规约》,青岛市社会局编:《厂规汇刊》,1930年。

一些伺候人的劳动,如铺床叠被、提夜壶、打洗脸水、伺候吃饭等。

下面是晋商中流传的一首反映晋商学徒生活的铺诀,但由"五壶四把"等反映出的学徒繁杂生活确是当时所有的旧式商号的共同点。

> 黎明即起,侍奉掌柜。五壶四把(茶壶、酒壶、水烟壶、喷壶、夜壶,笤帚、掸子、毛巾、抹布),终日伴随。一丝不苟,谨小慎微。顾客上门,礼貌相待。不分童叟,不看衣服。察言观色,惟恐得罪。精于业务,体会精髓。算盘口诀,出手相联(连)。斤称流发,必须熟练。有客实践,无客默颂。学以致用,口无危言。每岁终了,经得考验。最所担心,铺盖立卷。一旦学成,身股入柜。已有奔头,双亲得慰。①

以当时的城市夫妻店及其学徒的情况为例,时人描述,店里添了这个学徒,简直添了一个佣仆,店里的事情固然要做;还有这家里的事情,也丢在他身上。② 刘半农先生的描述③更为生动精彩:

> 学徒苦! 学徒进店,为学行贾。主翁不授书算,但曰:"孺子常习勤苦!"朝命扫地开门,暮命卧底守户;暇当执饮,兼锄园圃! 主妇有儿,曰:"孺子为我抱抚!"呱呱儿啼,主妇震怒;拍案顿起,辱及学徒父母! 自晨至午,东买酒浆,西买青菜豆腐;一日三餐,学徒侍食进补。复令前门应主顾,后门洗缶涤壶! 奔走终日,不敢言苦! 足底鞋穿,深夜含泪自补! 主妇复惜油火,申申诅咒! 食则残羹不饱,夏则无衣,冬则败絮,腊月主人食糕,学徒操持臼杵! 夏日剖瓜乘

---

① 李希曾:《晋商史料与研究》,山西人民出版社1996年版,第490页。
② 参见朱兆鸾:《改良学徒生活之我见》,《生活》1925年4月第1卷第15期,转引自彭南生:《行会制度的近代命运》,人民出版社2003年版,第278页。
③ 参见吴维种:《刘半农所曲形尽相的学徒苦》,《生活》1926年2月第2卷第9期,转引自彭南生:《行会制度的近代命运》,人民出版社2003年版,第282—283页。

凉,学徒灶下烧煮!学徒虽无过,塌头下如雨!学徒病,曰:"孺子敢贪惰,作诳语!"清清河流,鉴别发缕。学徒淘米河边,照见面色如土!学徒自念:"生我者,亦父母!"

在一些现代工厂、商号,学徒一般不需要做伺候人的工作,但工作仍然特别辛苦。以济南的瑞蚨祥为例,学徒在白天营业时间里跑前跑后地忙活,一有时间就站柜台。进店头两年只能站着不能坐下。一年四季祥字号店都是晚上10点钟上门。上门后学徒须先整理货架,然后搭铺(祥字号都没有宿舍,除少数上层店员和资方代理人有固定床铺以外,晚上都得临时搭铺),搭好铺以后,还要练习写字,因此最早要11点才能睡觉,忙时整理货架要忙到12点。黎明即起,先收拾好床铺,再扫地、擦柜台,下门后开始营业。夏天4点多钟起床,每天劳动十七八个小时。除吃饭时间坐一会儿以外,其他时间都是站着照应顾客或做其他生意。① 而在20世纪20年代青岛的手工工场中,学徒在12小时的工作时间外,还"须侍候工头及店主"②。

除了店方、厂方提供的伙食以外,学徒在学艺期内一般很少或没有工钱。1924年齐鲁大学社会学系有关济南的调查报告中写道:"学徒制在工厂和店铺中都存在。在工厂,学徒通常有吃有住,每年数元工钱。在小店铺,有吃饭和栖身之地,而工钱较少。每一年学徒期过后,学徒的待遇即提高一步。"③在20世纪20年代的青岛,"铁路工厂中的青年工人,半是学徒。学徒分为两种:一是官学徒(亦名艺徒);一是私学徒。艺徒每日工资三角,工作八小时,受教育两小时;私徒每日工资二角五六分

---

① 参见济南市两会文史组:《济南百年老号瑞蚨祥》,徐华东主编:《济南开埠与地方经济》,黄河出版社2004年版,第116—117页。
② 山东省档案馆、山东社会科学院历史研究所合编:《山东革命历史档案资料选编》第1辑,山东人民出版社1981年版,第22—23页。
③ [美]A.G.帕克指导,齐鲁大学社会学系编著:《济南社会一瞥(1924)》下,郭大松译,庄慧娟校,《民国档案》1993年第3期,第54页。

至三角,与成年工人做同时间的工,没有受教育的机会,每星期日放假,但无工资。在学徒期间不增加工资,四年满徒。艺徒多他处人来此投考者,其饮食多在饭铺中,每人每日生活费最低亦须二角,他们住的房子是路局里的,电灯自来水管,都是路局管着。私徒多半是成年工人的子弟,他们饮食在家中,住所亦不甚坏,但须纳房金……其他手工工厂中的青年工人,都是学徒,工厂管饭没工资,每年终给洋数元"。①《胶澳商埠港政局工务科管理工人规则》中规定:"学徒以三年为满期,在期满以前每日工资在三角以下","学徒如成绩优良者,每届年终得择优酌给七日以内之工资"。②南京国民政府经济委员会在分析火柴业中的童工时也指出:"童工在华北多为学徒制,四年满师,学徒期内,由厂房酌给零用钱数角至四五元不等,工作时间普通为十小时至十二小时。"③

除了工作繁杂辛苦、经济待遇低,学徒受虐待的极端现象也是存在的。根据20世纪30年代初吴元淑、蒋思壹对上海700个乞丐的调查④,沦落前职业为学徒的有38人,占总数的5.43%,在总计27种职业中的占比为第五位,在种田、小贩、拉车、厂工(其占比依次为15%,11%,7.15%,6.15%)之后。而调查者对此现象的分析是:"他们大都是因为受不住师傅的虐待,所以就私自逃走,但是又没有谋生的能力,就渐渐地变作流浪儿童。"⑤1929年12月上海市政府公布的《上海特别市学徒暂行条例》中规定的三条"学徒的家长或保证人可以要求赔偿损失"的事项

---

① 山东省档案馆、山东社会科学院历史研究所合编:《山东革命历史档案资料选编》第1辑,山东人民出版社1981年版,第22—23页。
② 胶澳商埠局:《胶澳商埠现行法令汇纂》,1926年,第43页。
③ 陈真编:《中国近代工业史资料》第4辑,生活·读书·新知三联书店出版社1961年版,第649页。
④ 乞丐中,江苏人最多,山东人次之,因此可以反映山东的情况。
⑤ 吴元淑、蒋思壹:《上海七百个乞丐的社会调查》,上海沪江大学1933届学士学位论文,转引自曲彦斌:《中国乞丐史》,九州出版社2007年版,第225—369页。

中,其中一条就是"平日虐待有真凭实据"。①

对于学徒制度,时人不乏谴责之词。如有人指出:"学徒之制,实难令人满意,既非教育性质,不啻为雇主剥削劳工之工具,较近世工厂中之童工制为尤劣,盖工厂雇用童工,须受工厂法之制裁,学徒为各种手艺工业中主要之人工,雇之者反而逍遥法外,此因工厂法为就三十人以上之工厂订定者,小规模之作坊,俱不包括在内焉。"②"学徒不给工资,待遇殊多不善,是以不乏因待遇不良而逃走者。"③

当然,南京国民政府成立后,开始关注学徒的待遇问题。如前述国民政府1929年的《工厂法》中关于学徒待遇的规定、上海市政府公布的《上海特别市学徒暂行条例》等。相关资料显示,青岛市社会局在保证学徒权益、改善学徒待遇方面也做了一些努力。1933至1934年的《青岛市社会局业务特刊》就提出:"为使工厂传授职业合理化、以免贻误学徒起见,拟饬各厂规定传授职业程序呈准施行以便考核","查各工厂待遇学徒极为苛刻,拟斟酌实在情形规定各业学徒津贴标准,于呈准实业部后通饬遵行"等。④ 而1933年9月8日《青岛民报》刊登的一则报道写道:"市商会鉴于各商店学徒,只有旧经验,未知新学识,处此商战时代,虽与外人抗衡,以故失败者,比比皆是,是以去岁有呈准创办商业补习夜校之举,延聘商业专门人才,负责教授商业上一切新知识,开办至今,第一届学生业已毕业,成绩为良好,凡毕业之商店学徒,在商店之工作效率,较之昔日判若两人,直接接之商店均蒙不少利益,兹闻第二届学生现已开始招生,商会各委员,恐各商店,狃于积习,不肯腾挪工夫,令学徒入校求学,除分函各工会外,并再口头宣传,以期各商店洞晓求学之益,多派学

---

① 山东省总工会工运史研究室、青岛市总工会工运史办公室编:《青岛惨案史料》,工人出版社1985年版,第285页。
② 彭泽益编:《中国近代手工业史资料》第3卷,生活·读书·新知三联书店1957年版,第166页。
③ 同上书,第166页。
④ 《青岛市社会局业务特刊(民国二十二至二十三年)》,山东省图书馆特藏部藏。

徒入校补习,造成专门人才,以与外人相抗,社会及国家均将蒙其福利云。"①尽管青岛商会开办此商业补习夜校的出发点在于"造成专门人才,以与外人相抗",保证商家在同外商的竞争中立于不败之地,但是此举客观上提高了部分商业学徒的专业技能,从而有利于商业学徒未来职业的发展。

  从社会流动的角度说,学徒是下层社会里最有可能向中、上层社会流动的群体。彭南生指出,在不少学徒成为帮工、师傅、伙计手工业工人、工厂工人,即向下层社会的其他职业横向流动的同时,也有一些人实现了向上层社会攀缘的上升性流动,成为小业主、买办以及民族资本家,流动呈现出开放性的特点。②

---

① 《商业补习学校开始招收第二届学生,商会促各商店多派学徒入校》1933年9月8日,第6版。
② 参见彭南生:《行会制度的近代命运》,人民出版社2003年版,第389—401页。

第三章 民国时期山东城市自谋生计者群体的物质生活

所谓自谋生计者群体,是指那些既不被别人雇佣也不雇佣别人而主要从事独立的个体劳动或家庭劳动、依靠简单的手艺或小本生意谋生的人,主要包括:小商贩、小手工业者、手艺人等。不像工人、职员或店员那样受雇于工厂或企业,自谋生计者是完全的个体劳动者;而与自由职业人员如律师、经纪人、自由撰稿人等相比,自谋生计者群体虽然从事的也是相对"自由"的职业,是以个人或家庭的身份直接在市场交换劳动产品或服务,但自由职业人员主要依靠专业知识、技能执业,一般收入丰厚,属于城市的中层;而自谋生计者多半缺乏知识、资金、技艺简单,收入微薄,因而是城市社会的下层。

第一节 民国时期山东城市自谋生计者群体概况

民国时期,农村的日渐凋敝与城市的畸形繁荣形成了鲜明的对比,大量农民涌进城市谋生,一方面,城市现代工商业发展的滞后决定了它对劳动力的吸纳能力极为有限;另一方面,城市人口的快速增长及其日常生活需求的日益商品化、多样化,则为小商贩、小手工业者提供了一定的生存空间,因而许多人选择了自谋生计,提供那些与城市人日常生活紧密相连、不可或缺的物品或服务。因此,城市自谋生计者人数众多。

在近代城市化过程中,小商贩数量的增加是城市社会变化的重要特征。① 小商贩大致分为两类:资本较少、在固定的地方摆小摊的摊贩(有的地方称为"浮摊")和沿街叫卖的流动商贩。

在济南,仅大观园的外商场,就有摊贩200多家,"一些打拳卖艺的,拆字算卦的,说书唱戏的,修理、缝补的和叫卖各样小吃的摊子,各据一方,招徕主顾,形成一排热闹景象"②。

在20世纪20年代末的青岛,据时人记载,尽管市内市外有大小商店5000多家,但"浮摊货贩之流亦不下一、二千人"③。这些小商贩主要在莘县路、易县路、小港沿、西广场等处。莘县路是贩夫走卒的聚集处,摩肩接踵,人声鼎沸,日常应用的家具、食品、蔬菜等,都有售卖。莘县路附近便是小港沿,小港沿的杂货市售卖各种蔬菜、干咸鱼以及木料、竹竿、扫帚等应用器具。④ 易州路上早晚两市最热闹,每天的早晨和中午,众多菜蔬、鱼肉、鸡鸭、干菜、海味和水果摊贩等集拢到这里。⑤ 靠近四川路的西广场是青岛的破烂市,基本是卖旧东西和杂货的。所售物品丰富多样,布头线脑、旧礼帽、破铜碎铁、竹类木屑以及旧书杂志、瓷器、木器等,家用什物,一应俱全,专门卖给苦力用。⑥

民国初期的临淄,"商业式微"⑦,"百货经营者多系小商小贩"⑧。到

---

① 参见李明伟:《清末民初中国城市社会阶层研究》,社会科学文献出版社2005年版,第415页。
② 张竹轩:《大观园商场历史沿革概况》,中国人民政治协商会议山东省济南市委员会文史资料研究委员会编:《济南文史资料选辑》第1辑(内部资料),1983年,第175—176页。
③ 赵琪修,袁荣叜等纂:《胶澳志》,青岛华昌印刷局1928年版,台湾文海出版社1968年印行,第388页。
④ 参见《小港沿之速写》,《青岛时报》1936年4月3日,第6版。
⑤ 参见《易州路一带之速写》,《青岛时报》1936年5月13日,第6版。
⑥ 参见《西广场巡礼记》,《青岛时报》1936年5月25日,第6版。
⑦ 舒孝先修,崔象縠纂:《民国临淄县志》第13卷(实业),1920年。
⑧ 李乐选:《临淄建国前的商业概况》,李障天、阎象吉:《淄博经济史料》,中国文史出版社1990年版,第205页。

资本主义工商业改造的高潮期间,据统计,包括博山、临淄在内的淄博市,纳入合作社、合作组的小商摊、夫妻店就有约5000户。① 在潍坊的沙滩市场上,除了一些固定性的摊贩之外,"还有二十多户,大多连字号也没有……他们有简易门市或正常摆摊,大部分是独立劳动者,也有家庭店、夫妻店,雇用伙计的较少"②。

流动商贩是民国时期城乡普遍存在的一种重要的商业形式。商贩们大多经营一种或几种小商品,一般是沿街或窜村零散销售,而且不同行当往往使用不同的吆喝或代声,正如罗威廉所描写的晚清汉口街头的情形一样,"他们在街头叫卖放在手推车或吊在肩头篮子里的商品——鱼、食用油、花生、炊具,每个人以其独特的吆喝声、铃、铜锣等来向人们表示他们的到来"③。

在民国时期的山东,这种流动商贩在城乡均有不少,"货郎"便是其中典型的一种。作为贩卖妇女日常用品的挑担小贩,他们用小鼓代声,名"货郎鼓";其担子一头设架,挂各种货样,一头为货箱,藏货其中,设摊时即以之为座。④ 在徐珂的《清稗类钞》中就有关于"货郎鼓""货郎"的记载:"惊闺,贩卖针线脂粉之人所执之器也。形如鼓而附以小钲,持柄摇之,则钲鼓齐鸣,以代唤声,欲其声之达于闺阁也,后因之谓执此业之人亦曰惊闺,即俗言货郎。"⑤

民国时期山东的流动商贩中大约60%还是集中在城镇。⑥ 在青岛

---

① 参见贾东明:《淄博对私营工商业的改造》,山东省淄博市政协文史资料研究委员会编:《淄博文史资料选辑》第4辑(内部资料),1986年,第4页。
② 张冠群:《简述潍县百货业》,见山东省潍坊市潍城区政协文史资料委员会编:《潍城文史资料》第4辑(内部资料),1989年,第13页。
③ 罗威廉:《汉口:一个中国的城市冲突和社区(1796—1895)》,转引自冯天瑜主编:《武汉现代化进程研究》,武汉大学出版社2002年版,第401页。
④ 参见山曼等:《山东民俗》,山东友谊书社1988年版,第342页。
⑤ (清)徐珂:《清稗类钞》第12册,中华书局1986年版,第6006页。
⑥ 民国山东通志编辑委员会编:《民国山东通志·四民志》第3册,台湾山东文献杂志社2002年版,第1743页。

的街头,深夜叫卖包子、烧饼、馄饨、锅贴等等的小贩不乏其人。① 而在西大森居住的商贩多数是贩卖鲜鱼、收买破烂、逛杂院卖青菜的。② 在二三十年代的诸城,随着该县发网业的兴隆,在县城以及西老庄一带的村庄中,各类小商小贩络绎不绝,春季卖糖石榴、泥孩子、爆竹焰火和各种糖果的小商贩串街转巷,夏秋季卖瓜果食品以及其他杂玩的,冬季卖烧肉、卤鸡、猪肉、驴肉、芝麻糖的天天不断。③

各地定期的集市是流动商贩的聚集地。在淄川,据1933年出版的《胶济铁路经济调查报告》记载:"西关当(淄川)县城之繁华街,较大商号多集该处,夏历一、六有集市,设摊贩卖者五百余,近则境内负贩小商,远则周村布贩,博山陶瓷贩,桓台蔬菜贩,博兴的藕、席贩,俱于集市前一日来此,集市交易甚盛。"临淄县的著名大集之一——辛店,据《胶济铁路经济调查报告》记载:"民国二十二年,辛店街里有居户120余,人口约600,小商号20家,农历二、七有集,各类摊贩均有。"在威海,"天后宫庙会期限一到,则远近小商贩多预备卖品,应期而至,分摊设肆于庙之前后左右,待逛会人选择购买……小贩货品以食品为最多,如火食糖果、海味油炸、烩烧肉、包子之类,余则为妇女日用装饰品、小儿玩具、柳条筐及江湖之药商(多呼之为卖六当)"④。总之,商贩们"贩卖的东西,种类很多,包括青菜、酒、油、大饼、油条、瓜子、花生、粮食、馄饨、水果、香烟、玩具、花带,等等"⑤。

在民国时期的城市社会中,生产规模较小、经济地位较低的小手工

---

① 参见《冲破夜深沉静的岛上几种不同的叫卖声:馄饨、烧饼、包子》,《青岛民报》1937年3月5日,第6版。
② 参见《西大森一带之速写》,《青岛时报》1936年4月20日,第6版。
③ 参见政协诸城委员会文史资料委员会编:《诸城文史资料》第11辑,1990年,第68页。
④ 《天后宫庙会花絮》,《黄海潮报》1935年4月26日,第4版。
⑤ 吴元淑、蒋思壹:《上海七百个乞丐的社会调查》,上海沪江大学1933届学士学位论文,转引自曲彦斌:《中国乞丐史》,九州出版社2007年版,第309页。

业者为数也不少。① 如在潍县,打铁的约200支红炉,大部分都集中在城区和近郊。城区有两个铁匠市,分别是东铁匠市和西铁匠市,郊区打铁的也很多,有的成了专业村。② 济宁的铜锡业店铺,"多是不雇工也不收徒的老婆孩子店,有简单的工具和几十元的资本,买点铜锡即可开业,叮当地干起来"③。

城市中还有走街串、从事修理业、服务业的各类手艺人,如弹棉花的、磨刀磨剪子的、"打洋铁壶"的、"焊洋铁桶"的白铁匠以及缝穷妇等等。④ 从事流动理发的艺人,"多数是挑着担子走街串巷、上集赶会或找些平常群众聚集的地方,为大家剃头"⑤。"缝穷妇,是专门代人们补缀旧衣、裁缝零件为生活的。""她们非穷至无奈,不做这生意,而她们的主顾又多是穷光蛋",因而得名。"她们除去大风雪和下雨的日子以外,一年到头永远在马路上守候着她们的主顾。她们工作的工具极为简单,除去一只装置零碎布头和针头的筐篮之外,别的什么都用不着的,她们凭借着她们的一双手、十个指头,勤奋地劳作着,去换取她们最起码的生活费……"⑥

时人将民国时期充斥北京大街小巷的各种小商贩分为四类:游行类、摊卖类、店商类、居户类。"游行类即为普通贩菜贩果小摊,京中俗语

---

① 手工业者指占有作坊、少量手工工具、原料等生产资料,从事独立的手工业生产的小商品生产者。一般不雇用工人或只雇用辅助性的助手或学徒,以出售自己手工劳动生产的产品为其全部或主要生活来源。手工业主属于小生产者。生产规模较小,经济地位较低的手工业者通常称"小手工业者"。
② 参见丁少青:《潍县铁匠》,政协山东省潍坊市潍城区文史资料委员会编:《潍城文史资料》第11辑(内部资料),1996年,第135页。
③ 吴明:《解放前济宁铜锡业概况》,政协山东省济宁市市中区委员会文史资料研究委员会编:《济宁文史资料》第7辑(内部资料),1992年,第169页。
④ 参见山曼等:《山东民俗》,山东友谊书社1988年版,第342—343页;李明伟:《清末民初中国城市社会阶层研究》,社会科学文献出版社2005年版,第421页。
⑤ 田明东口述,张冠群整理:《潍县理发业》,政协山东省潍坊市潍城区文史资料委员会编:《潍城文史资料》第5辑(内部资料),1990年,第99页。
⑥ 《起码女子职业——缝穷妇》,《青岛民报》1937年5月9日,第6版。

称之为'挑八根绳'者,游行巷市,早起晚息,由商行办货而复卖给用户者也。摊卖类者,一言以蔽之曰,即京中俗语所谓'摆摊'者,其营业范围之大小,与游行类相同,其性质则又与店商类相似。其不同之点,店商类无论如何概有一半间门面,摊卖类则无所谓门面,午来夕散,市街比栉,彼夜市小市上之货贩,大抵均为此类。店商类不过比摊卖类资本略厚,且有固定之居所及字匾名号等形式,虽与商号相近,究与摊卖类意义略同,故鄙人即为之另分一类。至于居户类骤言之不易了解,譬如卖膏药者、推车担水者之作坊,其形式完全是一居户,谓之为店商则多无字号及门面。"①笔者以为,这种对小商小贩的分类,实际上也完全可以扩大适用于民国时期城市的自谋生计者群体。

第二节 民国时期山东城市自谋生计者群体的物质生活

毛泽东在1925年撰写的《中国社会各阶级的分析》一文中对当时的小手工业者和小贩作出过这样的分析:"小手工业者所以称为半无产阶级,是因为他们虽然有简单的生产手段,且系一种自由职业,但他们常常被迫出卖一部分劳动力,其经济地位略与农村中的贫民相当。因其家庭负担之重,工资和生活费用不相称,时有贫困的压迫和失业的恐慌,和贫农亦大致相同……小贩不论肩挑叫卖,或街畔摊售,总之本小利微,吃着不够。其地位和贫农不相上下,其需要一个变更现状的革命,也和贫民相同。"②由于自谋职业者绝大部分可以归属为小手工业者、小贩之列,毛泽东对小手工业者、小贩的经济状况的描绘实际上为我们展示了整个自谋职业者群体本小利微、惨淡经营、收支紧绌、生活窘迫的图景。

---

① 《新中国》杂志第1卷第2号,1919年6月5日,第193—196页,转引自《北京经济史料》,北京燕山出版社1990年版,第432—433页。
② 《毛泽东选集》第1卷,人民出版社1991年版,第7页。

一、本小利微,惨淡经营

民国时期,绝大部分自谋生计者,包括小手工业者、手艺人以及小商贩,都面临着"本小利微、惨淡经营"的窘况。

自谋生计者资金缺乏,多数仅有几元、几十元的本钱,也有不少是采取赊销形式。在济宁,铜锡业店铺"多无雄厚的资本,千元以上者仅数家","多是不雇工也不收徒的老婆孩子店,有简单的工具和几十元的资本,买点铜锡即可开业,叮当地干起来"。① 在潍县,手工织布闻名全国,但是"该县机户,多为贫民","资本缺乏","非特无力购买原料,即机械亦往有租他人者","其赖以接济生活者,则为纱庄,而经营纱庄者,复布银钱行囤纱居奇,窥机操纵,是其惯技,故机户直接间接,莫不受层层之压迫……"②至于该县的铁匠,其打铁用的铁和炭,主要是赊销,五天一个大集,赶完了集就算账,再用再赊,时间长了还不上欠账,就要停产歇业。因此,当时的铁匠则有"三怕""三愁":"怕产品卖不了,愁;怕买不到原料,愁;怕有原料没有钱,愁。"③而对于青岛市内数量众多的沿街叫卖熟食的小贩,时人则有这样的描述:"大凡来干这种职业的人,差不多都是找不到相当职业的,为着生活的窘迫,没有办法可想了,于是才来做这种买卖,计有什么馄饨、烧饼、锅贴、包子呀等等等等,同时除去卖馄饨的以外,差不多都是为人家贩卖的,不过按着所得的利钱来扣……"④

1928年5月23日,南京政府内政部公布的《各地方救济院规则》,规定救济院附设贷款所,以救济"贫苦无资营业或经营农事之男女"。一些

---

① 吴明:《解放前济宁铜锡业概览》,政协山东省济宁市市中区委员会文史资料研究委员会编:《济宁文史资料》第7辑(内部资料),1992年,第169页。
② 《本省年来手工业状况,潍县织布业竟相萧条,博山陶器业生气勃勃》,《东海日报》1933年7月23日、7月24日。
③ 丁少青:《潍县铁匠》,中国人民政治协商会议山东省潍坊市潍城区文史资料委员会编:《潍城文史资料》第11辑(内部资料),1996年,第135页。
④ 《冲破夜深沉静的岛上几种不同的叫卖声:馄饨、烧饼、包子》,《青岛民报》1937年3月5日,第6版。

地方政府着手设立了小本贷款处,专门为从事小本营生者贷款。1936年实业部又向全国各地方政府发出咨文,称"年来各地百业凋零,经济枯竭,其曾由地方主营机关设立小本借贷处者,于工商金融人民生计不无裨益","此项小本借贷处自有普遍设立之必要"。①

山东许多市县也先后设立了此类小本贷款机构。青岛市救济院贷款所于1933年6月1日正式成立。按照《青岛市救济院贷款所实施办法大纲》,该贷款所基金为1万元,其中9000元为贷金,1000元做预备金;凡在管辖区域内的贫民,年龄在15岁以上、60岁以下,志愿做小本经营、缺乏资本、确无吸烟赌博及其他不良嗜好者,觅有本市殷实铺保或保人,可向贷款所借款从事小本经营,每人每次可贷1至10元,无息使用,借期为3个月,分期偿还。至1933年12月底,共贷给497户,4356元。②1934年,贷给995户,12218元。1935年7月1日至1936年6月30日,共贷给747户,9990元。③ 1935年1月,青岛市社会局与金城银行青岛分行分别出资3万元、12万元成立小本贷款处,并于各区设立办事处,规定凡在本市经营小本工商业而缺乏资本者均可申请贷款,月息1分。当年"成绩极佳,前往借款者,极为踊跃",各处借出现款共计87000余元,借户两千余户。④

烟台特区行政专员公署附设小本借贷处于1936年10月1日正式成立。按照该特区制定的《小本借贷处暂行简章》,获得贷款须"年在十五岁以上,确无不良嗜好及不正当行为者"、"具有殷实铺保并住在地之坊长担保";"每人贷款额数以五元至二十元为限,月息暂定二厘,充作本处资用,其不足一月者,概不取息";"贷款期限,至多以六个月为满,期满如

---

① 《(烟台)专员公署附设小本借贷处十月一日实行成立,并自该日开始贷款》,《东海日报》1936年9月27日,第3版。
② 参见青岛市政府秘书处编印:《青岛市政府行政纪要》第3编,1933年,第33—34页。
③ 参见《青岛市救济院档案》,青岛档案馆藏,临0021-005-00029。
④ 参见《本年全年小本借贷共八万七千余元》,《青岛民报》1935年12月28日,第6版;青岛市政府秘书处编:《青岛市政府市政公报》第66期,1935年1月,"本市法规"第1—2页。

欲续借,须先还清,方可再呈请"。① 1937年烟台各区分别成立了小本借贷处,贷款最高额度也改为40元。②

山东城市这些小本贷款机构的设立在一定程度上为一些"志愿小本营生,苦无资本者"带来了福音。但是,各地规定获得贷款要满足苛刻的条件,贷款数额大多低至1元、高不过20元,而小本贷款机构的设立恰恰反映出当时自谋生计者群体中普遍存在的资金缺乏、小本经营的窘况。

袁方在20世纪40年代在对小手工业者、手艺人改行问题进行调查后也指出了他们资金缺乏、小本经营的情况:"'本小利微'十足可以指出手工业生产的特色,也说明手工业者无法积累资本的事实。"对于他们普遍缺少资金的主要原因,袁方的分析是:"本来大部分的手艺人的家乡,都是穷苦的农村,这穷苦的老家,已无法安插他们,而且还没有他们容身之地,逼迫他们走向城市,靠做手艺过日子。所以手艺人与资本天生就没有缘分。"③其实,自谋生计是许多贫民被迫的选择,无论他原居于城市还是农村,贫穷注定了他们都无法摆脱小本经营的窘况。

对于自谋生计者而言,尽管是本小利微,的确也有生意稍好的时候,诸如百货、饮食业等小贩在年节、庙会期间,铁匠在农忙季节,理发业在春节前等。在威海的天后宫庙会期间,远近小商贩们"一日生涯即获利不资",而一般耍西洋景者"一日间收入亦大有可观"④;而每年英国军舰来威海避暑期间,在官兵驻扎的刘公岛上,"各项生意均获利不资,伏天一季所得,即足春秋两季开销。而小本负贩生意如卖果品、摆小摊等业

---

① 《专员公署附设小本借贷处十月一日实行成立并自该日开始贷款》,《东海日报》1936年9月27日,第3版。
② 参见《各区小本借贷处昨分别组织成立》,《东海日报》1937年4月22日,第3版。
③ 袁方:《论手艺人改行》,李文海主编:《民国时期社会调查丛编·城市(劳工)生活卷》下,福建教育出版社2005年版,第1318页。
④ 《天后宫庙会花絮》,《黄海潮报》1935年4月26日,第4版。

得利亦颇可观"①。

自谋生计者多数时候只能是惨淡经营,主要原因则在于国民整体贫困、富人少而又少造成社会购买力极其低下。20世纪30年代《青岛民报》上一篇时评曾经这样论述当时中国国民的贫穷情况:"孙中山先生说,中国没有富人,不过大贫与小贫而已,现在国内元气斫伤殆尽,经济濒于破产之时,根本没有什么大富之人,每日衣之绫纱绸缎、食之珍馐美味、住之高楼大厦、行之自用汽车那些人们,也不过当此国内大贫多时,自己夸耀罢了,若同西洋那些煤油大王、汽车大王……一较比,直等个叫花子,然而这些钱还是敢刮民脂民膏和丧尽廉耻,才鬼弄得的,跟人家以实业收入的大王们比拟一下,真更要愧煞,希望小贫人们不要再以骄傲的态度来鄙视和压迫大贫人罢,大家不过五十步百步之差耳。"②尽管当时中国并非绝对"没有富人",但占社会人口绝大多数的人普遍贫穷确是事实,这也是自谋生计者哪怕在社会正常时期的经营仍然相当困难的主要原因。对于前述提到的青岛市内那些深夜在大街上赊欠经营馄饨、烧饼等熟食的小贩们而言,尽管有"那些终日好闲、生活在消闲世界的先生太太们,作着他们的主顾",但"所得的代价,真是寥寥,充其量也不过仅仅够自己第二天最后的生活费而已"。③笔者曾采访过的老人中,有一个老家为鲁西南、20世纪30年代跟随父母逃荒到济南的。为了谋生,他在年仅10岁时被迫开始做起小生意,先后尝试贩卖过许多种东西,如油条、汽油等,但挣钱都不容易。如卖油条,一个早上卖不了几根,因为人们普遍贫穷,能吃得起的人很少。在济南、青岛这样的大城市,小商贩们经营尚且如此困难,在其他小的城市也就可想而知了。

应该说,民国时期政府也了解这些小商贩的生计艰难,20世纪30年

---

① 《负贩均注意刘公岛》,《黄海潮报》1935年4月19日,第4版。
② 《漫谈:大贫与小贫》,《青岛民报》1932年7月15日,第7版。
③ 《冲破夜深沉静的岛上几种不同的叫卖声:馄饨、烧饼、包子》,《青岛民报》1937年3月5日,第6版。

代初期,《青岛时报》报道了"公安局长体恤肩挑小贩不准收营业税",指出:这些肩挑负贩,均系颠沛流离之贫民,冀谋蝇头微利,以资糊口,终日奔波,尚难一饱。营此业者须向公安局请领执照后即可营业,但并没有营业税之规定。①

但是,随着民国时期城市管理者对城市市容的逐渐重视,因为诸如"陈列路旁""任意罗列贩卖""殊与卫生、交通、观瞻均有妨碍"之类的原因,这些小商贩们经常遭到城市管理者的取缔。1935年4月29日的《青岛民报》就报道了青岛市民郑佑呈请青岛市政府取缔小港路、莘县路间苦力摊贩以及车夫揽座等,公安局除遵照市政府饬属办理外,并为此发布公告一事。公告称:"小港路、莘县路、冠县路间之劳工及各种小贩,露天冷食摊,聚集散处……秽气难闻,外人行经该处者,无不掩鼻而过,于市容实属有碍,又人力车夫,对于外国军舰士兵,不论坐与不坐,必群随其后,争相揽坐,不至外人动怒,未有止时。此种行为,实与国际颜面有关。又汇泉广场内之足球棒球场,每逢外国水兵赛球时,各色小贩,即聚集期间,无论买与不买,必竞相团绕,咻咻不已,设或该水兵怒时,即将其货物远掷,或以足踢拳打,或用棒球击之,而各小贩仍不散去,又本市乞丐,到处揽路要钱,行人经过,即跟随身后,设遇性情粗暴之外人,开口便骂,甚或以足蹴之,不但遗羞外人,亦与市容有碍……所有小港路间之苦力,及露天摊贩,应设法整理,对于车夫揽座,及马场内小贩叫卖,应力予取缔,至乞丐揽路讨钱,应严为驱逐,以肃市容……"②

清末,天津市政当局清理道路,各类摊贩被驱逐后无以为生,遂上书天津商会:"窃等在东北马路靠墙跟摆小摊已久,遵前示谕,靠墙三尺以内售卖零星货物,以养全家性命。昨因局屡谕身等,清理路政,驱各小摊,身等非不知政务之要,理宜遵,曷敢设摆。奈被驱逐之后,不能贸易,

---

① 参见《公安局长体恤肩挑小贩不准收营业税》,《青岛时报》1933年11月23日,第6版。
② 《取缔小港路苦力摊贩》,《青岛民报》1935年4月29日,第6版。

饔飧莫继,身等均有数口之家,待哺嗷嗷,只可坐以待毙。况身等均系贫民作小本生意,若不靠墙根摆小摊实无生路。身等再四思维,恳乞转请格外怜恤以济贫民,倘蒙恩准,身等合家均感大德无涯矣。除禀总局外,为此叩乞移会总局宪大人恩准怜恤贫民摆小摊施行。"①上述天津小商贩因政府整顿道路而致全家"待哺嗷嗷""坐以待毙"也是民国时期山东城市摊贩们有时不得不面对的窘况。

二、收支紧绌,生活拮据

数量众多的自谋生计者以其多种多样的产品与服务满足了许多城市人日常生活之需,但由于前述的"本小利微、惨淡经营",他们中绝大多数收支紧绌,生活拮据。

1933年,上海沪江大学社会学系学生吴元淑、蒋思壹做了一项关于上海乞丐的社会调查②,因为被调查的700个乞丐中有235人籍贯为山东,仅次于江苏的274人,所以从调查报告中"未做乞丐以前的职业和月入"部分,我们也可大致看出山东城市自谋生计者的收入水平。在这700个乞丐中,沦落前做"小贩"的有77人,占总数的11%,人数和占比仅次于种田的(190人,27.15%)而居于第二位,"男子平均月均收入9.92元,女子平均月均收入8.41元";手艺人包括木匠、铜匠、铁匠、漆匠、竹工、鞋匠等,共计16人,占总数的2.29%,"男子平均月入11.66元,女子只有1人,做竹工,月入2.5元";报贩8人,占总数的1.14%,平均月入是10.35元;缝工8人,包括成衣匠、做针线的以及"缝穷"等,男女平均月入都是7.5元;理发匠3人,平均月入7.5元;修车的1人,月入2.5元。很明显,上述自谋生计者的平均月入中,除了手艺人中的男子略高于10元以外,

---

① 天津市档案馆等编:《天津商会档案汇编(1903—1911)》上,天津人民出版社1989年,第832页。

② 参见吴元淑、蒋思壹:《上海七百个乞丐的社会调查》,上海沪江大学1933届学士学位论文,转引自曲彦斌:《中国乞丐史》,九州出版社2007年版,第305—309页。

其他都在 10 元以下。调查者指出:"他们做小生意的人,并没有很多的积蓄,差不多是做一天的买卖,方才可以生活着。"①"大半的人,多是朝不保夕的生活着,仅能苟且过日,贫困得和乞丐也相差无几。"②

1934 年,青岛市青年服务团在本市第二区办事处辖境内服务时,对居住在本区里院、棚户的所有居民收支与生活状况进行了调查统计③,第二区办事处将此统计呈报了社会局。根据对小商贩的收支情况的统计,我们可见山东城市小商贩生活拮据之一斑。在总共 5718 户居民中,共有商贩 1741 户,其中居住在里院的 1636 户,居住在棚户的 105 户。1741 户商贩的月总收入为 65167.9 元,月总支出为 44478.4 元,这样平均每户每月的收入为 37.43 元,收支相抵后的平均每户每月结余 11.88 元,结果似乎比较乐观。但是,将里院、棚户收支状况进行对比显示:里院 1636 户商贩每月总收入为 63556 元,总支出 42935.5 元,这样每户月平均收入为 38.84 元,月平均结余为 12.60 元;棚户区的 105 户商贩每月总收入为 1611.9 元,总支出为 1542.9 元,则平均每户每月的收入仅为 15.35 元,收支相抵后平均每户每月的结余仅为 0.66 元,按每月 30 天计算,每户每天只能结余 2 分钱,几近于无。

在当时的青岛,里院"属一般住户杂居之处"④,其中不乏一些经济状况稍好的商户,而居住在棚户区的商贩多数属于小本经营、沿街叫卖的小贩,他们的收支状况更能代表小商贩的一般状况,很明显,他们的生活只能勉强维持,经济生活的拮据可想而知。同年 3 月的《青岛时报》报道了一个卖糖果的小挑贩自杀之事:"营小商业者,生意波动较大,多数生活艰苦,有数日无进项者。孙好德,54 岁,平度县人,在莘县路东海楼院

---

① 吴元淑、蒋思壹:《上海七百个乞丐的社会调查》,上海沪江大学 1933 届学士学位论文,转引自曲彦斌:《中国乞丐史》,九州出版社 2007 年版,第 306 页。
② 同上书,第 309 页。
③ 参见《青年服务团在第二区境内调查里院棚户之统计》,《青岛民报》1934 年 10 月 18 日,第 6 版。
④ 《社会局对市区卫生之计划,拟定重要办法十四条》,《青岛民报》1934 年 4 月 3 日,第 6 版。

内楼下居住,以挑小贩卖糖果为业,其妻早亡,亦无子女。孙好德年事既高,又无能力,每日仅恃挑小挑为业,如营业顺适,一日博得一角半角之蝇头微利,不过仅供糊口而已,有时或遇时运不佳,整日无所获,多求助于其同乡,但天长日久,其同乡亦厌恶,多以白眼对之。孙既受经济压迫,又每念及老身孤苦,悲而自杀,幸被警士送往医院而得救。"①

下述两项关于小商贩的经济状况的资料也能为我们了解山东小商贩的经济情况提供些参照。对于拥有夫妻店或连家店的小商贩,时人朱兆鸾曾有这样的描述:他们"住在一爿很小的店,他的家就附在里面,俗说叫做连家店,他们每天的收入,仅能够供给一家的生活"②。在当时,能够拥有这样的一个小店的当属自谋生计者群体中的上层了。如果他们仅能够达到收支平衡的水平,那么上述青岛棚户区的小商贩能够收支相抵已经很不错了。而在罗威廉的笔下,汉口的"一些小商贩努力维持稳定的生活,但很多人发现,他们需要通过季节性地做其他工作,诸如算命或乞讨,来获得收入"③。

俗语说,"家有田产,不如一技在身",小手工业者、手艺人的经济状况是否能好些呢?尽管缺少山东城市这方面的资料,但根据冯华年在民国十六年至十七年对天津132个手艺工人家庭生活状况的调查④,可以知道他们的情况不会好多少。冯的调查显示:132个手艺人家庭全期10个月之收入总数,最少者130.2元,最多者279.40元,平均收入为184.34元。而10个月的生活费支出,平均每家177.28元,与总收入184.34元相较,平均每家盈余7.50元,约当收入4%强。与职业收入180.29元较,

---

① 《经济压迫下孙好德乘醉自杀未遂》,《青岛时报》1934年3月30日,第6版。
② 朱兆鸾:《改良学徒生活之我见》,《生活》第1卷第15期,1925年4月,转引自彭南生:《行会制度的近代命运》,人民出版社2003年版,第278页。
③ 罗威廉:《汉口:一个中国的城市冲突和社区(1796—1895)》,转引自冯天瑜主编:《武汉现代化进程研究》,武汉大学出版社2002年版,第401页。
④ 参见冯华年:《民国16年至17年天津手艺工人家庭生活调查之分析》,李文海主编:《民国时期社会调查丛编·城市(劳工)生活卷》上,福建教育出版社2005年版,第467页。

平均每家盈余 2.98 元，约当 2% 弱。对于这样的调查结果，调查者本人发出两点感慨："（一）此辈工人，一日之收入仅敷一日之支出，犹能于节衣缩食之中，力求撙节，安于贫困，不入歧途，诚实社会之良好分子，国家之良好国民。（二）由下方生活程度之分析观之，此辈之衣食住三大要素均在无可再简无可再陋之限度，谅无再事积蓄之余力。上所云云，为账簿上之盈余，未必即为实际上之盈余。盖因调查员按日到各家所记之账，均为前一日之收支。一方口报，一方笔录。收入之项数无多，记忆尚少舛误。支持则琐琐碎碎，日必十余乃至二十余项，报账者难免有漏报错报之时。果尔，则支出总数常易略失于低，而非真有尔许盈余也。"[①]众所周知，天津为当时国内少有的几个大城市之一，工资水平大致与青岛相当[②]，而青岛则是当时山东工资水平最高的城市，山东城市总体的情况自然不会比这好到哪里去。

以上述的收支状况，山东城市自谋生计者大概只能像前述天津手艺工人一样——"衣食住三大要素均在无可再简无可再陋之限度"，"食物不足以养生，衣服不足以御寒，居室则陋而且隘"。

吃的方面，以青岛为例，"市内贫民，大都每日两餐，以上午八九时为早餐，下午四五时为晚餐。其食物以甘薯为主，甘薯之外，杂以粟、豆、高粱、小麦之属，而以腌萝卜、白菜、菠菜、韭菜、茄子、豆腐、丝粉等为最普通佐食之需。极贫之家，则以嫩蔓，晒干磨粉，制成团子，以供常食。又有以大豆浸胖，磨碎成浆，活以腌萝卜干，煮以为糜，名为小豆腐，以供饮料，视为美味，其食品之粗劣，概可以想见也"[③]。而章丘的走街串巷的铁匠们，"虽然卖着偌大的力气，可是在享受一方面，可是简单得很，每日里都是吃小米子干饭，另外佐餐的是几块萝卜咸菜。吃熟菜的时候，是很

---

① 冯华年：《民国 16 年至 17 年天津手艺工人家庭生活调查之分析》，李文海主编：《民国时期社会调查丛编·城市（劳工）生活卷》上，福建教育出版社 2005 年版，第 469 页。
② 参见魏镜：《青岛指南》第 1 编，平原书局 1933 年版，第 14 页。
③ 魏镜：《青岛指南》第 6 编，平原书局 1933 年版，第 1 页。

少很少的。此外,又有的将米饭晒干了装在袋子里,饿的时候便倒出来大嚼一顿,更显得方便和经济"①。

由于自谋生计者以入城农民和城市贫民为主,居住对于他们来说是更大的难题。以青岛市为例,"普遍房屋堪为一般平民居住者,颇形缺乏"②。1934年5月间青岛市政府所属的社会局,"为明了本市各处贫民住户实况起见",派员对本市的西镇、东镇、大港等贫户集中的地方进行调查,其中西镇一带男女总计7894人,"职业以苦力为多,商贩次之,其余工人、工匠亦为数不少,所住以板房为多"③。"尚有一部分贫民,仅于废垒洞中,聊蔽风雨,其情尤觉可悯。"④自谋生计者也有居住在里院的,但状况也好不了多少。正如1933年的《青岛指南》中指出的:"本市里院建筑,据社会局统计,共计506号,16701间,住户10669家,赁居者上中下三等住户,莫不俱备。其中最苦者,以小商贩、劳动家为最甚。此辈颇有数家合租一间,再用低板间隔,分为数间,面积仅容一床或一人围旋之地。夫妻儿女即须食于斯,宿于斯,生于斯,长于斯,败絮破衣,纷然杂陈,洵无异于人间地狱也。"⑤

衣着方面,在青岛,"一般贫民的衣服多数是从西广场的旧货市场购买,二三毛钱就可买一套破军装或旧棉袄,他们的小孩子,时常穿着一件妇人的棉袄拖拉着,男人也有穿一件小孩的夹袍或破军装的"⑥。另外,20世纪20年代末冯华年对天津手艺人的家庭生活进行了调查分析,对于他们的衣着情况指出:"天津手艺工人之衣服,仅足以蔽体,御寒犹虞不足,更无论整洁与美观。与北平之同类工人比较,堪称伯仲,与上海之

---

① 《叮叮当!叮叮当!铁匠的生活——山东哥儿们会吃苦》,《东海日报》1936年2月5日,第6版。
② 青岛市政府秘书处编印:《青岛市政府行政纪要》第3编,1933年,第42页。
③ 《社会局调查贫民住户实况》,《青岛民报》1932年6月5日,第6版。
④ 青岛市政府秘书处编印:《青岛市政府行政纪要》第5编,1933年,第35页。
⑤ 魏镜:《青岛指南》第6编,平原书局1933年版,第46页。
⑥ 《平民院生活之写真》,《青岛时报》1936年3月15日,第6版。

工厂工人相较,则远不逮。"①鉴于冯的调查样本中除了一些普通手艺人外,还包括一些收入较高的银匠、钟表匠之类的精工,山东城市自谋生计者的情况较之天津手艺人不可能更好,也就是"仅足以蔽体"的水平。

三、前途未卜

按照常理推论,个别城市商贩与手艺人通过努力经营,有可能改变自己的经济地位,流动到更高的社会阶层中去。但是,正像前面提到的,在民国前期社会政治动荡、经济凋敝的大背景下,自谋生计者群体总体收入水平低下又很不稳定,基本处在勉强糊口状态,经济上很难有结余,不只向上流动的机会极少,而且抗风险能力极差,一旦本人、家庭出现疾病之类的变故,一些人可能不得不面对失业、衣食无着、沦为乞丐这样的下场。对于那些小商贩来说,这种情况并不鲜见。何况,前面已经提到,乞讨在平时就是一些小商贩增加收入的手段。

前述上海沪江大学社会学系学生吴元淑、蒋思壹所做的那项关于上海乞丐的社会调查,对未做乞丐以前的职业的统计显示:700个乞丐中,有小贩77人、手艺人16人,报贩、缝工、理发匠、修车的共20人,也就是说,属于自谋生计者的总共达到113人,占总人数的16.14%。其中仅小贩的占比就达到11%,仅次于种田的(170人,占比27.15%)。由此可见,自谋生计者尤其是小商贩沦为乞丐现象之普遍。正如调查者指出的:"他们做小生意的人,并没有很多的积蓄,差不多是做一天的买卖,方才可以生活着。一旦生意不好,亏折了本,就不能继续的做下去,因此就变做乞丐。"②表3-1反映的是青岛市社会局附设游民感化所对该所1933年、1934年两年收容的全部游民乞丐沦落前的职业调查统计的结

---

① 冯华年:《民国16年至17年天津手艺工人家庭生活调查之分析》,李文海主编:《民国时期社会调查丛编·城市(劳工)生活卷》上,福建教育出版社2005年版,第479页。
② 吴元淑、蒋思壹:《上海七百个乞丐的社会调查》,上海沪江大学1933届学士学位论文,转引自曲彦斌:《中国乞丐史》,九州出版社2007年版,第306页。

果,从中可以看出:在1933年的686名、1934年的1093名乞丐中,小贩出身的分别为69人和68人,占比分别为10.1%和6.2%,除去职业"不明"的,仅次于苦力,居第二位。如果把"商"也包括在内,则占比就更高了。

表3-1 1933、1934年青岛社会局附设游民感化所收容乞丐原职业统计表

原职业		苦力	小贩	农	工	商	军警	其他	不明	总计
1933年	人数	396	69	34	23	28	21	26	89	686
	占比(%)	57.7	10.1	5.0	3.4	4.1	3.1	3.8	13.0	100
1934年	人数	672	68	66	24	19	17	28	199	1093
	占比(%)	61.5	6.2	6.0	2.2	1.7	1.6	2.6	18.2	100

注:百分数是笔者统计出来的。
资料来源:《青岛市社会局业务特刊(民国二十二至二十三年)》,山东省图书馆特藏部藏。

相对于一无所长的小商小贩,手艺人遇到变故时,境况也好不了多少。例如在民国时期的潍县,由于开理发店、干理发员受到社会的歧视,潍城当地人干理发的极少,在那里开设理发店的多数是外县人。他们"平日生活虽然过得去",但在面对"老病之饥寒""死丧之急难"这样的问题时仍无能为力。许多人不幸死亡时无处葬身,只好草草收殓,将棺木埋在野墓田里,"不数载而体骨颓露,无复过而掩之者"。直到1921年由潍城部分老理发员倡议,共同捐资购得宫庙附近西南边一块墓地,穷苦理发人员死后的安葬问题才得以解决。该墓地立有石碑,碑文是请潍县塾师、名书法家谭恩涛撰文并书写的。① 碑文全文内容如下,从中可以深深体味出理发艺人生活之艰辛。

公立义田碑记②

人生两大之间,未有不爱同类者也。知同类之当爱,则公义之

---

① 参见田明东口述,张冠群整理:《潍县理发业》,政协山东省潍坊市潍城区文史资料委员会编:《潍城文史资料》第5辑(内部资料),1990年,第107—108页。
② 同上书,第108—109页。

举不可不急讲求。吾等所执之业虽为小技,近自民国以来日渐兴盛,其藉此以谋衣食者,亦既实繁有徒,其又何加焉。虽然,傥众之涣散犹如昨也,必为之道,而后有以联合之;老病之饥寒,犹如昨也,必为之道,而后有以周恤之;死丧之急难犹如昨也,必为之道,而后有以奠安之。谚曰:"不能为生,焉能为死。"痛哉斯言也!

吾等庸愚,幸有此为生。及闻善言善行,未有不恻然有动于怀者;况且师弟朋友之伦,尤同类所关,一旦亡逝,竟从瘗于荒烟蔓草之中,不数载而体骨颓露,无复过而掩之者。揆诸仁人之心,痛何如乎?吾同业人概心焉伤之者久矣。

今于十月十日倡办义举,金购地于潍城北阡小红庙东崖南北地七二大亩一亩七厘五毫七忽,兹立此地为同业之人而设,妇人孺子不得入焉。公记之后,垂诸永远,庶几生则有所养,殁则有所归,于吾等之志愿亦已足矣。

领袖石怀书　王凤稳　孙文中等六十余人(姓名从略)同立
邑人谭恩涛　撰并书
中华民国十年岁次壬戌夏历小阳月上浣谷旦

第四章　民国时期山东城市苦力群体的物质生活

苦力群体是指城市中"无固定收入而纯恃出卖体力为生的社会底层劳动者群体"①。这一群体的人员所从事的职业相当繁杂,既包括传统城市中已有的脚夫、轿夫、粪夫、清道夫、挑水夫,又包括近代才出现的码头工人、人力车夫等。他们大都没有复杂的谋生手段,只能靠简单地出卖劳动力,在车站、码头、栈行、街道和建筑工地上从事诸如搬运、运输、清洁等城市中最为繁重的工作,是城市最贫穷的血汗劳动者。

第一节　民国时期山东城市苦力群体概况

一、苦力群体的构成

人力车夫、脚行工人、码头工人是民国时期山东城市苦力群体的主体。另外,还包括一些轿夫、粪夫、清洁工、挑水夫等。

人力车又称"洋车""黄包车",是民国时期全国各大中城市重要的客

---

① 忻平:《从上海发现历史——现代化进程中的上海人及其社会生活》,上海人民出版社1996年版,第155页。

运交通工具。人力车夫①或"洋车夫"因而成为民国城市社会中一个重要的社会群体。按照其服务的对象,人力车夫一般分为两种:拉包月车的和拉散车的。拉包月车,即为私人雇请专拉私家包车,主要是为那些殷实家庭服务的。拉散车,即在街道、车站、码头随意兜揽生意。

在民国前期的山东城市中,济南是山东省会所在地,现代公共交通又相对落后,拥有的人力车夫最多。自1904年前后人力车开始在济南出现②,到1924年,据大学社会学系的师生调查,已有人力车夫10000名③。1928年"五三惨案"发生前,有人估计达到了"一万五六千人"④。尽管惨案后动荡的局势导致人力车夫一度骤减至"四五千人"⑤,但在济南形势稳定后人数又重拾升势,根据济南市政府的统计,1929年到1933年的五年间,营业用人力车的数量从10000辆增加到12145辆。⑥ 即使按照一人一车的最保守的比例,人数也都超过1万人。⑦ 而中共山东省委在1932年12月发表的《关于山东形势和党的工作的报告》中估计的人数竟为"三万人之谱",1934年8月26日《民国山东日报》上一则有关公安局准备就人力车夫拉座价目作出规定的报道,一开始就提及"本市人力车夫,日渐增多",直到1935年,因受世界经济危机的影响同样"市面萧条已极"的济南仍有万余人力车夫"充斥市内"。尽管由于人力车夫

---

① 广义上的人力车夫还应包括手推独轮车夫、载货二轮人力车夫,即常称的小车夫、大车夫。此为狭义。
② 参见叶春墀编:《济南指南》济南大东日报社1914年版,第116页。
③ [美] A.G.帕克指导,齐鲁大学社会学系调查编著:《济南社会一瞥(1924年)》下,郭大松译,庄慧娟校,《民国档案》1993年第3期,第54页。
④ 山东省档案馆、山东社会科学院历史研究所合编:《山东革命历史档案资料选编》第1辑,山东人民出版社1981年版,第403页。
⑤ 同上书,第403页。
⑥ 据当时的调查以及当代学者的研究,民国时期不同城市人力车行业的人、车比例并不一致,2∶1是正常。就济南而论,根据笔者的研究,除了少数兄弟、父子共拉一车之类的例外情况,车夫与车的比例是1∶1。
⑦ 参见山东省档案馆、山东省社会科学院历史研究所合编:《山东革命历史档案资料选编》第3辑,山东人民出版社1981年版,第116页。

群体极强的流动性,无论在当时还是今天都不可能获知人力车夫的确切数量,个别资料对人力车夫人数的判断甚至差异很大,但是根据上述资料我们可以断定,20世纪二三十年代的大部分时间里,济南人力车夫基本维持着万人以上的规模,数量较为庞大。

青岛的人力车事业"创自德管时代"①。1913年出版的日文资料《胶州湾》中提到,"据说当春夏秋之际,每日有800辆至850辆人力车营业,冬季则减少一半"②。"中经日管时代之整理,我国接收后之扩充,又因人烟稠密,逐渐增加",但是后来市政府对人力车数量进行严格限制,人力车夫人数少于济南。1930年,青岛全市总共有60多家人力车行,拥有2000多辆人力车、5000多车夫。③1934年统计的青岛营业人力车有2524辆,人力车夫有5668人。④

20世纪30年代的烟台也有人力车夫一千多人,1932年5月13日烟台发行的《东海日报》登载了一则消息,提及"公安局制发洋车夫号衣千余件"⑤。关于其他城市的人力车夫的数量尽管缺乏直接的统计资料,但估计一些经济稍发达的中小城市如周村、济宁等也应该拥有从几百到几十不等的人力车夫,许多经济欠发达的县城可能根本没有。根据实业部1934年对河北全省人力车夫的统计:河北省131个县份中,有人力车夫的县数是39个,约为全省县数的30%。"而且有人力车夫的39县,除少数几个为普通县份外,大多为天津、邢台、石门、涿县、塘沽等中小城市,其人力车夫数目也基本与县份的大小成一定比例。"除了天津、大沽等6县车夫人数在500—1000之间,其他则分别为几百、几十、几个不等。而

---

① 《本市人力车调查》,《青岛民报》1934年11月28日,第6版。
② 日文《胶州湾》节译,1913年版,见中共青岛市委党史征委会办公室、青岛市档案馆编:《青岛党史资料》第1辑,青岛市出版局1987年版,第302页。
③ 参见山东省档案馆、山东省社会科学历史研究所合编:《山东革命档案历史资料选辑》第2辑,山东人民出版社1981年版,第225页。
④ 参见《青岛市各种车辆及人伕马匹数目统计》(1934年),青岛市档案馆藏,B22-1-188;《本市各种车辆状况之调查》,《青岛时报》1934年3月12日,第6版。
⑤ 《公安局制发洋车夫号衣》,《东海日报》1932年5月13日,第3版。

学者王印焕明确指出：河北的统计数据大体可以代表全国平原各省份的情形。①

传统所称的"脚夫"，即搬运工人、装卸工人，他们主要通过肩挑背扛，也使用独轮小车、载货大车等运输工具，从火车站或停在河中的沙船、驳船上，把小麦、棉花、煤等货物运到栈房和工厂里去，又把工厂里的面粉、火柴和制成的棉织品运到沙船、驳船或火车上去。在每个城市的河边、码头、栈房、工厂、车站，总能看到他们忙碌的身影，交通便利、工商业发达的城市尤多。② 在1924年的济南，仅独轮手推车夫就有5000名。③ 据1928年的《胶澳志》记载，青岛市警察厅统计本市有大车1460余辆。1932年，青岛载货一轮、二轮人力车分别为400辆、2800辆④，搬运工人有7000人。⑤

脚夫按往往按照行业、地段分为不同的帮，每帮均有一个或几个把头负责管理。如在聊城，东关驴市口一带地区的脚行班，专管给杂货行搬运货品；大街公盐店的装卸盐包，是由窦家营装卸工人动手；乌枣装卸，是后菜市脚行班承担；其他如茶叶、药材等，都有他们专行专业的脚行班，绝不容许外人沾手，势力范围，界限分明。⑥ 济宁的"脚班"，按区域可划分为：东关片、东门口片、北关片、西南关片、中心闸片、东三里营五里营片、大炭沟片、西码头、南码头、坝口片等。管理工人的分大、中、小把头，大把头管理济宁城的搬运工人，中把头管理各自的一片，小把头管

---

① 参见实业部中国劳动年鉴编纂委员会编撰：《二十二年中国劳动年鉴》第1编，南京正中书局1934年版，第398—402页；王印焕：《民国时期的人力车夫分析》，《近代史研究》2000年第3期，第198页。
② 参见史墨香、吴云涛：《聊城(解放前)粮食业及其"脚行班"》，政协聊城市文史资料委员会编：《聊城文史资料》第3辑(内部资料)，1985年，第74页。
③ [美]A.G.帕克指导，齐鲁大学社会学系编著：《济南社会一瞥(1924)》下，郭大松译，庄慧娟校，《民国档案》1993年第3期，第54页。
④ 参见实业部中国经济年鉴编纂委员会编：《中国经济年鉴》，1934年，第673页。
⑤ 参见巫宝三：《中国国民所得》下册，中华书局1947年版，第222页。
⑥ 参见史墨香、吴云涛：《聊城(解放前)粮食业及其"脚行班"》，政协聊城市文史资料委员会编：《聊城文史资料》第3辑(内部资料)，1985年，第74—75页。

理本片的一个行业或一小部分。① 其他各地也不外乎上述两种情况。

自从19世纪中期中国沿海沿江一些城市被迫开埠以来,轮船就逐渐成为来往于江河湖海的重要交通运输工具。与此同时,为轮船装卸货物的现代码头工人也就随之产生。"码头工人的工作场所是在码头,其工作内容是为轮船装卸货物,这些货物是机器生产的产品及其所需要的原材料;但是在工作过程中,码头工人使用的劳动工具主要是杠棒、绳索、扁担、箩筐和铁锹,装运过程主要靠人力肩运背扛完成。因此,从其劳动性质来看,码头工人属于产业工人,但从劳动过程来看,码头工人又是凭腰力驮负的苦力。"②而码头工人的组织、管理也和传统的脚行工人类似。

"烟台的码头因为海水过浅,也就是没有彻底建筑的原因,轮船均不得靠岸,轮船开入港湾,须停泊在距离码头约三四里之遥,乘客及货物之下地,全靠舢板之接应,这是烟台苦力比较其他码头特别用人多的原因。"③而"烟台码头的苦力总在几千人以上"④。按照活动方式的不同,可分为"拨船苦力""装卸苦力""枯潮苦力""行李苦力""摆渡苦力",此外尚有"小车苦力"。其中"拨船苦力"是专管用舢板拨运货物;"枯潮苦力"是专管装卸货物,譬如轮船要卸货时,他们这些人在轮船上从货仓里把货起出搬到舢板上,再由"拨船苦力"运到岸上,当地出口货物要随轮船出口时,他们把出口货物装到大舢板上,由"拨船苦力"运到轮船上后再装到舱里去;"装卸苦力"是专管在码头上搬运货物,把码头上堆集的货物

---

① 参见济宁市运输公司工会撰稿,济宁市总工会工运史研究室提供:《济宁市搬运工人史话》,政协山东省济宁市市中区委员会文史资料研究委员会编:《济宁文史资料》第4辑(内部资料),1988年,第167页。
② 刘秋阳:《码头工人与五四运动》,《党史文苑》2006年第8期,第29页。
③ 《烟台码头劳工生活的写真——具有神圣不可侵犯的精神,组织严密非局外人所得知》,《东海日报》1936年8月11日,第3版。
④ 《烟台码头劳工生活的写真——具有神圣不可侵犯的精神,组织严密非局外人所得知(续)》,《东海日报》1936年8月13日,第3版。

搬到各进口商的堆房里,又从堆房里把出口货搬到码头上,由枯潮苦力装到舢板上,再由拨船苦力运到轮船上。"上述三种苦力是属于船行范围的,就是专为船行装运货物的。"而"摆渡苦力"是专管装运乘客及乘客所带之行李;"行李苦力"是专管替客人运送行李的,"摆渡苦力"把客人的行李卸到码头上后,他们便把客人的行李按客人的住所地址一件一件送到。"这两项苦力是属于客栈范围的,就是专为客栈渡客送行李。此外,尚有仓库苦力。""由此也就形成了许多帮,譬如拨船苦力有拨船苦力帮,装卸苦力有装卸苦力帮,此外的各种苦力,均有各自的帮头,虽然在各帮的上面没有一个统一的总帮。"①其中"每帮至少有几十个人","有把头一至三人,以监督苦力的勤惰及行为"。②

在青岛码头,据1928年编纂的《胶澳志·民社志(职业)》记载,劳力常备1000—3000名。③ 全部码头工人按所负责装卸货物的种类,被编为四部分(杂货部、煤盐部、运搬部、火车部),由若干个封建把头分别统治。而每个大把头的手下只有十几至几十名常工。这些常工当然不足以担当繁重的装卸业务,把头就根据需要到东镇出卖劳动力的"功夫市"(也称"人市")去招揽临时工,即俗称的"毛子工",因此当时青岛港的码头工人分两种:常工和毛子工。④

苦力入帮往往意味着有了一份相对固定的工作,比打零工收入稍好,而且苦力从事的多是替人搬运货物的工作,具有一定的道德风险,因此各地苦力入帮一般须经相当的介绍与保证,有的还需要给把头送礼。如在烟台码头,苦力"入帮的手续非常严格,凡苦力要参加某一帮头,须

---

① 《烟台码头劳工生活的写真——具有神圣不可侵犯的精神,组织严密非局外人所得知(续)》,《东海日报》1936年8月12日,第3版。
② 《烟台码头劳工生活的写真——具有神圣不可侵犯的精神,组织严密非局外人所得知(续)》,《东海日报》1936年8月13日,第3版。
③ 赵琪修,袁荣叟等纂:《胶澳志》,青岛华昌印刷局1928年版,台湾文海出版社1968年印行,第389页。
④ 参见胡汶本等编著:《帝国主义与青岛港》,山东人民出版社1983年版,第72—73页。

经相当的介绍与保证……当把头的要特别注意,观察他们是否为真正的苦力人才,是否染有嗜好……如果苦力中发现有不妥的行为,作把头的便很不客气的把他开除,绝对不许通融,在此帮开除后,他帮也不肯收容,除非知道"①。在青岛码头,"常工由包工头亲自招领,须有一定的关系和财礼才得当上"②。在聊城,要加入"脚行班",除了"往往需要班中有力者出面介绍和保证"之外,还有"和班"习惯,即新入班的伙计上班后,"就得打酒、叫菜,把全班的同伙们请一请,喝两盅,吃一嘴"③。

另外,激烈的同行竞争使苦力之间常常发生冲突,寻找安全的靠山也是苦力分帮结派的重要原因。如在烟台汽车东站,人力车夫"因争客关系,分为红黑两派,动辄结群互殴,受伤者日有所闻"④。据1929年10月2日的《山东民国日报》报道,因为济南的小车夫工会与搬运工会发生纠纷,9月30日上午10点,本市民训会召集市总工会到市整委会大礼堂会商,意图协调解决。⑤

二、苦力群体的主要来源

苦力群体主要来源有以下两个方面:一是农民;二是城市贫民和失业人员。

农民是苦力群体的主要来源。民国时期伴随着农村经济的衰败,大量农民离村进城谋生,"这些从传统社会经济结构中分化游离出来的一无所有的劳动者,一无资金投资,二无现代文化、现代技术可谋现代职

---

① 《烟台码头劳工生活的写真——具有神圣不可侵犯的精神,组织严密非局外人所得知(续)》,《东海日报》1936年8月12日,第3版。
② 胡汶本等:《帝国主义与青岛港》,山东人民出版社1983年版,第34页。
③ 史墨香、吴云涛:《聊城(解放前)粮食业及其"脚行班"》,政协聊城市文史资料委员会编:《聊城文史资料》第3辑(内部资料),1985年,第78页。
④ 《同行是冤家,车夫斗殴》,《东海日报》1932年3月20日,第3版。
⑤ 参见《济南市民训会解决小车夫工会与搬运工会之纠纷》,《山东民国日报》1929年10月2日,第2张第6版。

业,三无社会关系可以运用"①。于是,城市中最苦、最累、最脏的苦力工作便成为他们最有可能的选择。以人力车夫职业为例,时人进行的大量社会调查证实了它是"农村破产底下压榨出来的一种产物",是农民被迫离开农村进城谋生的结果。在农民离村情况格外严重的山东,情况也大体如此。以济南为例,20世纪30年代初期强一经随机对100名人力车夫的调查显示,来自历城县的有29人,来自济南周边的泰安、长清、平阴、青州章丘等县的有71人,且拥有土地的有61人。② 毫无疑问,周边各县的农民是济南人力车夫的主要来源。

城市中的贫穷市民和失业人员是苦力的另一重要来源。众所周知,在半封建半殖民地的近代中国,一方面农村经济衰败、农民大量进城导致城市化畸形发展、城市人口过度膨胀,另一方面新式资本主义工业发展又滞后、吸纳劳动力的能力极为有限。在这样的大背景下,城市职业竞争相当激烈,不只是破产的农民,即使是原来的城市居民,想找到一份体面的职业也不容易,一些贫穷的市民只能选择苦力职业。如济宁的搬运工人,除了破产后来城里定居的农民以及农闲时到城里来"放鸭子"的农民,再就是"在城里世代居住的贫困市民,有些祖孙三代都干脚班"③。而且由于近代城市经济生活、社会生活状况极不稳定,许多城市社会民众,包括手工业者、产业工人、小商人、摊贩、商店的雇员、士兵都随时徘徊在失业的边缘,一旦失业,欲重新谋求一份正当的职业实属不易,而为了维持生存,一部分人被迫去从事各种苦力,正如老舍先生在《骆驼祥子》中所说:"被撤职的巡警或校役,把本钱吃光的小贩,或是失业的工

---

① 忻平:《从上海发现历史——现代化更不用说在20世进程中的上海人及其生活》,上海人民出版社1996年版,第89—90页。
② 参见强一经:《济南洋车夫生活调查》,李文海主编:《民国时期社会调查丛编·城市(劳工)生活卷》下,福建教育出版社2005年版,第1176页。
③ 济宁市运输公司工会撰稿,济宁市总工会工运史研究室提供:《济宁市搬运工人史话》,政协山东省济宁市市中区委员会文史资料研究委员会编:《济宁文史资料》第4辑(内部资料),1988年,第165页。

匠,到了卖无可买的时候,咬着牙,含着泪,走上了这条死亡之路。"[①]济南在1928年"五三惨案"发生后,"小资产阶级及城市的小商家亦日益破产,城市贫民日多……乞丐、苦力的数量日加无已"[②],就是最好的例子。

第二节　民国时期山东城市苦力群体的收入状况

总体来看,在城市所有从事正当与非正当职业的群体中,苦力群体收入最低、当然苦力群体内部不同的职业、不同的城市以及不同的时期也会有一定差别。

在苦力群体中人力车夫的收入是属于较高的,在某些时期、某些城市甚至可能高于一般产业工人。

在20世纪30年代初的青岛,人力车的计价办法是:"凡包定全日者,以十小时计算,计大洋1元1角,包定半日者,以五小时计算,计大洋7角。临时雇用者,每里约计大洋三、四分。"[③]对于1930年人力车夫的月收入,《第二次劳动年鉴》上的统计数据为15.3元[④];中共山东省委的说法是:"每日车租为3角至3角5分不等,……每个车夫每日所得平均为7、8角。但事实上除去车租,车夫每日只余4、5角。这还是旺季的收入,若到冬季,每每终日车租都不能拉到。"[⑤]如按每天5角每月30天计算,车夫每人每月的净收入为15元,与前述统计数据基本一致。但1933年出版的《青岛指南》记载的数目稍高:"旺季每月约可收入30元,冬季

[①] 老舍:《骆驼祥子》,人民文学出版社1981年版,第2页。
[②] 山东省档案馆、山东省社会科学历史研究所合编:《山东革命档案历史资料选编》第2辑,山东人民出版社1981年版,第42页。
[③] 魏镜:《青岛指南》第3编,平原书局1933年版,第14页。
[④] 参见邢必信等编:《第二次中国劳动年鉴》上册,北平社会调查所1932年版,第192页。
[⑤] 山东省档案馆、山东省社会科学历史研究所合编:《山东革命档案历史资料选辑》第2辑,山东人民出版社1981年版,第225页。

每月15元。"①

在济南,据1914年出版的《济南指南》记载,橡胶轮"人力车每里约铜元2枚,每时间铜元12枚,每日约京钱两千文,包月约15元","铁轮车胶皮轮车值价约少三分之一"。② 1924年,据齐鲁大学社会学系师生的调查,人力车夫"除支付车租外,每天可挣30—60分钱",而当时"做粗活的非学徒童工,工资每月为2元,技术工人每月20元。一名体格健壮的做粗活的工人,每月工资为7.5元"。③ 1931—1932年,强一经对济南100名人力车夫的随机调查显示,拉包月车的"工资总不出15元左右,至于以外的所得,如饭钱、赏钱等,不在此内",而拉散车的"扣除赁车费,每日的进款大约在6角至7角之间"。④ 从拉包月车的看,其收入仍然停留在1914年的15元水平。一般认为,当时拉散车的除了比拉包月车的多跑路以外,收入差别并不大,所以济南人力车夫的收入也基本维持在15元上下,比作粗活的工人高出不少。

综合前述对济南、青岛人力车夫收入的考察,可见这两个城市人力车夫的收入大致在15元上下。如果考虑到青岛总体工资水平稍高于济南的情况,济南人力车夫的收入相对好些。对于济南人力车夫收入稍好的情况,强一经调查后分析的原因是,主要由于"济南汽车少、电车无的缘故","他们拉车的价格较之北平、天津等地也特别昂贵"。

烟台人力车夫的收入前后差别很大。从人力车在烟台出现一直到20世纪20年代末期,由于街道窄狭,人力车适合行驶,加之早期拉车的比较少、价目稍高,人力车夫的收入很可观,平均每人每天"可赚六七百铜子(约合大洋二元三四角),在四月到八月之间,外人来此避暑者多,每

---

① 魏镜:《青岛指南》第1编,平原书局1933年版,第14页。
② 叶春墀:《济南指南》,大东日报社1914年版,第116页。
③ [美]A.G.帕克指导,齐鲁大学社会学系编著:《济南社会一瞥(1924)》下,郭大松译,庄慧娟校,《民国档案》1993年第3期,第55页。
④ 强一经:《济南洋车夫生活调查》,李文海主编:《民国时期社会调查丛编·城市(劳工)生活卷》下,福建教育出版社2005年版,第1177—1178页。

人每日可赚四五元"①。不过到20世纪30年代初期,前已提及,人力车夫已经增加到千余人,特别是由于1933年以后公共汽车的通行,"人力车营业即大受影响,虽经一再减价",乘车者也寥寥无几,每月"仅仅7元的血汗的代价",根本无法养家糊口,有一些人力车夫选择改业贩卖食盐,甚至还出现车夫妻携儿投入广仁堂的事情。②

码头工人的收入总体上比人力车夫要低些。在青岛,德国统治时期,"常工每月工资十元到十二元;毛子工每天只有两角五分"③。在1914年以后的日人统治时期,"常工的月工资一般只有七八元,最多的也不超过十五元;毛子工干一天,'只拿一吊六百钱',计算起来,每月不超过五元钱"④,较之德国统治时期不止没有增长,甚至还有下降。到1935年,常工、毛子工的月工资才分别达到了二十元、十二元⑤,总体来看仍然低于人力车夫的收入。烟台码头工人的"薪金没有固定数目,是依工作的多寡而定,出口的货物较多,他的收入就好一点。据称在普通的年月,每人每年有二百至三百元之收入"⑥。这同样也低于公共汽车通行前本市人力车夫的收入。

脚行工人的收入也很有限。任云兰对天津脚行工人的考察认为:一般收入只有运价的10%,其余均被脚行各级头目所瓜分;他们的收入也许和半熟练工人不差上下,甚至高出半熟练工人,但他们的工作更为辛

---

① 山东省档案馆、山东省社会科学历史研究所合编:《山东革命历史档案资料选编》第2辑,山东人民出版社1981年版,第118页。
② 参见《东海日报》1935年10月29日,《芝罘商报》1934年1月23日、2月22日;胡汶本等编著:《帝国主义与青岛港》,山东人民出版社1983年版,第34页。
③ 胡汶本等编著:《帝国主义与青岛港》,山东人民出版社1983年版,第73页。
④ 同上书,第122页。
⑤ 《烟台码头劳工生活的写真——具有神圣不可侵犯的精神,组织严密非局外人所得知(续)》,《东海日报》1936年8月14日,第3版。
⑥ 济宁市运输公司工会撰稿,济宁市总工会工运史研究室提供:《济宁市搬运工人史话》,政协山东省济宁市市中区委员会文史资料研究委员会编:《济宁文史资料》第4辑(内部资料),1988年,第172页。

苦,而且工资是不确定和不稳定的。① 考虑到脚行是从传统时代延续下来的,而且在全国城市普遍存在,因而山东脚行工人的收入情况应该与此也差不了太多。

至于一般城市的搬运工、普通苦力以及粪夫、轿夫、挑水夫、杂役等等,其收入较之于人力车工人、码头工人更低。表4-1和表4-2分别反映的是潍县、高密两个县城1939、1940年两年苦力收入情况,来源于两县公署根据当时日伪华北政府实业总署在各省市开展劳工工资数目及生活情况调查(劳字第24号)的要求调查、上报的资料。尽管这些数据比我们考察的截止时间稍微延了两三年的时间,而且期间物价也有不少上涨②,但这对我们了解不同职业的苦力收入的差异性并没有太大的影响。从中我们可以清楚地发现,杂役、普通苦力、粪夫、报夫、挑水夫等苦力的收入较之人力车夫、码头工人低了不少。

表4-1 潍县苦力收入分类调查表(民国30年1月22日填)

工人类别	人数	每人每日收入(元)		每人每月收入(元)		每日工作时间(小时)
		最低	最高	最低	最高	
汽车夫	—	—	—	—	—	—
人力车夫	257	1.50	2.00	45	60	16
马车夫	4	1.50	2.50	45	75	10
大车夫	82	2.00	2.50	60	75	10
搬运夫	87	1.20	1.50	36	45	10
报夫	9	1.00	1.20	30	36	10

---

① 参见任云兰:《近代城市贫民阶层及其救济探析——以天津为例》,《史林》2006年第2期,第79页。
② 根据山东省政府《山东省抗战期间历年物价折算表》,如果1937年为100,则1939、1940年分别为203、548;如果按国民政府社会部制作的《战时历史物价折合二十六年物价折算表》,以1940年为100,则1939年为37.32,1937年为18.25。参见山东省政府:《山东省抗战期间历年物价折算表》,山东省档案馆藏,J102-04-0082-003;社会部:《战后历年物价折合二十六年度物价折算表》,山东省档案馆藏,J102-04-0173-002。

续 表

工人类别	人数	每人每日收入(元)		每人每月收入(元)		每日工作时间(小时)
		最低	最高	最低	最高	
水夫	127	0.80	1.00	24	30	10
粪夫	280	1.00	1.50	30	45	6
普通苦力	279	0.80	1.00	24	30	10
杂役	205	0.80	1.00	24	30	10

资料来源:《潍县县公署关于劳工生活情况调查》,山东省档案馆藏,J104—03—9—002。

表4-2 高密县苦力收入分类调查表(民国28年12月1日填)

项目类别	每人平均收入(元)			每人平均工作时间(小时)	备考
	日计	月计	年计		
人力车夫	0.6	18	216	8	
马车夫	—	—	—		
大车夫	—	—	—		
报夫	0.3	9	108	6	本县苦力雇主不供膳宿,特此声明
水夫	0.4	12	144	8	
粪夫	0.5	15	180	3	
搬运夫	0.6	18	216	8	
普通苦力	0.3	9	108	8	
杂役	0.1	3	36	4	

资料来源:《高密县公署呈报表》,山东省档案馆藏,J104-03-9-003。

另外,对于大部分苦力的收入状况,我们还要指出以下两点:

其一,由于其工作受季节、国内以及国际经济形势的影响比较明显,苦力群体的收入往往具有很大的不确定性,那些做散工的就更是如此。以日本统治时期的青岛港的码头工人为例,因为青岛港"输出以矿物及农产为主,故因时期之不同,其繁闲之差大生差异,最忙时由每年十一月以至翌年五月半,而到夏季所谓夏枯期中则属闲散,因是之故,最忙时每日约需人夫三千六七百名,而闲散时每日只需三四百人",而当时日本殖民当局负责码头管理的埠头事务所和日本山东运输会社缔结条约，把装卸工作委托给封建把头，由他们控制工资的发放，在平日没有货物搬运时，就有好多工人拿不到工资，"于此问题颇生纠纷"。后来该所与会社规定，"平日人夫以一千三百名为率，有货运时照货给资，若无货运，则令会社照半价给予，以资体恤"①。至于烟台码头工人，前已提及，"其薪金没有固定数目，是依工作的多寡而定，出口的货物较多，他的收入就好一点"②，与青岛的情况差不了多少。

  人力车夫的收入季节差异也很明显。由于各城市一般是夏季拉车者少、乘车者多，冬季拉车者多、乘车者少，人力车夫一般夏季的收入高、冬季则低很多。烟台、青岛等沿海城市尤其明显。烟台的情况前已述及。青岛，每年的5月到10月是旅游旺季，不止国内各地游客络绎不绝，更有美国水兵来此度假消夏，人力车夫生意堪称兴旺。冬季，外地游人不多，市民出行减少，车夫们的收入随之减少。

  其二，在把头制度下，由于把头不仅要拿比普通苦力高很多的工资，还往往想尽办法对普通苦力进行剥削，致使普通苦力的实际收入往往更低。在济宁，"搬运工人受封建把头的经济剥削很重，工人每天拉脚挣来的钱必须按，'倒三七'或者'倒四六'的比例交给把头（直接从管账的哪里扣去），挣一块钱至少要被把头掠去六角"③。烟台码头工人中，把头是"吃双份"④。而青岛码头的把头则对常工实行强迫"包饭制"，即所有常工到封建把头处吃"包饭"，从常工身上榨取血汗。在日人统治时期，常

---

① 王正廷：《青岛》，中共青岛市委党史征委办公室、青岛市档案馆编：《青岛党史资料》第1辑，青岛市出版局1987年版，第274页。
② 《烟台码头劳工生活的写真——具有神圣不可侵犯的精神，组织严密非局外人所得知（续）》，《东海日报》1936年8月14日，第3版。
③ 济宁市运输公司工会撰稿，济宁市总工会工运史研究室提供：《济宁市搬运工人史略》，政协山东省济宁市市中区委员会文史资料研究委员会编：《济宁文史资料》第4辑（内部资料），1988年，第172页。
④ 《烟台码头劳工生活的写真——具有神圣不可侵犯的精神，组织严密非局外人所得知（续）》，《东海日报》1936年8月14日，第3版。

工每月向把头缴纳伙食费六元六角,实际生活费只抵三元左右,把头把每个常工伙食费中捞去一半多。① 后来伙食费涨到了十元,实际当然还是吃不到应有的伙食标准。② 另外,每当月头发了工钱,封建把头还以强迫"请吃""聚赌"等方法剥削苦力,当时的歌谣"走进赌局门,休想带钱回",一针见血地揭穿了把头"请赌"的真相。③

第三节 民国时期山东城市苦力群体的物质生活

如果说苦力群体中某些职业、在某些地方收入可能高于一般工人,但仅就整体生活状况而言,在所有从事正当职业的群体中,苦力群体的生活状况毫无疑问是最差的。他们从事的是超强度的体力劳动,但往往不能保证家人甚至自己一个人的基本生活。

一、超强度的劳动生活

超强度的体力劳动是苦力群体不同于其他群体生活状况的一个重要方面,而且越是收入高也就意味着劳动强度更大、劳动时间也更长。

对人力车夫的工作方式,时人指出,"拉车者,促促如辕下驹,汗流浃背,东来西往,弛走如风"④。西方人马扎亚尔认为这工作是"牲畜式的劳动无穷地在践踏着人类"⑤。因为拉车是一件非常辛苦的工作,所以当时全国各城市一般都将工作日分为两班或三班,车夫按不同的班次拉车,也有每日每车由一人租用、车夫终日工作而不分班的情况存在。⑥ 在青

---

① 参见胡汶本等编著:《帝国主义与青岛港》,山东人民出版社1983年版,第73页。
② 同上书,第123页。
③ 同上书,第34页。
④ 张焘:《津门杂记》卷下,天津古籍出版社1986年版,第120页。
⑤ 转引自蔡斌咸:《从农村破产所挤出来的人力车夫问题》,《东方杂志》1935年8月第32卷第16号,第35页。
⑥ 参见王清彬等编:《第一次中国劳动年鉴》第1编,北平社会调查部1928年版,第615—616页。

岛,人力车夫"分为昼夜两班",平均日班工作 10 小时,夜班则为 12 小时。① 在济南,尽管笔者未发现有关车夫工作时间的直接资料,但通过对 20 世纪 30 年代强一经有关济南 100 名车夫的调查资料进行分析,笔者认为,在济南人力车夫中,虽然也存在诸如兄弟二人、父兄二人分两班合拉一车的现象,但每车每日一般是由一人租用,绝大部分车夫是终日工作②,其辛苦程度可想而知。另外,调查资料显示,因为好多车夫一日不拉车,全家就少了糊口之资,除非遇到生病等情况,人力车夫一般终年工作,几乎无休息日可言。此说实不为过。下面这首题名为《洋车夫》的小诗形象地描述了人力车夫的工作状况。

> 汗流不止,口中气吁吁,放快了为生活奔跑的双足,向前飞奔,
> 腰成了弓形,拖着车!
> 他赚来的钱,是他的血汗换来的,
> 坐车人的谩骂,警察的毒打
> 他以为这是生前注定,拉车人应享的利权,
> 并不是觉怎样难堪
> 所愁的——
> 是拉不着客,没饭钱,合家人睁眼。③

老舍 1936 年在青岛写就的《骆驼祥子》是民国时期人力车夫生活的真实写照。其中对老弱的人力车夫冬天拉车有这样的描述:"他们穿着一阵小风就打透的,一阵大风就吹碎了的,破衣;脚下不知绑了些什么。在车口上,他们哆嗦着,眼睛像贼似的溜着,不论从什么地方钻出个人

---

① 莉丽:《闲话洋车夫》,《青岛民报》1937 年 4 月 18 日,第 6 版。
② 参见于景莲:《20 世纪二三十年代的济南人力车夫研究》,《滨州学院学报》2009 年第 2 期,第 58 页。
③ 《才建庄户散文诗:洋车夫》,《青岛时报》1935 年 7 月 25 日,第 10 版。

来,他们都争着问'车?!'拉上个买卖,他们暖和起来,汗湿透了那点薄而破的衣裳。一停住,他们的汗在背上结成了冰。遇上风,他们一步也不能抬,而生生地要拖曳着车走;风从上面砸下来,他们要把头低到胸口里去;风从下面来,他们的脚便找不着了地;风从前面来,手一扬就放风筝;风从后边来,他们设法管束住车与自己。但是他们设尽了办法,用尽了力气,死曳活曳得把车拉到了地方,为几个铜子得破出一条命。"①"祥子"身上当然有济南、青岛人力车夫的影子。因为老舍自1930年7月应邀从北京到济南任齐鲁大学国学研究所文学主任并兼文学院教授,1934年夏去青岛任山东大学中国文学系教授,1937年"七七事变"爆发再回齐鲁大学任教,直到11月日军占领济南前夕只身赴武汉参加抗日救国工作,先后在济南、青岛生活长达七年多,其中在济南四年多,济南也被他称为自己的"第二故乡"。

除了《骆驼祥子》,老舍先生还有下面关于济南路况以及人力车夫的描写:"胡同里的路,差不多是中间垫石,两旁铺土的","块块石头带着慷慨不平的气味","无论是谁,请不要穿新鞋。鞋坚固呢,脚必磨破。脚结实呢,鞋必来个窟窿。二者必居其一"。在这样的路上行汽车,坐汽车的人们"接二连三的往前窜,颇似练习三级跳远";而洋车的"车夫拿起'把'来,也许是往前走,也许是往后退,那全凭石头叫他怎样他便得怎样。济南的车夫是没有自由意志的。石头有时一高兴,也许叫左轮活动,而把右轮抓住不放;这样满有把坐车的翻倒下面去,而叫车坐一会儿人的希望"。②老舍作品幽默的基调中渗透着对人力车夫艰辛劳动的同情。

在当时知识分子以及社会各界"人力车夫为劳动界最苦者"[3],其"生

---

① 老舍:《骆驼祥子》,人民文学出版社1962年版,第207—208页。
② 转引自李耀曦、周长风编著:《老舍与济南》,济南出版社1998年版,第7—9页。
③ 孙学谦:《天津指南》,中华书局1924年版,第64页。

活状况真与奴隶相若也"①等的描述与呼吁下,民国政府与社会各界对人力车夫开展了一些资助与救济工作。济南市政府以人力车夫"终日奔走于闹市骄阳之下,倾血汗以谋一饱,实属不无可悯",曾于1926年7月下令临时免除了济南人力车夫本年8、9两个月份的人力车捐。②青岛扶轮社发起成立了青岛人力车夫救济会,"所有经费均为中外人士所捐助,所办事业,其一为施医,凡人力车夫有疾病而无力视医者,可由该会送至特约医院医治,并担负所有费用。1933年内共医治车夫62次,共支医药费1026.06元。其二为建筑临时棚屋,专为人力车夫待雇时休息之所,严寒风烈之时人力车夫得以入内取暖"③。1933年青岛开始在各交通要道修筑工人凉亭,以使苦力有避夏之所,能缓解车夫等人的劳累病死之虞。当年7月,鉴于所有劳动界人如人力车夫、大车夫等,每因暑热劳力过度,以致晕迷,公安局长余晋龢命令各分局值岗警士,遇有此类情况发生,直接将其送往就近医院诊治,以免耽延时间。④

再看码头工人的情况,前面已经提到,尽管码头工人在一定意义上可以归于现代工人之列,但是其在工作过程中,使用的劳动工具主要是杠棒、绳索、扁担、箩筐和铁锹,装运过程主要靠肩运背扛完成,其劳动之艰苦是常人难以想象的。

"烟台的码头因为海水过浅,也就是没有彻底建筑的原因"⑤,港口设施落后,码头工人的劳动特别艰难。英国驻烟台领事在《1891年烟台贸易报告》中曾经写道:"烟台除了经常遭受大风袭击外,另一个不利条件,就是缺乏必要的码头设施,进口商船大都锚泊在烟台山以西海面,将货

---

① 陶孟和:《北平生活费之分析》,商务印书馆1930年版,第73页。
② 参见山东省会警察厅编:《山东全省警务报告书》第4编,1927年,第14—15页。
③ 《人力车夫救济会工作积极》,《青岛时报》1933年4月22日,第6版。
④ 参见《公安局长念警士辛苦使夫役送水解渴并饬属救济劳动人时疫》,《青岛时报》1933年7月7日,第6版。
⑤ 《烟台码头劳工生活的写真——具有神圣不可侵犯的精神,组织严密非局外人所得知》,《东海日报》1936年8月11日,第3版。

物卸到驳船上,再由驳船运到海关码头。这些驳船往来运货,必须乘高潮进行。遇到低潮,工人们便不得不涉水进行。在冬天,气温已降到零度以下,尽管穿着猪皮的裤子——这种东西或多或少有些防水,但这仍然是一件十分艰苦的工作。"[1]1921年海坝工程竣工后,工人虽可免除涉水作业之苦,但是装卸工的劳动方式却没有改变:他们从船上扛或抬着100多公斤的货物,经过狭窄陡峭的桥板运到舢板上,遇到风浪,稍有不慎就会掉到海里,到岸后再扛四五百米远,爬上二层楼高的货垛或煤堆。因此,码头工人中流传着一首顺口溜:"要闯码头沿,先把命来卖,最怕枯潮底,更怕风浪血,天天扛和抬,脊断腰损坏。"[2]

青岛码头设施虽然总体比烟台好些,但码头工人的劳动条件也好不了多少。在大港的一、二码头,"完全是来往的轮船所在地,所以一旦外面输进什么货物来,大半用汽车装运为著,其次才能数到人力,而小港却不为然了,那个地方完全是舢板小火轮。同时,关乎莘县路又非常复杂,每天的人都是拥拥挤挤连肩接踵,可怕又许通行汽车,一天逼着要用人力来输送货物……尤其青海路一带,那可是真热闹得够呛,那个地方纯粹是一个'大车市',假若你从那条(路)上溜上几趟,除去了大车、苦力之外,再没有什么来充你的眼,同时,在耳鼓里,只有听到辘辘的车轮声以及噪杂喧嚣,的确刺得耳鼓难过,污浊的空气,混杂着尘土飞腾,稍微贵重的先生一日足于那个地方,咱敢保险,如果不作呕三天,咱甘愿受罚"[3]。青岛市政府自1932年7月至1936年2月建成了号称"我国接收以来最大之工程"的三号码头,但这也是码头工人用简陋的劳动工具如铁锹、条筐、杠棒及大小搬运车通过人力来扛、抬、拉而完成的。当时的

---

[1] 《烟台港工运志》编审委员会:《烟台港工人运动志》,大连海事大学出版社1996年版,第12—13页。
[2] 同上书,第13页。
[3] 《大小港与青海路劳动阶级之写真》,《青岛民报》1936年11月2日,第6版。

木轮大车,竟算是码头内先进的运输工具。① 由当时在青岛的码头工人中流传的歌谣"干到秋,穷到秋,剩下麻袋和手钩",可以看出码头工人劳动工具的落后与劳动条件的艰苦。1925 年,一位澳大利亚人在看到码头工人的生活状况和搬运货物的劳动场景之后发出慨叹,"看到这种情景,对于什么是'人类的苦难'就一定会有难以磨灭的印象了",并预言"一场真正的革命即使不是行将发生,也是不可避免地要发生。那时,我就坚信,真正的革命必然发生"。②

即便是用车运货的小车夫,如果没有当时人的形象的描绘,我们可能不会想象出其辛苦的程度:"小车夫的劳动实在是伟大的,我们如何时可以在马路上看到他们推动着几十吨到几百吨重的货车。不过看着他们推的人,把腿铁一般地挺在柏油路上,用臂铁一般地攒着车辆,向前挪移着,要是他们所运的货车过重时,那么有两个或五六个合作,推的推,拉的拉,在旁扶的扶,而拉的人则常把紧着车辆的麻绳紧紧地背在肩上,而用两腿向后像船竹竿一般撑着地,使上身向前俯到了差不多接着地面的程度挣扎着。满身的尘垢与汗水涂满着。"③

二、在最低的生存线上挣扎

由于充当苦力的只能是身强力壮的男子,而苦力群体不仅总体收入水平低下,有时甚至没有收入,其中又有许多车夫家庭"食指繁多,负担甚重"④。因此大部分苦力只能维持最低限度的生活。

在济南,一直到 20 世纪 30 年代初期,人力车夫的收支盈余状况依然差强人意。据前述强一经对 100 名车夫的调查,"所入不足用者 3 人,

---

① 参见胡汶本等编著:《帝国主义与青岛港》,山东人民出版社 1983 年版,第 120—121 页。
② [澳] C.P.菲茨杰拉尔德:《为什么去中国》,山东画报出版社 2004 年版,第 97—98 页。
③ 张一凡:《中国街头劳动问题》,《劳工月刊》1934 年第 3 卷第 6 期,第 12 页。
④ 叶雪栽:《青市的人力车问题》,青岛特别市社会局编印:《青岛社会》1929 年第 1 期,"论述"第 10 页。

所入尚足维持者42人,除用外尚能有余者20人,不详者35人",也就是说100名车夫中,至少有62人家庭还可以维持,照此推断,当时多数车夫家庭尚能做到收支平衡。强一经也据此得出了"济南洋车夫的生活尚不算是十分苦窘,大概说起来,他们这种生活状况,较之一般下级工人的生活稍佳"的结论。当然对于济南人力车夫相对较好的盈余状况情况,除了前述由于"济南汽车少、电车无的缘故"使得"他们拉车的价格较之北平、天津等地也特别昂贵"这一主要原因外,济南人力车夫中"有地亩的还算是多数"也是重要的原因。不过调查者同时表达了自己的担忧:"拉车的见到这种光景,因而拉车者日增,如此将来济南洋车夫的生活,也不无问题了。"①的确不出两年,有关济南人力车夫"日渐增多""充斥市内"之类的报道就频频出现。②考虑到世界经济危机导致的济南市面日渐萧条,他们的境况下降是大概率的事件。

烟台在公共汽车开通以前,时人认为"该地工人生活之好,以洋车夫为最"③,但"自公共汽车成立后,人力车营业即大受影响,虽经一再减价,终有每日劳力所得,不能维持其生活者"④。

在青岛,不止小型汽车相对多些,在20世纪30年代初也出现了公共汽车公司,人力车夫的经济状况同样不容乐观。青岛市社会局对人力车夫1929、1930年两年家庭每月收支及生活费情况进行了调查。平均每月家庭收支情况如下:1929年,车夫家庭平均每月收入共计28.38元,包括车力工资27.66元、家属及其他收入0.72元;平均每月支出共34.63元,包括生活费8.66元、家属负担14.99元以及车租10.98元。1930年平均每家每月的收入包括车力工资25.53元、家属及其他收入1.83元,

---

① 强一经:《济南洋车夫生活调查》,李文海主编:《民国时期社会调查丛编·城市(劳工)生活卷》下,福建教育出版社2005年版,第1178页。
② 参见《公安局拟规定人力车夫拉座价目》,《山东民国日报》1934年8月26日,第3张第9版。
③ 山东省档案馆、山东省社会科学历史研究所合编:《山东革命历史档案资料选编》第2辑,山东人民出版社1981年版,第118页。
④ 《车夫改业贩卖食盐》,《东海日报》1935年10月29日,第3版。

共 27.36 元;平均每家每月的支出共 29.71 元,包括生活费 8.16 元、家庭负担 11.32 元、车租 10.23 元。① 也就说,1929、1930 年这两年,尽管有家属的些微贴补,青岛人力车夫家庭每月平均亏空额分别为 6.25 元、2.35 元。人力车夫每月生活费支出各项占比如表 4-3。从表中可以看出,人力车夫 1929 年和 1930 年每月生活费中食品费占比分别为 55.89%、62.5%。按照第二章中提及的恩格尔系数标准,青岛的人力车夫 1929 和 1930 年的生活状态分别是"勉强度日"和"绝对贫困"。实际上,从当时的相关统计资料看,计入"杂项"的有些项目实质上也属于"食品"项下,这样青岛人力车夫的生活无疑更接近于"绝对贫困",况且这还是青岛公共交通线路开通以前的情况。

表 4-3 青岛市人力车夫每月生活费概况表　　　　单位:元

类别	1929 年	百分比	1930 年	百分比
食品	4.84	55.89%	5.10	62.50%
服用	1.42	16.40%	1.00	12.25%
燃料费	0.35	4.04%	0.35	4.29%
房租	0.45	4.97%	0.46	5.19%
杂项	1.60	18.48%	1.25	15.32%
合计	8.66	100%	8.16	100%

资料来源:青岛市社会局编印《青岛市社会局行政纪要》,1931 年,第 126 页。

在"绝对贫困"的状态下,人力车夫的衣食住等当然只能是最低层次的。德国统治青岛时期,出于加强对人力车夫的管理和社会改良的双重目的,"便设立了'人力车厂',虽然该厂也制造修理人力车及其一切附属品,但该厂的主要目的在于收容车夫。从卫生上、风纪上和社会改良上着眼,让车夫共同寄宿,对其各个方面进行监督矫正。目下该厂内有车夫的大寝室四个,一室可同时寄宿 200 人,全部寝室可收容 800 人,除寝

---

① 参见《青岛市人力车夫每月收支暨负担家属生活费概况表》,青岛市社会局编印:《青岛市社会局行政纪要》,1931 年,第 126 页。

室外,还有食堂、浴室、盥洗室、电灯、自来水等设备俱有。一个月的住宿费加上每天的洗澡费,规定为墨银5角。饮食由车夫自定,在厂内或在厂外就餐均可,但严禁食用大蒜、韭菜。该厂支出系初步试验性的,地址在库隆晋林茨延街警察署的隔壁,是利用旧房舍加以扩建后使用的,却取得了出乎意料的良好成绩,车夫们均高兴地来此住宿",一个寝室200人寄宿,又有诸多不自由,车夫却能高兴地来此住宿,经济成本可能是他们最为关注的。20世纪30年代,"本市人力车夫,多居处吊铺,向饭铺赊购面食,平时即少储蓄,淡季几难糊口"②。

在人力车夫收支情况相对较好的济南,据20世纪20年代齐鲁大学社会学系师生的调查,当时"较贫穷阶层的食物是:直径约18英寸厚1.5英寸的无甜味的烙饼,这种饼是用小麦或较廉价的粮食面制作的;少量咸菜、葱类;以及通常用小米作的粮食粥。他们吃饭把粥或开水作为饮食"③。另一有关当时济南风俗的调查也写道:"用发面作寸许厚饼烙之,谓之锅饼,此则贫用力者食之。"④人力车夫无疑属于"贫用力者"之列,饮食应该不外廉价的粮食面如玉米面、小米面之类加上咸菜。在强一经的调查中,就有一个全家共4口人、车为自购但没有土地及其他收入来源的车夫提及家中"常以小米面为食"⑤。至于住所,除有家眷在济的,多是同伙、同乡2—4人合租月租1元的低等住房。⑥

青岛的许多苦力、车夫是一些小饭铺或是露天饭摊的主顾。在小饭铺里,家常便饭是锅饼、馒头、稀饭和小豆腐,稀饭多用小米做成,但是店

---

① 中共青岛市委党史征委会办公室、青岛市档案馆编:《青岛党史资料》第1辑,青岛市出版局1987年版,第301—302页。
② 《社会局改良人力车夫生活》,《青岛民报》1934年3月11日,第6版。
③ [美]A.G.帕克指导,齐鲁大学社会学系调查编著:《济南社会一瞥(1924年)》下,郭大松译,庄慧娟校,《民国档案》1993年第3期,第55页。
④ 胡朴安:《中华全国风俗志》下册,河北人民出版社1986年版,第99页。
⑤ 参见强一经:《济南洋车夫生活调查》,李文海主编:《民国时期社会调查丛编·城市(劳工)生活卷》,福建教育出版社2005年版,第1167页。
⑥ 同上书,第1164—1176页。

主为了省米而且熟得快,加入的碱太多,既不卫生,也不可口。菜有豆芽、酱萝卜条等,甚至有干炸鱼、油条、青鱼等。有六七分钱就能吃饱。①露天饭摊,以小港沿、莘县路一带为最多。在小港一路海关分局前面的摊贩多至42户,"终年麇集于人行道上,形成固定之野贩市场"。"所售食品计有面饭、菜蔬两项,锅饼、包子、面条、煎饼、水饺、火烧、馍馍、地瓜、黑包子、麦子煎饼、小米饼、小米粥等均为主要面饭,腊肠、冻肉、小豆腐、煎鱼、炒菜等则属佐餐之主要菜蔬",每日可供给600百名工人食用。②但是,小港沿人声嚣杂,尘土飞扬,而且靠近煤场,煤屑弥漫空中,摊贩的馒头、锅饼、稀饭、小豆腐等笼罩在灰土之中。直至1936年青岛市政府为在小港沿建筑了宽大的平房,作为民众食堂使用,人们饮食的卫生状况才得到一定改善。③

码头工人的生活同样"非常简单"。对于烟台码头工人的生活,时人是这样描述的:"一件新衣服,到了他们的身上,几天就破碎了,因为他们的汗比较旁人多,而且肩上和背上是整天驮着和扛着的货包。然而既然破了,那衣服就耐穿了。他们把破衣服补上很层数的布,用线缝得很密。在他们认为穿的单衣,其实也值两个夹衣厚。清洁那就更是说不到,他们的衣服没有不含卤质的,这是海水常和他们接近的原因。最能使人满意的是他们的食量,他们每人每顿能吃三斤锅饼,这是佐着咸菜(萝卜头)。假设佐着好一点的菜吃,这些还不够,可是他们也得不到好的菜,即是得到了好菜他们也不敢吃,因为这样吃得太多,有的是在伙房里打伙支,按月均摊伙食,每月须摊六元之饭费,有的有眷属的早晚在家里吃饭,他们有工做的时候,每天吃三顿饭,没工做的时候,只吃两顿饭,他们住的是伙房,每一个伙房的苦力,同住在一起,在一个大炕上或地板上打

---

① 参见《闲话岛上小饭铺》,《青岛时报》1936年3月22日,第6版。
② 参见《市府第12602号指令》(1935年12月20日),青岛市政府秘书处编印:《青岛市政府市政公报》1935年12月第77期,"指令"第40页。
③ 参见《提倡清洁利用学生任宣传》,《青岛时报》1936年5月21日,第6版。

179

铺,一同工作,一同吃饭,一同睡觉。"①对于青岛的码头工人,时人描写:"吃的——是血汗换来的窝头;穿的——单薄褴褛不遮风寒","差不多都是肌黄面瘦,像些毒鬼一样"。②

码头工人最怕的是严冬货淡的季节,因为活少收入少,平日又无积蓄,其生活往往更难过。如果是码头的常备工人,工作"间断一时,当可维持",因为他们有可能通过"预支月薪,下月继续弥补"的办法勉强度日,但是"那些在码头做散工的,可是不得了,他一时没的工作,就得挨饿"。③1936年春天,烟台海港发生了几十年不遇的严重海冻,轮船有一个多月未能通行,"码头上素以卖苦力营生者俱告失业,每日流连港头,状殊可怜",以致发生了在码头抢夺片片(即苞米面饼子)的事情。当地政府为了维持秩序,联合当地商界进行救济,给每个苦力发放了15斤苞米面,"接应了几天,才不致发生意外的事"④。

至于其他苦力,因为多数收入水平还在人力车夫甚至是码头工人之下,其衣食住等状况自然可想而知了,因此各城市的贫民区、棚户区,苦力往往占多数。

在青岛,根据1935年市社会局对全市杂院的统计,苦力聚居的杂院包括:金乡路11个,住户多在20家左右,一户平均一到二间房;惠民南路10个;周村路8个,每里30户至50户;冠县路2个,共32户,75间房;聊城路3个,高密路4个,博兴路3个;泰山路、青海路、临淄路、益都路等处亦零星分布有2到3个苦力里,一般住户不太多,20余户左右。⑤前已述及,同为杂院,一般工人、公务员住的空间较大,卫生条件也好些,

---

① 《烟台码头劳工生活的写真——具有神圣不可侵犯的精神,组织严密非局外人所得知》,《东海日报》1936年8月14日,第3版。
② 《大小港与青海路劳动阶级之写真》,《青岛民报》1936年11月2日,第6版。
③ 《烟台码头劳工生活的写真——具有神圣不可侵犯的精神,组织严密非局外人所得知》,《东海日报》1936年8月13日,第3版;8月14日,第3版。
④ 《东海日报》1936年3月6日、7日、8日、9日。
⑤ 参见《杂院一览表》(1935年夏季),青岛市档案馆藏,A17-2-1118。

苦力等贫民住的环境相对差些，"此辈颇有数家合租一间，再用低板间隔，分为数间，面积仅容一床或一人围旋之地。夫妻儿女即须食于斯，宿于斯，生于斯，长于斯，败絮破衣，纷然杂陈，洵无异于人间地狱也"①。在黄岛、四方、平度、芝罘等路的市区中心杂院，"一户之内有多至数层附户者，甚至地下室、楼顶、置物室无不有人税居，此等住户多属极贫之家，以拉车、小贩、挑水等业为生，集数家合赁，资亦在5元至8元不等"②。

在有贫民窟之称的青岛台东镇的仲家洼、台西的挪庄、马蜂窝等地，到处可见板房、席棚、低矮污秽，居住者也以苦力为多。1932年，《青岛民报》的记者对该市贫民住户数、人口数及其职业概况等进行了调查，其中贫民住户最集中的脏土沟、上马虎窝、下马虎窝、挪庄、乐贫院五处，总计贫民住户2020个，户主职业为苦力者有1105个，占比为54.70%，小商贩459个，占22.72%，工人141户，占6.98%。③表4-4是此次调查出的贫户分布地区及家庭经济情况，可以看到，总共2255户中，极贫、次贫合计997户，占总户数的44.21%，可知：考虑到前面提到的苦力占比之高，苦力家庭入不敷出情况之严重。

表4-4 青岛市1932年贫民住户调查表

地点	住户数目				人口数目		
	极贫	次贫	中上户	共计	男	女	共计
脏土沟	152	197	275	624	1284	1082	2366
上马虎窝	75	111	135	321	635	517	1152
下马虎窝	7	24	183	214	451	344	795
挪庄	86		619	705	1672	1328	3000
乐贫院	35	85	36	156	335	246	581

---

① 魏镜：《青岛指南》第6编，平原书局1933年版，第46页。
② 《青岛市社会局整理杂院卷—青岛市公安局公函第662号》(1933年)，青岛市档案馆藏，B21-3-102。
③ 参见《调查各处贫民住户实况一览表》(1932年6月)，青岛市档案馆藏，B21-3-181。

续 表

地点	住户数目				人口数目		
	极贫	次贫	中上户	共计	男	女	共计
西广场小马虎窝	43	5	0	48	118	84	202
三日月贫民	69	6	2	77	214	108	322
宁波路贫民	28	62	8	98	238	127	365
甘肃路贫民	5	7	0	12	29	18	47
合计	500	497	1258	2255	4976	3854	8830

资料来源：《本市各处贫民住户及人口调查》，《青岛民报》1932年7月11日，第6版。

关于上述台东、台西的贫民区，1928年刊印的《胶澳志》记载："市内贫民大都麇居于台西镇之挪庄、马后窝、西广场等处，矮屋一椽，仅堪容膝，起卧炊涤，胥在其中。甚者支板为棚，合居三、四，既虞火患，更碍卫生。"[1] 1934年出版的《青岛指南》中的记载更详细："按本市平民，在台东者皆集仲家洼，在台西者皆集挪庄、马蜂窝，大抵皆搭盖板房草舍，聊避风雨，与上海闸北交通路一带情形相仿佛。此类板房草舍，类皆狭陋异常，其高度有低头而不能直立者，炕灶每相连接，杂物凌乱无序，秽浊之气，往往刺鼻。男子大抵以拉大车、洋车、做工、撑船，或捕鱼为业；女子则以糊洋火盒居多，老幼妇孺，则皆从事于拾煤核，打海栗子等事，藉博一二枚铜元，贴补家用。亦可为苦之至矣。"[2]

南京国民政府成立后，内政部于1928年10月下达《建筑平民住舍令》，训令各省"以极简易之方法作小规模之创造，于每县市之城郊建筑平民住所或平民村舍，收容能营正当职业之贫民而居之"[3]。1929年4月，南京国民政府接管青岛，随后青岛特别市政府成立。"为改善平民生

---

[1] 赵琪修，袁荣叟等纂：《胶澳志》，青岛华昌印刷局1928年版，台湾文海出版社1968年印行，第375页。
[2] 魏镜：《青岛指南》第6章，平原书局1933年版，第46页。
[3] 立法院编译处编：《中华民国法规汇编》第3册第4编(内政)，中华书局1934年版，第646页。

计、整刷市容起见"①,青岛特别市政府组建了"筹建平民住所委员会",着手建设平民住宅。②

青岛市平民住所的兴建,共分三种办法:政府出资兴建、民众领地自建和慈善团体捐资代建。政府出资建筑的,廉价租给贫民居住;民众自建的,由政府拨发公地建筑,不收地租,如建筑资金有困难的,则酌量给予贷款,分期归还;慈善团体代建的,由政府无偿拨给土地,廉价租给贫民居住。③青岛市第一处平民住所就是来自潍县的谭爱伦女士1930年捐资2.5万元兴建的,"计建住屋一百七十二间"④。平民住所基本集中于台西镇一带。据1935年3月的统计,共建成平民住所8所14院、3040间,住有2885户。⑤此后,又有新的平民住所建成。到1937年春,共有9所16院,房屋3757间。⑥

平民住所"均系平房,每间12平方公尺,一门一窗","公建者每月每间租金1元,带厨房者每月租金一元五角"⑦,"住户以本市充当佣工、苦力、摊贩、小商及贫苦妇女为限"⑧,"凡教员学生、机关职员、海陆军官、警士公役,以及营业资本在五百元以上之商人等,一律不得赁居此项住屋。平民赁居者,亦限丁口成年者,以二人或三人合住一间,未成年者,四人合住一间,每户租领,至多不得过三间以上"⑨。根据1936年对公建平民住所住户的调查,896户中,户主职业为拉车的占47%,小本商人占

---

① 《青岛特别市平民住所管理及租赁规则》,青岛特别市政府秘书处:《青岛特别市政府市政公报》第13期,"单行法规"第1页。
② 参见青岛特别市社会局编:《青岛社会》(创刊号),"行政计划"第16页。
③ 参见青岛市政协文史资料委员会编:《沈鸿烈生平轶事》,新华出版社1999年版,第3页。
④ 参见《青岛市最近行政建设》(1935年5月21日),《都市与农村》第4期,第5页。
⑤ 参见《青岛市平民住所一览表》(1935年12月),青岛市档案馆藏,A17-2-1104。
⑥ 参见青岛市政府招待处编印:《青岛市政要览》,1937年,"社会篇"第31页。
⑦ 《青岛市平民住所一览表》(1935年12月),青岛市档案馆藏,A17-2-1104。
⑧ 《青岛市平民住所管理及租赁规则》,《青岛市社会局业务特刊(民国二十二至二十三年)》,山东省图书馆特藏部藏。
⑨ 魏镜:《青岛指南》第6编,平原书局1933年版,第44—45页。

20%，工人11%，除少数军警混住其中不合要求外，绝大多数住户确是贫民。①

青岛平民住所的建设，缓解了一部分苦力、商贩甚至一些工人的住房困难，也使其居住条件得到一定的改善。时人对于青岛的平民住所也不乏赞美之词："屋外望甚为修整，绿林丛中，朱甍掩映，至为美观。入门有宽旷之场，中设公共浴室、厕所以及公共浣衣池、晾衣架。浣衣池，就地面铺石，成浅坦之地，水从平地涌出。每日放水有一定时间，届时各居户群集池边浣衣。凡应有，无不尽有。"②"向来视为贫民窟之挪庄一带，遂得逐年改观，每月仅出一元，而或住居红瓦洋房，其间道路、院落、学校、菜场、厕所、洗衣场均有相当设备，比之上海三元住茅屋者，真有幸有不幸矣。"③

修建平民住所是时任青岛市长沈鸿烈的一大政绩，青岛当时在全国以市政建设进步著称与此也不无联系。但是，有限的平民住所不可能彻底解决青岛日渐增加的贫民的居住问题。1934年3月，青岛市公安局发布布告："查本市贫民住宿维艰，年来建筑平民住所，以资收容，或准拨官地，自建处所，以资救济，藉肃市容，但以原有板房席棚，住户位数过多，未能全数安置，拆除净尽，然新建板房席棚占用土地，仍复络绎不绝，自应严加取缔……嗣后对于自建板房席棚，立时拆除，并带案从严罚办……"④1936年，西镇一带仍有"污秽狼藉"的苦力窝铺，"作为苦力车夫的食息之所，各家设施大致相同，调查员每当启门询问之时，便感觉浊气撞出，扑面触鼻，直不能令人启口，视线所及，均现有极度尴尬污秽，吊铺纵横，一般同居的苦工，头踵相接、鞋袜错杂"⑤。

---

① 参见《平民住所概况统计表》(1936年1月)，青岛市档案馆藏：B21-3-283。
② 彭望芬：《青岛漫游》，生活书店1936年版，第23—24页。
③ 大中：《青岛近二年之新建设》，《复兴月刊》第2卷第9期，1934年5月，第15页。
④ 《公安局取缔席棚板房：布告周至，违者严惩》，《青岛民报》1934年3月11日，第6版。
⑤ 秉衡：《户口调查中之见闻》，《青岛时报》1936年5月11日，"自治周刊"第193期。

第四章　民国时期山东城市苦力群体的物质生活

对于大部分苦力而言,像时人指出的"用汗血来换几个钱来哺老乳小维持生活,但是他们并不怎样的感觉痛苦",并猜测也许是因为"生死有命富贵在天"这样的思想在"胁制着他们"。① 这样的猜测或许不无道理。无论如何,大多数车夫所欲不多,只要能够挣到吃饭的钱就满足了。为了消除身体的疲劳,手头宽裕时,还会小酌几杯。下面列出的两条资料:第一条是《青岛时报》一个记者探访一个人力车夫聚居的小屋子并与他们简单交谈的记录,第二条是民国时期曾在北平做过人力车夫的山东益都人冯毅之对自己车夫生活的回忆片段。② 从中我们可以读出车夫在艰辛生活中表现出的乐观和自足。

本市西岭城武路,比较街里的市面,总算冷静得多,尤其在每晚八九点钟以后,马路上的空气,静静的,沉沉的,不容易看见行人。

谁都不注意,在这沉静的马路东头,有一个娱乐的所在。有一个小小的屋子,每到晚八点钟以后,总有四辆五辆,甚至十辆八辆的洋车停在外面。记者于晚间行经此处,时常听到里面的胡琴声音和乡间的小曲的歌调,胡琴所发出的声音是低而柔和的,哀而委婉的,歌唱声和胡琴声配和起来,越觉得"如怨如慕,如泣如诉"。我每到此处,必须听个四五分钟,有时爱听极了,停步作十几分钟的逗留。

后来经我问之于一个洋车夫,才知道这间小屋,是十几个洋车夫共同租得的住所。

有一天的晚间,我为好奇心所驱使,大胆地闯进这小小的俱乐部里边去。屋里大约有八九个洋车夫,忽而都站起来了。

"先生,有什么事?"一个年纪约在五十岁上下的笑着这样问,可是有点惊慌的样子。

---

① 《大小港与青海路劳动阶级之写真》,《青岛民报》1936年11月2日,第6版。
② 冯毅之(1908—2002),中共党员。益都暴动失败后赴北平,任左联北平组织部长。为解决生计问题,冯毅之曾经租车做过人力车夫。

"我爱听你们歌唱,请你们再唱一段听听",我这样请求。

"你们都是拉洋车的?"

"是,先生。"

"这房子是你们租的罢?"

"是的,每月房租三元,我们十个人每人摊三毛。"

"你们拉车,每人一天都拉多少钱?"

"不一定,有的七毛,八毛,或者三毛五毛,至多也拉不到一块钱,碰着倒霉时气,说不定连一毛都见不到。"

"张大腿前天不是拉了一块三四?",最年轻的一个插上嘴说。

"像我这样年纪大的人要命也拉不到一块钱。"一个年约五十岁上下的说完这句话,表示很难过的样子。

"你这样大的年纪,怎么还要拉车呢?"

"咳,先生,没有法子!"

"你们天天拉车,有什么感想?"停了一分多钟,没有回答的,我自悔问的不得法,这感想二字有点深奥了,对于他们。

"你们天天觉得很快活罢?"

"是的,我们只要拉了钱,有饭吃,晚上回来便觉得很快活,所以拉拉唱唱,有时候还要装几两酒喝喝。"

"如果拉不到一毛钱,怎么办呢?"

"我们这几个伙计都是同乡,满不在乎的,有时候拉不到钱的人,我们大家一样在一块吃饭,或者你借我的,我借你的,倒也挨不了饿。"

"你们除了拉到钱以外,还有什么希望?"

"还是希望拉钱,别的一概不管。"

"先生,现在是出了皇帝的吗?"有一个这样问我。

"没有的,要皇帝没有用。"他们对于我的答复,似乎有点不相信。

"你们拉车,愿意拉哪种人?"

"我们愿意拉乡下老客,他们要多少就给多少,越阔大老爷越不肯拿钱。"

"你们唱一句我听听,行不行?"

"先生,我们是胡拉胡唱……"

这个请求终于办不到,我便与辞而出。①

拉车的生活使我了解到,车夫的思想感情和爱好,不但与富有的资产阶级不同,与小资产阶级和知识分子也不同。他们没有奢望、没有幻想,只求温饱。他们对于豪华的游乐场、影院、戏院是不敢想的。喜爱的是有五花八门杂艺的天桥和街头巷尾的小饭摊。到天桥去花不了几个钱就可以看到云里飞的滑稽表演、大金牙的洋片和粗俗逗趣的相声,以及杂耍、武术、高跷等各种各样使人心情舒畅精神愉快的民间艺术项目。街头巷尾的饭摊价钱便宜,小米粥、玉米窝窝十分香甜。有时买卖好,多挣了几个钱,买上二两酒、一毛钱的猪头肉,喝上两盅,再吃顿白面馒头,那就是最美好的生活了……②

三、老病堪忧

苦力是城市中劳动强度最大的阶层,搬运工肩扛手提,重达 100 至 200 斤,拉大车者,货物也重达 300 至 800 公斤。③ 超强度的体力劳动,再加上污浊的工作环境,既注定了苦力职业生涯的短暂性,更会严重摧残苦力的身体。过早疾病缠身、老无所依、沦为乞丐等成为许多苦力的

---

① 《城武路头小小的一个洋车夫俱乐部——洋车夫访问记》,《青岛时报》1934 年 2 月 1 日,第 6 版。
② 陈明远:《文化人与钱》,天津百花文艺出版社 2001 年版,第 110 页。
③ 参见《青岛市各种车辆及人伕马匹数目统计》(1934 年),青岛市档案馆藏,B22-1-188。

归宿。

马扎亚尔曾经指出:"人力车夫平均只能拉五六年,最多十年。这个时期过后,他就不能够维持,因此人力车夫就变成了跛子、乞丐、盗匪。"① 齐鲁大学社会学系学生在 1924 年做的关于济南城市社会调查中也指出人力车夫"这种职业几乎没人能干 10 年"②,1936 年青岛市政府人员认为:工作场所污秽恶浊、"普通工厂工人为 8 年,人力车及大车夫约 5 年,过期多罹职业病,不能继续工作"③。

1933 年,上海沪江大学社会学系学生吴元淑、蒋思壹做的那项关于上海 700 个乞丐的社会调查,对未做乞丐以前的职业的统计显示:700 个乞丐中,拉车的(包括小车、黄包车、拓车等,但是以黄包车为最多)有 50 人,占乞丐总数的 7.15%(原文如此,应为 7.14%。——编者)。仅次于种田的(190 人,占比 27.15%。原文如此,应为 27.14%。——编者)和小贩(77 人,占比 11%),排在第三位。前已提到,被调查的这 700 个乞丐中,有 235 人籍贯为山东,仅次于江苏的 274 人,因此在一定程度上反映了山东城市苦力的悲惨前景。调查者因此感慨:"黄包车夫的生活,也是怪可怜的。他们拉了一天的车,跑得腰痛腿酸,所得无几,还要付捐费,养家属。平时不能有所储蓄,一旦生病,或是到了年老,不能拉车的时候,除了行乞以外,差不多就没有第二个方法可以过活。真是社会中的一个可怜虫!"④

从本书表 3-1 之 1933、1934 年青岛社会局附设游民感化所收容乞丐原职业统计表中可以看出:在这两年间苦力职业出身的乞丐占比都在

---

① 转引自蔡斌咸:《从农村破产所挤出来的人力车问题》,《东方杂志》第 32 卷第 16 期,第 40 页。
② [美]A.G.帕克指导,齐鲁大学社会学系编著:《济南社会一瞥(1924)》下,郭大松译,庄慧娟校,《民国档案》1993 年第 3 期,第 55 页。
③ 《指令第 0270 号 附:呈一件为春谕调查小港区工人种类及车辆数目祈鉴核由》(1936 年 1 月 14 日),青岛市政府秘书处编印:《青岛市政府市政公报》1936 年 8 月第 78 期。
④ 吴元淑、蒋思壹:《上海七百个乞丐的社会调查》,上海沪江大学 1933 届学士学位论文,转引自曲彦斌:《中国乞丐史》,九州出版社 2007 年版,第 306—307 页。

60%左右,不仅在所有职业分类中占据第一位,而且超过了其他所有职业占比的总和。而当时青岛的码头工人中流传着这样一句歌谣:"不能扛,不能抬,一脚踢出码头沿;不是上山挂大肉(上吊),就是挨街查门牌(要饭)"①,也形象地反映出当时码头工人辛苦因病伤或年老丧失劳动力以后沦为乞丐甚至是走上绝路的悲惨命运。无独有偶,在烟台的码头工人中也流传着类似的歌谣,如"白天'查门牌'(挨户乞讨),黑夜'下饭馆'(就宿街头饭馆炉灶旁)"②。

另外,有些苦力出于对生活的绝望而吸食毒品,他们的结局往往更加凄惨。前面提到,1936年春天烟台码头因为海港封冻、轮船梗阻长达月余,"码头上素以卖苦力营生者俱告失业,每日流连港头,状殊可怜",烟台专员公署在调查后决定给千余名确属困难者每人发放15斤苞米面,凭票到指定粮店领取。在发票的那天,烟台公署张专员莅临现场进行训话,其中有这么一段:"你们这些年轻力壮的小伙子,为什么自己还维持不了生活,这都是自己不正当的干,好吃懒做并染有各种嗜好,应该各个人都要警诫自己,发给你们的苞米面只能够十多天吃,在此期间仍要想法找工作以备他日不能工作使用。发放苞米面以后,随后即派员稽查,如发觉谁将苞米面变卖了,换毒品抽了,查获马上枪毙,你们要记牢,凡犯法的事情绝对不要冒险去做。"③尽管我们很难相信张专员所说,年轻力壮的小伙子"自己还维持不了生活,这都是自己不正当的干,好吃懒做并染有各种嗜好",但苦力中有人吸食毒品,因此冻饿而死确是事实。据当时在烟台出刊的《钟声报》报道,1933年—1934年冬的三个月内因吸食吗啡被冻死者就达180余人。④

---

① 胡汶本等编著:《帝国主义与青岛港》,山东人民出版社1983年版,第124页。
② 烟台市交通局史志办公室编:《烟台市交通志(1840—1985)》,科学普及出版社1993年版,第260页。
③ 《公安局商会昨日在码头放赈》,《东海日报》1936年3月9日,第3版。
④ 张秋菊:《抗战以前烟台社会阶层结构的变迁》,山东大学2004届硕士学位论文。

老舍在其名作《骆驼祥子》借人力车夫"老马"说了这么一段话:"干苦活儿的打算独自一个人混好,比登天还难。一个人能有什么蹦儿?看见过蚂蚱吧?独自一个儿也蹦得怪远的,可是教个小孩子逮住,用线儿拴上,连飞也飞不起来……他(指老马的孙子,也是车夫——编者)病了,我没钱给他买好药,眼看着他死在我的怀里!"[1]其中对老弱的人力车夫的结局有这样的描述:"像条狗似的死在街头,是他们最大的平安自在;冻死鬼,据说,脸上有些笑容!"[2]

---

[1] 老舍:《骆驼祥子》,人民文学出版社1962年版,第207—208页。
[2] 同上书,第72页。

第五章　民国时期山东城市游民群体的物质生活

游民,系指"平日居民有不农、不商、不工、不庸者"①,而城市游民"是指在城市居民中游离于基本社会结构以外的各个边缘群体"。"他们一般无固定的职业、无固定的生活来源,以正当或不正当的方式谋生,是城市社会中较不稳定的构成。"②

第一节　民国时期山东城市游民群体概况

尽管中国古代城市中也有游民存在,但游民成为城市下层社会中一个重要群体则是在进入近代以后,是社会转型不断加剧导致城市游民激增的结果。众所周知,近代中国的城市化是在外力驱动下被动发生的。外国资本主义把中国作为其原料产地和商品销售市场,在传统的农业和手工业结合的自然经济逐步瓦解,大量的农民和手工业者纷纷失业、破产之时,以机器生产为主导的新经济力量在近代中国城市中的发展却异常缓慢,新的社会结构迟迟未能形成。这样就产生了一大批从旧的社会

---

① 严寄湘辑:《救荒六十策》,光绪五年(1879年),甘肃皋兰县署刻本。
② 鲍成志、邱国盛:《近代中国城市游民阶层的形成及其特征》,《苏州铁道师范学院学报》2000年第1期,第101页。

结构中分化出来却不能为新的社会结构所吸纳的结构外边缘人口——游民。正如毛泽东所说:"中国的殖民地和半殖民地的地位,造成了中国农村中和城市中的广大的失业人群。在这个人群中,有许多人被迫到没有任何谋生的正当途径,不得不找寻不正当的职业过活,这就是土匪、流氓、乞丐、娼妓和许多迷信职业家的来源。"①近代中国,农村经济的破败与城市经济畸形繁荣的鲜明对比,使得城市成为游民的主要聚集地,城市游民阶层的形成也就是必然的了。

近代中国新旧社会结构的交错和畸形发展使得城市游民的来源呈现多样化特征。② 其中"不仅有从小农经济的破产中所挤出来的却又不能像封建时代那样又能重归农村的流亡农民和近代以来由于连绵不断的军阀战争、自然灾害所造成的流亡农民,还有大量的失业破产的手工业劳动者和商人,更有许多已经从属于新经济结构却又由于种种原因而又重新被排挤出来的产业工人"③,也不乏一些散兵游勇、游手好闲之徒。

大量的无法获得正当职业的游民长期聚集于都市之中,不得不通过各种非正当手段谋生,使得近代城市游民的职业化倾向日趋明显。④ 据1920 年中国生计调查会的调查,各省游民阶层的不正当职业都有 20—30 种之多,主要包括:土匪、盗贼、娼妓、兵痞、戏子、差人、赌棍、乞丐、卜卦、算命、看相、卖假膏药、卖武、拐子、拆白党、人贩子、和尚、道士等。⑤ 其中既有从传统时代中延续下来的,也有近代以来才新出现的。山东城市自然也不能不例外。

对于上述城市游民,有学者根据其谋生方式与城市社会之间的关系

---

① 毛泽东:《中国革命和中国共产党》,《毛泽东选集》第 2 卷,人民出版社 1991 年版,第 645—646 页。
② 参见鲍成志、邱国盛:《近代中国城市游民阶层的形成及其特征》,《苏州铁道师范学院学报》2000 年第 1 期,第 103 页。
③ 同上引,第 101 页。
④ 同上引,第 102 页。
⑤ 参见张静如、刘志强、卞杏英主编:《中国现代社会史》上册,湖南人民出版社 2004 年版,第 258 页。

分为四类:第一类为乞丐,卜卦、算命、把戏中的很大一部分都可以被列入;第二类为娼妓;第三类为流氓,兵痞、开烟馆的、拆白党①等可被列入;第四类为土匪。② 这个分类比较合理。如卜筮星算从业者,主要来源是城市周边的离村农民,而且其中多为因腿残、目瞽等身体残疾难觅正当职业生计无着者。虽名为星算行业,本质与乞丐无异。

就这四个群体而论,乞丐是民国时期城市游民中的最主要组成部分③,而城市人口性别结构的畸形发展、娼妓业的合法化和来源构成的日益多样化,又使得民国时期的娼妓业空前繁荣;相比之下,城市流氓和土匪这两个群体的存在与活动具有很大的隐蔽性。有鉴于此,下面笔者将通过对乞丐、娼妓这两个群体的分析展现民国时期城市游民阶层的生活状况。

第二节 民国时期山东城市下层妓女的物质生活

美国学者道格拉斯认为:妓女是"将与己性交的权利出售给男人们以便为这种行动本身获取金钱报酬的妇女"④。另外一个西方学者阿伯拉罕·福来克斯则认为"任何为收费或其他任何钱财方面的原因而习惯性地或偶然发生视若平常的性关系者,都是妓女"⑤。我们此处所指妓女,是指靠出卖自己的身体或才艺获取金钱作为自己或者他人生活费之

---

① 拆白党(赤膊党),本是20世纪20—40年代的上海俚语,泛指上海地区一群纠党并以色相行骗、白饮白食的青少年,多属男性,是流氓、小混混,城市地下黑社会。后来拆白党(赤膊党)的声名大盛,连外埠都知道这个名称,于是把设圈套骗取财物的流氓集团或使用诈骗手段的坏分子统称拆白党,骗人财物的案件,皆称为拆白行为。这个词同"仙人跳""捉黄脚鸡"意义相近。
② 参见鲍成志、邱国盛:《近代中国城市游民阶层的形成及其特征》,《苏州铁道师范学院学报》2000年第1期,第105页。
③ 同上引,第105页。
④ [美]杰克·D.道格拉斯等:《越轨社会学概论》,河北人民出版社1987年版,第205页。
⑤ 转引自邵雍:《中国近代妓女史》,上海人民出版社2005年版,第1页。

全部或一部分的女子。

娼妓在中国由来已久。民国时期，由于经济、政治和社会诸多方面的原因，娼妓的卖方市场和买方市场都极其庞大，不仅妓院的规模和妓女的数量都达到空前的程度，妓女种类也是多种多样，其中绝大多数属于下层妓女，下层妓女因此成为民国时期城市社会中一个数量较为庞大的群体，山东自然也不例外。

一、民国时期山东城市下层妓女概况

（一）下层妓女的分布与数量

近代山东的娼妓主要集中在青岛、烟台、济南、威海卫、潍县、济宁、德州等大中城市。这些地方经济发达，商旅往来频繁，为妓女的生存提供了一定的社会环境。① 在山东各地，妓女"南妓"和"北妓"之别，分别用来指称来自像扬州、镇江、苏州等南方地区的妓女和来自本地或北方其他省份的妓女。在济南以及青岛、烟台、威海等一些开埠城市中，除了中国籍的"华妓"之外，还有来自俄罗斯、日本、朝鲜等国家的"外妓"。

作为近代山东一个特殊的殖民城市，青岛娼妓业的发展颇具典型性。② 早在日本统治时期，其娼妓业已经相当繁荣，且外籍妓女为多。据时人记载："本市娼妓，居于华洋荟萃之区，实在不止一种，在日管时代，外妓为多，俄妓之外，又有日本朝鲜各妓，群居于今之聊城、临清、夏津等路，以及第三公园附近一带，间亦兼营御料理者，维时华妓散居四处，均皆艳帜独张，各自为谋，稍有身家之妓，多数流居各旅馆、客栈营业……至于三等娼妓，散步各处，税屋而居，形同暗娼，种种黑幕，无

---

① 参见秦晓梅：《近代山东娼妓业的兴衰》，《中华女子学院山东分院学报》2007年第2期，第41页。
② 同上。

法稽考。"①我国接收青岛以后,1925年青岛市警察局对青岛市的娼妓业进行了第一次治理,先后划定朝阳路平康一里、平康二里、金乡路升平一里、冠县路平康三里、云南平康四里、黄岛路平康五里、四方路平康东里,按照官厅规定价目营业。"1927年共有妓女449人。""1930年娼妓有1084人,其中华妓772人,外妓312人。1931年1169人,其中华妓739人,外妓430人。1932年共有妓女1335人,华妓873人,外妓462人。"②1931年,青岛市公安局出台《青岛市管理乐户规则》,进一步限定了娼妓业的人数和营业范围。规定"本市乐户……不许新设","本市乐户指定地点及家数如下:一、平康一二三四里及升平一里为一等;龙门路、长兴路、台东七路及山西路为三等。一等乐户限定57家,三等乐户限定201家"③。1933年,青岛除了俄妓、日妓外,共有华籍妓户284户,妓女656人。④ 到了1935年,青岛有一等娼妓232人,二等娼妓136人,三等娼妓335人,俄妓31人,总计734人。⑤ 与20世纪20年代相比,青岛的娼妓人数已经减少。

同山东各地的情况类似,青岛的华妓也有南、北之分,"南妓谓之南班,北妓谓之本地班。南妓大抵来自扬州、徐州、镇江、松江、苏州等处,北妓则以日照人为最多,其来自济南、胶州、即墨、天津等处者,亦有相当数额"⑥。

省城济南的娼妓业自开埠通商以后日渐兴盛,"在民二以前,完全属于半公半私……自民六以后,商务渐盛,南妓相继北上……德日宣战,倭寇于东,兵随娼转,娼借军威,是为东洋娼入济市之嚆矢。形形色色,裘

---

① 骆金铭编:《青岛风光》,兴华印刷局1935年版,第215页。
② 青岛市档案馆:《青岛数字全书》,北京中国文史出版社2003年版,第53—55页。
③ 《青岛市管理乐户规则》(1931年),青岛市档案馆,B0032-001-00453-00041。
④ 参见魏镜:《青岛指南》第5编,平原书局1933年版,第32—33页。
⑤ 骆金铭编:《青岛风光》,光华印刷局1935年版,第218—227页。
⑥ 魏镜:《青岛指南》第5编,平原书局1933年版,第31页。

袅婷婷"①。1913年起,省警察厅命令妓院一律挂灯为标志,由卫生局检验合格给予营业证,并按等级依次将他们称为班、堂、寓。1914年4月起,当局又把妓院分为四等,并由税务局正式收税:一等妓院每月3元,二等2元,三等1元,四等5角。1924年,据齐鲁大学社会学系的调查,"济南有530家注册妓院,约1080名注册妓女"。"除这些以外,还有一些无法确知数目的其他妓女。"②1925年张宗昌督鲁后在济南几乎每天都要举行宴饮,每宴必召妓女助兴,"商埠地头等、二等的班子未有不受其光顾者"③。到1927年,虽然注册妓院户数没变,但"全市公娼数目,达一千八百人","至私娼则无数可稽也"。④ 1929年,济南市社会局成立后,鉴于"本市娼妓,漫无限制,于风化、治安,两有妨碍","曾一度调查,以备取缔",调查的结果是:城乡、商埠的妓户"共七百余处","而暗娼尚不在此处"。⑤ 据9月21日的《山东民国日报》报道:"在废娼运动声浪中,本市娼妓日见其多,且散处于热闹街市,悬灯结彩,大肆铺张,以广招徕。计自最近数月以来,新添妓户不下三四十家,此足为济南市之羞。"1930年9月,韩复榘就任山东省政府主席,济南正式开始了废娼和救济妇女的运动,但1934年全市公娼数目仍为1556人。⑥ 1937年,山东省会警察局统计的结果是:总计共有乐户467户、妓女803人。⑦ 因此,禁娼的结果是,济南城埠依然是娼寮满地,八卦楼⑧更是"人肉市场地,王孙爱

---

① 周传铭:《济南快览》,济南世界书局1927年版,第235页。
② [美]A.G.帕克指导,齐鲁大学社会学系编著:《济南社会一瞥(1924)》上,郭大松译,庄慧娟校,《民国档案》1993年第2期,第56页。
③ 佚名:《张宗昌实录》,转引自吕伟俊:《张宗昌》,山东人民出版社1989年版,第182页。
④ 周传铭:《济南快览》,济南世界书局1927年版,第235页。
⑤ 《市社会局取缔娼妓》,《山东民国日报》1929年11月5日。
⑥ 参见罗腾霄:《济南大观》,济南大观出版社1934年版,第390页。
⑦ 参见山东省会警察局编印:《山东省会警察概况》,1937年,第94页。
⑧ 参见八卦楼是一座三面临街的二层骑楼,1914年政府授意商人集股兴建,有楼房数百间,沿街房间聚集了赌场、烟馆、澡堂、饭庄等,楼后小院是当时妓户的集中营业地。

此游"①。

烟台作为近代第一个开埠城市,其妓女人数占总人口的比例一直居高不下。据统计,1891年,烟台这座人口仅有32500人的城市,就有妓院245家,从业人数745人,占总从业人口的2.3%。②到1901年时,妓院发展到340家,从业人数1200人,占总人口的2.11%。③1934年调查得到的妓女总数是"八百三十九名"④。

济宁的妓馆、娼寮因古运河的畅通而诞生,民国以后,娼妓业归警察局管理和收捐。"当时在本城注册营业的扬州班三十多家,当地班五六十家,总计从业人数约三四百名。此外,所谓'暗娼'、'转运'、'借地拉马'之类尚不在其数。"⑤扬州班,从老鸨到姑娘都是从江苏扬州、南京、无锡一带来济宁谋生的,妓院内设备考究,收费较高。

鲁北重镇德县(今德州),民国以来因津浦铁路开通,客商云集,娼妓由此兴盛,多时妓院达48家之多,妓女人数多达300人左右。⑥

明清时期著名的运河城市临清,因为进入民国以后工商业起色不明显,妓女人数比较少,1925年统计有本籍和客籍妓女共18名。

许多普通县城可能没有妓女,但是在山东东部一些商业较为发达的县城,妓女也不鲜见。1925年,在东昌道署领有的包括聊城在内共12个县中,仅高唐这一个县有12名妓女。⑦但是同年对胶莱道所署的9个县的统计显示:有妓女的就有5个县,其中昌邑678名,胶县385名,平度

---

① 《山东日报》1936年9月26日,转引自张继平:《韩复榘济南大扫黄》,《走向世界》2008年第6期,第59页。
② 参见王守中、郭大松:《近代山东城市变迁史》,山东教育出版社2001年版,第669—670页。
③ 参见 China. Imperial Maritime Customs: Decennial Reports, 1882-1891, Vol. I. p.56。
④ 《烟台妓女之调查——共八百三十九名》,《东海日报》1934年8月13日,第3版。
⑤ 远敬:《济宁解放前的"妓女"和"妓院"》,政协山东省济宁市市中区委员会文史资料研究委员会编:《济宁文史资料》第4辑(内部资料),1988年,第272页。
⑥ 参见山东省政协文史资料委员会编:《山东文史集粹·社会卷》,山东人民出版社1993年版,第245页。
⑦ 参见《山东东昌道署各县现住人口职业统计表(民国十四年度)》,《山东统计月刊》第14期,第227页。

252名,安邱175名,即墨8名。①

(二)妓院、妓女的等级

民国时期,妓院和妓女一般都划分为三到四个不同的等级。妓院、妓女的等级不同,其服务的方式及价格也有不同,三等、四等妓窑的妓女乐资明显低于头等、二等妓窑的妓女乐资。

在山东的各个城市中,一般二等以下的低等级妓院和妓女居多,等级最高的头等妓户和妓女则占少数。1924年,济南"注册的妓院,按其家具设备以及妓女的年龄、相貌、吸引力和服饰等,分为四个等级。按等划分出的各级妓院数如下:一等106家,二等27家,三等62家,四等335家"②。1929年,据济南市公安局统计,济南有妓户330家、妓女716人。其中头等妓户77家、妓女206人;二等27家、115人;三等204家、364人;四等22家、31人③。1937年,据省警察局统计,济南总计有267家乐户、803个妓女,其中:头等58户、妓女185人;二等49户、217人;三等140户、370人;四等20户、31人。④ 1933年,青岛华籍妓女分布为:头等妓户56户、妓女256人;三等妓户则有228户,妓女400人。⑤ 烟台"本埠操妓女生涯者,向有三等之分",据1934年的一次调查,总共八百多名妓女中,"计头等121名,三等412名,四等128名,鼓妓与坤伶共61人,夏期妓女(专招待美水兵者)108名"⑥。

(三)妓女沦落的主要原因、方式

德国人本主义哲学家费尔巴哈有句名言:"如果由于饥饿、由于贫穷

---

① 参见《山东莱胶道署各县现住人口职业统计表(民国十四年度)》,《山东统计月刊》第18期,第293页。
② [美]A.G.帕克指导,齐鲁大学社会学系编著:《济南社会一瞥(1924)》上,郭大松译,庄慧娟校,《民国档案》1993年第2期,第56页。
③ 参见《公安局调查统计表》,济南市政府秘书处《济南市市政月刊》1929年第2期,第208页。
④ 参见山东省会警察局:《山东省会警察概况》,1937年,第94页。
⑤ 参见魏镜:《青岛指南》第5编,平原书局1933年版,第32—33页。
⑥ 《烟台妓女之调查——共八百三十九名》,《东海日报》1934年8月13日,第3版。分类数字和总数有误差,但原文如此。

你腹内空空,那么不论在你的头脑中,在你的心中或在你的感觉中,就不会有道德的基础和材料。"①近代"中国是一个充满社会病态的国家。其中哪一种最为根本,仁者见仁智者见智,没有共同的结论,其中最能表现于外表者,恐没有比贫穷问题更严重"②。"经济压迫是娼妓产生的主要原因"③,妓女"沦落为娼的人几乎无一例外地出于贫困"④。正如时人指出的:"经济的困破和不充裕"是妇女流民或打工妹沦为娼妓的"罪恶之源","我们可以断言,多数妇女为娼,都是由于这一原因逼成的,尤其是在中国,因农村破产无法生活,大批拥进都市来的年轻妇女,和因工商业不景气工厂不断地紧缩停业与倒闭,而被排挤和摒弃出来的女工们,为着生活,她们只有不顾一切地跳进妓院的火坑,以出卖肉体的代价来维持自身的生活"。⑤1927年6月刚刚成立的南京国民政府内政部发给各省民政厅的禁娼敕令中也承认:"女子不幸沦为娼妓,毕生堕落,驯至于是,究其主因,或系生计艰难,藉以谋食","甚有父母欠债,将女押当任其为娼者"。⑥

老舍先生的著名中篇小说《月牙儿》是以20世纪20年代的济南社会为背景、1935年在青岛完成的。小说讲述了母女二人因为生活无依先后被迫堕落为娼的故事:母亲前后两任丈夫一死一失踪,衣食无着,被迫做了暗娼;女儿懂事后一度对妈妈做暗娼非常不解、愤恨,试图以正当职业养活自己,最终却被迫承袭了母亲的职业,不仅"明白了妈妈"、"原谅了妈妈",而且认识到"妈妈所走的路是唯一的"、"妈妈是对的,妇女只有

---

① [德]费尔巴哈:《费尔巴哈著作选集》上卷,荣震华等译,商务印书馆1984年版,第569页。
② 吴泽霖:《中国的贫穷问题》,《申报月刊》第3卷第7期,第31页。
③ 牟清廉:《娼妓问题之研究》,《青岛民报》1937年6月1日,第9版。
④ [美]贺萧:《上海娼妓(1919—1949)》,上海地方志办公室编:《上海:通往世界之桥》下,上海社会科学院出版社1989年版,第184—185页。
⑤ 碧茵:《娼妓问题之检讨》,《东方杂志》32卷17号,第100页。
⑥ 朱汉国主编:《中国社会通史·民国卷》,山西教育出版社1996年版,第608页。

一条路走,就是妈妈所走的路"。①

贫穷"逼良为娼"导致娼业巨大的卖方市场,在这一点上时人基本能达成共识。有人甚至认为贫穷还是导致娼业买方市场扩大的一个重要原因。下面是时人发表的一段反对废娼的言论,尽管对其反对废娼的态度我们无法苟同,但他对娼妓大量存在及在当时情况下废娼不具可行性的分析论证还是很有见地的。

> 以今日生产落后,经济破产之中国,男子多无职业,出外谋生,因受性欲之冲动,环境之支配,不免轻于尝试。女子则以生活压迫,甘操下贱营业,故言废娼也,綦难。所废者,不过公娼之名,换作私娼而已……南京20万人(总数60万,去掉妇孺40万)中,1/3受私娼之赐。某校招考新生,120人,70人染有轻性梅毒。②

至于产生贫穷的原因,既有自然灾害,也有战争之类的人祸,不一而足。③正如《中国娼妓史》王书奴所指出的:"民国以来战争,盖未尝一日休息。每一战争起,只老百姓的生命财产,无辜遭受损失者已不可胜数。""加以水旱饥馑,天灾流行……小民流离失所,家败人亡,典妻鬻女,辗转堕落平康中者,难以悉数。女子本来只有两条生路,第一'卖劳动',第二为'卖性'。卖劳动已绝望,那么只得走入'卖性'的一途了。"④

山东妓女的情况也是这样。据1941年对济南市所有妓女的调查,在列出的"被人拐卖""受诱惑""家景贫苦""父母不良行为"等四种妓女

---

① 老舍:《月牙儿》,江苏文艺出版社2006年版,第97—120页,原载《国闻周报》1935年第12卷第12—14期。
② 参见《中国今日宜开娼禁之我见》,山东省警官学校校友会编印:《警声月刊》1933年2月第1卷3期。
③ 参见张静如、刘志强、卞杏英主编:《中国现代社会史》上册,湖南人民出版社2004年版,第263页。
④ 王书奴:《中国娼妓史》,团结出版社2004年版,第328页。

沦落原因中,所有三个等级的妓女无一例外地都是"家景贫苦"。①

妓女"沦落妓院有数种途径。有些是妓院老板的孩子,有些是少时被卖进来训练做这种生意的,有些则是没有其他办法弄到钱的父母或丈夫送进妓院的"②。具体说来,主要有以下三种方式③:

第一,买卖和拐骗:良家妇女因为生活困难,被父母出卖到妓院以求活命,或被人贩子以"招工"为名骗卖到妓院。

民国前期,一方面,由于兵匪肆虐、灾荒频发以及苛捐杂税的盘剥,中国农村经济日趋破产,很大一部分农民因为家庭贫困,不能维持生计,被迫鬻妻卖女,以换取维持生活之必需品;另一方面,由于巨大的买方市场的存在,偷卖妇女、拐骗幼女的案件随处可见,拐卖妇女之风日炽,而这些被贩卖的妇女除了被卖做老婆、婢女和童养媳外,大多数被迫堕入烟花、卖淫为妓。1933年国际联盟妇女调查团在考察远东后指出:"贩卖妇女最多的国家,推中国为第一……这种被贩卖的妇女主要是作为娼妓的。"④山东是人口大省,情况尤其严重。齐鲁大学社会学系的学生1924年对济南的调查中就提道:"在农村,饥荒期间许多孩子被卖掉。1921年,一个不足百万人口的县,有18000名孩子被卖掉。这些孩子大部分出卖在本县,但不下数百名女孩被带出来卖给了妓院老板。大多数情况下,父母很可能不知道等待他们女儿的是什么,而这笔钱则是他们生活的唯一手段,于是,女儿的命运,他们也就不问了。"⑤1927年11月30日,《大公报》在第7版刊登了一封读者来信,该信的作者,即济南的雏妓小

---

① 参见《济南市妓女家数、人数统计表》,济南市公署秘书处编印:《济南市公署三十年统计专刊》,1942年。
② [美]A.G.帕克指导,齐鲁大学社会学系编著:《济南社会一瞥(1924)》上,郭大松译,庄慧娟校,《民国档案》1993年第2期,第56页。
③ 参见天津市社会局编:《天津市妓户妓女调查报告》,李文海主编:《民国时期城市社会调查丛编(底边社会卷)》下,福建教育出版社2005年版,第552—553页。
④ 转引自孙国群:《旧上海娼妓秘史》,河南人民出版社1988年版,第111页。
⑤ [美]A.G.帕克指导,齐鲁大学社会学系编著:《济南社会一瞥(1924)》上,郭大松译,庄慧娟校,《民国档案》1993年第2期,第56页。

翠,就是在5岁时被要饭的父母卖掉的。该信全文如下:

> 小翠年十三岁,住济南建星里爱红班,当清倌(倌),五岁时父母要饭,将我卖给郑家,大钱三十千文,可恨父母太恩(狠心)。我入娼门,跟老师张保全学唱戏,九岁时有个牟老爷,叫我条子,咬(教)给我任(认)字念书写字,今已四年,我爱看报,今看见大公报特刊,我心已动,想其怒忠(起奴终)身也要找个慈善先生,将我赎出来,立一门户,夫妻到老。我可是无染男人之味的人,我妈妈说,明年给我成人,我睸睸(暗暗)哭了20多天,如若我彼(被)男人染了,将来从良,如何对得其(起)丈夫。我主意决定,自(誓)死不在班子的(里——编者)成人,老板叫我成人,我预先彼(备)小刀一把自尽,已(以——编者)报有情于我的人。三月里有个司令胡大人,叫我在百花村条子,看我长的(得——编者)好,又任(认)的(得——编者)字,说拿五百元买我,叫我上学,我已愿意,老板不愿意,我哈(喝——编者)大烟一大包,叫王妈看见,用粪灌我,无(没)死了,老板用皮下(鞭——编者),将衣服扒了,把(打——编者)了两个时晨(辰),现在身上已成了下(鞭——编者)花,可恨胡司令不管,天津有爱我的先生,可来找我,救出火坑,现下老板看我倒(捣)鬼,说500元买(卖——编者)我。牟老板前给我数此(次)钱,我托李大爷放出生利,共有二百五十二元,有要我的,天生我可不要老头子,二十岁上下的念书的人,不做小老皱(婆)。今年可来,我明年叫我成人,我可不活了。报馆老爷,可别登济南报上,老板又把我(以下小翠未写完)①

第二,抵押和出租:指丈夫、父母等为获得一定的借款而将妻女等送

---

① 原信中有许多别字,括号及括号内的内容是为修正这些别字而加的。其中括号内带"编者"字样的是本书所加,其余为报社当时加的。此外,本书还针对信的个别断句及标点做了修改。

往妓院。

抵押"这种方法,就是'以人为质'的意义。假如某人感受着种种迫不得已而使其妻女或其他关系人沦落,同时向娼寮借款若干,这样一来,就成了一种'借钱借人'的关系。但这种借期是活动的,只要把借债还清楚,马上就可以恢复自由","妓女平时又可以向娼主分账来维持日常的生活"。出租的方法,在借钱借人的形式以及一定的年限方面和抵押相似,只不过妓女在租期内和"被卖的妓女相差无几","妓女的衣食及一切零费则由妓户负担",而妓女在租期里所赚来的金钱,也完全归妓户所有。① 如《青岛民报》1934年4月26日登载的平康三里的金顺班妓女张秀英,"因幼时突遭不幸,老父故世,遗下生母胞弟,且家无余产,难于度日,处于无法",被母亲"押入平康三里金顺班为妓,当使押账300元,以5年为满,届期将押款还清,方可自由领女出院",是被抵押的典型例子。而该报1934年5月18日报道的平康五里凤喜班的妓女王翠铃,"押期六年,共使用押账400元,若押期届满,方可出院,半途退出,将押款仍须如数交还,交涉完竣,始立字据,各执一纸,恐生意外",则是属于出租的情况。

抵押典当是下等妓院里的一种普遍做法。无论是抵押还是出租,妓女在服务一段时间后,"常常发现没有可行的更容易的挣钱手段,因而继续留在妓院,直到青春失去,不能再做这种生意"②。

第三,自己沦落。指妇女自己因为受到经济上、人事上或是其他的刺激和压迫不得已而自己堕落。其中多是孤苦无依的妇女,也有一些家庭主妇、女知识分子、女大学生、女中学生,她们要么婚姻不如意,要么追求荣华富贵,要么看破红尘等,是自愿到妓院为娼的。

---

① 天津市社会局编:《天津市妓户妓女调查报告》,李文海主编:《民国时期城市社会调查丛编(底边社会卷)》下,福建教育出版社2005年版,第552页。
② [美]A.G.帕克指导,齐鲁大学社会学系编著:《济南社会一瞥(1924)》上,郭大松译,庄慧娟校,《民国档案》1993年第2期,第56页。

妓女因为上述沦落途径以及与妓院老板之间关系的不同可以分为以下四种：一是由班主用钱买来的。这种妓女完全是妓院老板的私有财产。妓院老板把这些妓女当作摇钱树，供给其吃喝穿戴，占有其全部的接客收入，有时还将她们卖掉。二是押账的，指女子因父母或自身急需用钱，被抵押或出租给妓院老板为娼。其中出租的妓女，在议定的年限内，衣食住由妓院供给，妓女的接客所得皆归妓院老板所有；而抵押的妓女，则可以按约定的方式和妓院老板分账。在赎身或到期之前，她们也没有自由。三是搭班的。这种妓女与妓院老板订立搭班合同，其接客所得与老板"拆账"分成。妓女去留自便，妓鸨双方是一种合作关系，"此辈之情况较好，但百无一二耳"①。四是本家或柜上的妓女，这类妓女大都是妓院老板的亲生女儿、养女或者儿媳，妓院就是她们的家，耳濡目染之下成为妓女也不足为怪。本家妓女实际上就是妓院的少老板、少东家，妓院老板对她们当然不会太苛刻，因此她们具有极大的人身自由。

二、下层妓女的收支状况

中国古代的妓女由于其官营性质，没有个人收入，她们完全依于政府。民国时期，前已述及，妓女与妓院与老板的关系多种多样，除了那些被娼寮买来的妓女、本班妓女以及以出租给娼寮的妓女收入全部上交给妓院老板外，一部分抵押的妓女以及全部的搭班妓女可以按照事先定好的协议与老板分账，因此可以对其经济状况作些考察。

（一）收入状况

妓女的收入主要来源于其服务所得，服务所得越多，妓女自身的收

---

① 山东省政府秘书处：《秘书处报告赵子贞、宋匪卿呈送救济妓女意见书请鉴核施行应如何办理请公决案》，转引自秦晓梅：《近代山东妇女生活研究》，山东师范大学 2005 届硕士学位论文。

入一般也会随之增加。要了解妓女的收入,我们首先需要了解妓女的服务方式与资费标准。

妓女为客人服务的方式一般可以分为以下几种①:

住局,即嫖客在妓院中留宿,住局的价格一般要高于其他的服务。

拉铺,即嫖客与妓女进行一次临时交易。拉铺的妓女大都是妓院中姿色稍逊、地位不高的妓女,主要以性服务为主,嫖客无需过多地费心思,也没有过多的要求,这也是民国时期绝大多数私娼的主要服务方式。

上盘子,也称为"打茶围",即嫖客到院中挑选一名合意的把式陪伴,由老板送来一壶清茶、一盒或几支香烟、两碟茶肴(一般是黑白瓜子),由选中的把式点烟倒茶,相陪谈笑。大约玩耍一至二小时后,客人自动散去。

出条子,也叫"出局",即妓女应嫖客之邀从院中出去作陪。其中到旅馆或其他寓所陪宿的叫"夜局",到旅馆侍宴、侑酒的叫"酒局"或"饭局",陪赌玩牌的叫"牌局"或"赌局",陪看戏的叫"戏局"。

至于妓女服务收费标准,不同等级的妓女收费往往不同,各城市之间的差别并不太大。如20世纪30年代初期,青岛华妓收费标准为:头等妓院出局2元、茶围1元、夜度10元;三等妓院关门5角、拉铺1元、夜度2元。② 在济南:"'打茶围',亦曰'开盘子',纳洋一元,献瓜子、烟卷,又有献鲜果、点心之类者,多系熟客,加增多寡与否,在往来之交情,纳费约在三五元不等。""欲在妓馆听其歌唱,每段纳费一元或数元不等。叫条招妓侑酒,或妓女至住宅令其歌唱,每次二元或数元不等。宿费:四等

---

① 参见魏镜:《青岛指南》第5编,平原书局1933年版,第32—33页;远敬:《济宁解放前的"妓女"和"妓院"》,政协济宁市市中区委员会文史资料研究委员会编:《济宁文史资料》第4辑(内部资料),1988年,第266—267页;沅伯、白亮供稿,潍城区政协文史委整理:《诱人坠落的害人坑——漫谈潍县娼妓》,政协潍坊市潍城区委员会文史资料委员会编:《潍城文史资料》第8辑(内部资料),1993年,第179页。

② 参见魏镜:《青岛指南》第5编,平原书局1933年版,第32—33页。

三元,三等四元,二等五元,头等十元,外老妈、茶壶赏费听取客便。"① 1929年9月21日的《山东民国日报》也记载了一个工人在商埠二大马路纬六路山东里一妓户处住宿。"夜度资二元,饭钱一元",当为四等妓女。② 而烟台的头等妓女出局2元、开盘1元、留宿5元。20世纪三四十年代的济宁本地妓院,上等班子"住局"10元至20元,"拉铺"5元;中下等有的一两元;在土山、莲花池的土娼"关门",约3角至5角。上等妓院才有的"上盘子"和"出条子"价格为2元。在这段时间里,社会动荡,物价不稳,通货膨胀,瞬息万变,但妓院价格没有什么大的调整,所以当时社会上有"火车、邮票、盐、妓女、公务员,一概不涨钱"的流传。③

服务方式及收费标准确定之后,妓女与妓院之间分账的比例以及妓女的营业额度就是决定妓女收入的关键因素了。从笔者掌握的现有资料资料看,民国时期山东城市妓女与妓院之间分账的比例有五五、四六、三七这三种,在扣除必要的负担后妓女实际上得到的收入仅占两成。在20世纪30年代初期的青岛,"妓女由父母翁姑或丈夫等,因生活所迫,送往妓寮合伙营业者,谓之'搭班',夜度资四六分派,妓女得四成,班主得四成,娘姨、龟役得两成。此辈妓女,衣饰均须自办,入班之初,必须向班主先借垫款,名为押账,利息甚大。故妓女搭班,名为四六分折,其实妓女所得,除衣饰、利息及其他一切应用物品外,不及二成,亦可为苦矣。妓女由班主价买,身体归班主支配者,谓之'本班',夜度资尽为班主所有,妓女只能于出局时略支一二角车费,即平时零用,亦全靠客人给予"④。同时期的烟台,"据熟悉妓户生涯者谈(就本埠而论),头等妓女以出局(叫条)、留宿为主要,现在出一个局二元钱,留一个宿五元钱,除鸨

---

① 罗腾霄编:《济南大观》,济南大观社1934年版,第389—390页。
② 参见《废娼诚为不可须臾》,《山东民国日报》1929年9月21日,第2张第6版。
③ 参见远敬:《济宁解放前的"妓女"和"妓院"》,政协济宁市市中区委员会文史资料研究委员会编:《济宁文史资料》第4辑(内部资料),1988年,第267页。
④ 魏镜:《青岛指南》第5编,平原书局1933年版,第31—32页。

妓剥削二分之一外,其余尽是姑娘的,可是姑娘留宿钱二元五角中,除去老妈子一元的伺候钱,还剩一元五角,而妓捐、煤水、电灯、糖、茶及一切的杂费,都要从这一元五角钱上出,试问摊在姑娘份上所存几何,三等妓女如四道湾、南市场、东市场等处的妓女,是专以留客、开盘为主要,那里的规矩亦然与头等一样,鸨妓分一半,但是开一个盘一元钱,除去鸨妓的一半,是五角,这五角呢,还要任着盘底。所谓盘底,就是指着'香烟、瓜子、冰糖、水果、茶叶'等说的,这盘底至少需资三角,摊到姑娘身上只能两毛钱,不要说穿衣服还要讲究一点,就是零花也不够"①。在济宁,"若是搭住的把式,就需根据协议的条件双方分账,大约最低三七,最高对半,但搭住的交捐及服装、脂粉等费概归妓女自理"②,实际情况也大致如此。

  关于抗战以前山东城市中妓女的收入,由于缺乏直接的资料,我们只好根据1941年的济南市妓院营业收入的情况做一个大致的估算。根据表5-1:一等妓院平均每家有妓女8人,营业额为1000元,则一等妓女平均每人的营业额为125元;二等妓院平均每家的妓女人数也是8人,平均每家的营业额为1200元,二等妓女平均每人的营业额也就是150元。如果我们按照前述两成的比例计算,则一等和二等妓女的实际收入分别为25元和30元,如果考虑到这是在食、住等基本生活解决以后的剩余,其收入在下层阶级中无疑是最高的。三等妓女最高的营业额仅为10元,最低的仅有3元,平均的营业额仅为每人3.5元,即使是考虑到抗日战争开始以后,作为低级妓院嫖客主体的下层劳动者因为生活艰难一般较少光顾妓院这层因素,其收入仍然可以说是低得可怜。

---

① 笑语:《妓女私逃与妓女生活的改良》,《东海日报》1937年3月7日,第7版。
② 远敬:《济宁解放前的"妓女"和"妓院"》,政协济宁市市中区委员会文史资料研究委员会编:《济宁文史资料》第4辑(内部资料),1988年,第266页。

表 5-1 济南市妓女家数、人数及营业数额统计表

等级	一等			二等			三等			四等[2]
家数	73			27			167			
妓女人数[1]	445			221			362			
平均每家人数	最高	最低	平均	最高	最低	平均	最高	最低	平均	
	12	3	8	12	3	8	5	1	2	
营业额(元)	最高	最低	平均	最高	最低	平均	最高	最低	平均	
	2400	256	1000	2533	579	1200	10	3	7	

资料来源:济南市公署秘书处编印《济南市公署三十年统计专刊》,1942年。
注释:1. 原表中为"妓女家数"有误,实应为"妓女人数"。
2. 原表中为空。

娼业作为一种完全消费性的产业,是经济发展的寄生物,它的发展与经济的发展呈同步态势。在经济发达的大城市嫖客相对集中,妓女卖淫的收入也较多。反之,则较低。1936年《青岛民报》的一个记者为了解青岛妓女的生活状况,以一个嫖客的身份探访了许多乐户,当向黄岛路德兴里一个三等乐户的妓女问及每天的收入问题时,妓女的回答是:"不定规,有的时候一天可以见个五元、六元的,可是也有的时候一个也不发市,均在自己赔上。"①如果平均每天按3元计算,则其每月的营业收入为90元,妓女的实际收入按两成算就是18元,与前述济南三等妓女1941年的收入相比高出不少,更何况在青岛三等乐户是最低级的,而在济南三等之下还有四等。

(二) 支出状况

妓女的支出可分为两大类:政府征收的各种捐、费、税;服装及其他支出。

民国时期,登记注册的公娼需要缴纳捐税,山东自然亦不例外。其主要包括妓女月捐、妓女检验费、妓女执照费以及局票收费等。

---

① 《人间世泥犁地狱写真》四,《青岛民报》1936年11月7日,第6版。

20世纪30年代,青岛妓女的月捐为一等二元,二等一元五角,三等一元①;各等级娼妓均需缴纳营业许可执照费一元,且每年一换②。20世纪30年代济南市的妓女月捐为:头等三元,二等二元,三等一元,四等五角;妓女每月检验亦按等级收费,丁等免收费用。"凡妓女出外,必悬挂市政府制定的铜徽以资标识。"③20世纪30年代,烟台妓女须每月检验两次,检验费规定如下:鼓妓、一等娼妓每次每人大洋一元,二等娼妓、三等娼妓大洋五角。④ 由于山东省从1931年开始了废娼和救济娼妓的运动,个别城市后来又废除了检验费,如青岛公安局公布施行之娼妓检验条例,"原有检验费之缴纳,嗣为体恤起见,自1932年6月1日起,一律实行免费检验"⑤。

职业的特殊性以及对于"有钱就有衣,没有钱就没有衣,衣服可以变成钱,钱可以变成衣服"的深刻理解,决定了服装是妓女的一项大额支出。⑥ 除了极红的妓女外,一般妓女的衣服都是用"印子钱"买的,"所以妓女之穿衣服,间接就是负债的原因"。时人的调查表明,妓女使用押账十之八九是为了做衣服。⑦

另外,民国时期,由于妓女具有一定的人身自由,为了能够留住妓女,使其成为永久的摇钱树,妓院老板一般都会劝妓女多花钱,甚至引诱其赌博、抽大烟等,"很多妓女都不知不觉地上了圈套,终日纸醉金迷"⑧,开销自然要增加。《青岛市政府二十四年度行政计划》第十二部分"整理娼寮"中就写道:"娼妓因受各种影响,生活放荡,颇多不知节俭,有时欲

---

① 参见《青岛特别市市政公报》第58期,"本市法规"第1页。
② 参见《管理娼妓规则已修正》,《青岛民报》1934年3月23日,第6版。
③ 参见罗腾霄编:《济南大观》,济南大观社1934年版,第389页。
④ 参见《公安局布告通知:定期检验娼妓健康》,《东海日报》1932年8月29日,第3版。
⑤ 《公安局修正娼妓检验简则》,《青岛民报》1933年1月21日,第6版。
⑥ 参见包天笑:《上海春秋》,漓江出版社1987年版,第8页。
⑦ 参见麦倩僧:《北平娼妓调查》,《社会学界》1931年6月第5卷,李文海主编:《民国时期社会调查丛编(底边社会卷)》下,福建教育出版社2005年版,第503页。
⑧ 《关于天津妓女改造问题的初步意见及调查材料》(1950年1月),天津市公安局档案馆藏,3-64-4。

摆脱他去,往往以经济关系,不能如愿,拟规定妓女储蓄办法,劝导施行,使于相当期间,得有经济自主之能力。"①

统计资料显示,民国时期的妓女都有很重的债务负担,"债务的种类大概可以分为三种,就是利息钱、印子钱、押账三种",而且"等级越高的妓女,负债的额数也越大",等级低的妓女虽然借债的数额虽然相对少一些,但是由于债主担心其还债能力,往往就在本已很高的利率上再给她们加大,"她们不能脱离苦海的原因,也就是因为债利的纠缠"②。当时的政府以及许多社会有识之士都意识到这一点,有些城市还出台政策,对乐户借给妓女的债务数额作出一些限制,如20世纪30年代青岛市政府第273次市政会议通过的《管理乐户规则》就乐户对妓女放债作出如下规定:"一、借与一等娼妓者至多不得过三百元;二、借与二等娼妓至多不得过二百元;三、借与三等娼妓者至多不得过一百元;四、此项借债应准妓女分期归还;五、此项借债年息不得过二分;六、妓女对于债务无力归还时,乐户只能依法起诉,不能以人为质。"③但是在妓女及其家人的经济问题得到彻底解决之前,想靠一道政令根本改变妓女负债的状况显然只是一厢情愿。

1948年有人对上海500个妓女的调查显示:"76%的妓女自称其收入在中等以上……但经妓院主、中间人之层层盘剥,浪费消耗之余,生活亦并不优裕。"④山东城市娼妓的经济状况也基本如此。

三、下层妓女的物质生活

(一) 衣食住行

麦倩曾在《北平娼妓调查》中论及北平妓女的生活时指出:"在妓女

---

① 《青岛市政府二十四年度行政计划》,《青岛民报》1935年8月30日,第6版。
② 《天津市妓户妓女调查报告》,李文海主编:《民国时期城市社会调查丛编(底边社会卷)》下,福建教育出版社2005年版,第541—543页。
③ 《市政府公布管理乐户规则:第273次市政会议通过》,《青岛民报》1934年2月22日,第6版。
④ 郁维:《上海娼妓500个案调查》,李文海主编:《民国时期社会调查丛编(底边社会卷)》下,福建教育出版社2005年版,第479页。

的衣食住行表面看去,除了精神堕落以外,总以为物质方面是很享受的,其实并不能如猜想的那样好。"①这一论述对山东城市妓女也是适合的。

"妓女所住的房屋,当然是因为等级而有差别。"②如在济南,"妓馆设备,门前庭中及各室均装有电灯,妓女营业发达者,夏设电扇,冬置洋炉,屋中铁床、洋式桌椅、躺床、衣架、衣柜、梳妆台,并悬挂名人字画,间有置风琴及各项文具者。至三四等,屋内装饰多旧破不等之桌凳而已。"③20世纪30年代,青岛的头等妓院平康二里、平康五里,"楼房的建筑富丽堂皇,极其雄伟","完全是近代化的科学建筑物"④。济宁的扬州班设备讲究,本地班中的一等、二等妓院,或房屋宽敞,或清洁整齐,而三等妓院,"虽有门户院落,但房屋狭小,设备简陋,室内一床一桌别无长物",四等土娼居处更是"矮屋土炕,齷齪不堪"。⑤

妓院一般都会给妓女提供饭菜,但是妓女等级的不同在食物的供应上也有所体现。等级高的妓女饭菜质量相对也会好一点,但是等级低的妓女只能以窝头为主。尤其需要指出的是,无论哪一等级的妓女,因为客人来去没有定时,其饮食都是极不规则的。有时虽然吃饱了,遇着客人要陪吃的时候,也得去吃;碰着客多事忙时,可能又需要空着肚子奔走。⑥ 总之,对于妓女来说,食无定时、冷热不计、食物杂乱是常有之事。

关于衣服,前已述及,职业的特殊性决定了妓女对于穿衣必须注重光鲜艳丽。当然妓女之间的穿衣也是有差别的,头二等妓女一般是绮罗

---

① 麦倩僧:《北平娼妓调查》,李文海主编:《民国时期社会调查丛编(底边社会卷)》下,福建教育出版社2005年版,第502页。
② 同上。
③ 罗腾霄编:《济南大观》,济南大观社1934年版,第389页。
④ 莉丽:《平康二里漫游归来灯下杂写(上)——市面不景气影响妓业萧条、经济恐慌顾客们已见寂寥》,《青岛民报》1935年12月18日,第6版。
⑤ 远敬:《济宁解放前的"妓女"和"妓院"》,政协济宁市市中区委员会文史资料研究委员会编:《济宁文史资料》第4辑(内部资料),1988年,第264页。
⑥ 参见麦倩僧:《北平娼妓调查》,李文海主编:《民国时期社会调查丛编(底边社会卷)》下,福建教育出版社2005年版,第502页。

满身,而三四等妓女穿的都是大红大绿的印花布。

妓女的日常生活极为单调、困苦。每天中午前后起床,至下午5时起梳妆应客,夜愈近,生意愈忙。头等妓女陪酒唱曲应条子过班,非至午夜不止。至于三四等妓女,所谓服务,单指满足嫖客性欲,无论白天黑夜有客人即接。对所有的妓女而言,红倌人即是肉体倍遭蹂躏者,生意不好的则债台高筑,受到鸨母的冷眼甚至虐待。①

尽管妓女生活困苦是不争的事实,但是,笔者认为,对于许多革命话语的资料所提到的诸如下层妓女像牛马一样在老鸨的皮鞭下干活,每天鞭打、铁烙,不给饭吃等,我们还是应该保持一份审慎的态度。正像有的学者指出的,老鸨雇用妓女就是希望其接客赚钱,如果经常不给吃喝并倍加折磨,那么伤痕累累、冻饿不堪的妓女肯定不会受到客人的青睐。②即使我们可能很容易找到老鸨蹂躏妓女的个案,但妓女与老板之间经济上的密切联系决定了这至少不能代表妓女生活的常态。前述齐鲁大学社会学系学生1924年的调查报告中就写道,"老板通常待妓女很好,生活待遇和金钱赏酬很高,致使大部分女孩都情愿继续做下去"③。

政府对妓户、妓女管理的加强也在一定程度上限制了老鸨对妓女的虐待行为。比如1931年青岛市公安局制定的《青岛市管理乐户规则》第十条规定:"乐户营业应遵守下列各项:一、不准虐待娼妓。二、不准强迫妓女留客住宿……五、娼妓有欲从良或投济良所者,乐户不得妨害其身体自由。六、娼妓如有疾病时应由乐户负责医治,不得强迫留客住宿。"④1934年5月7日的《山东民国日报》报道了本市北岗子金宝书寓的老鸨对妓女孔金宝由"待遇不恶而日久生厌,渐有虐待行为",事情败露后,公

---

① 参见罗苏文:《女性与近代中国社会》,上海人民出版社1996年版,第264页。
② 参见张超:《民国娼妓问题研究》,武汉大学2005届博士学位论文。
③ [美]A.G.帕克指导,齐鲁大学社会学系编著:《济南社会一瞥(1924)》上,郭大松译,庄慧娟校,《民国档案》1993年第2期,第56页。
④ 《青岛市管理乐户规则》(1931年),青岛市档案馆,B0032-001-00453-00041。

安局将书寓查封,老鸨被判处拘留、苦工。①

1936年11月—12月,《青岛民报》的一个记者为了了解青岛妓院、妓女生活等,以一个嫖客的身份访问了青岛许多妓院,写了十几篇文章,形象直观地展现了当时青岛妓女的生存状况:包括妓女的日常生活、衣服、饮食、妓院对于妓女的控制、妓女对自己生存状态的无奈、不同等级的妓女生活待遇的差别性,以及在20世纪30年代世界经济危机的大背景下,娼业萧条,妓女收入减少,在政府法律威慑、妓女反抗等因素影响下妓女生存状况一定程度上的进步等。下面两条资料就是笔者从这些文章中删节出的,其中第一条是作者和头等妓院宝顺班姑娘小红的对话,反映了头等妓院妓女的状况;第二条是在黄岛路德兴里的一个三等妓院访问一个妓女的情况。

"你来到青岛,到现在有几年了?"
"不怎么清楚了,大概有三年了吧。"
"你的父母都在吗?"
"是的,先生!"
"现在亦都在青岛吗?抑是在南京?"
"不在青岛,都在南京。"
"那么你自己来的吗?"
"不不,我跟着……我的姨……"
"你为什么来到这里?"
"哎,先生……"

起先看她还怪有神气,但自从问她所以堕落到平康里的原因,她的面孔突然变了,眼圈竟渐渐地发了红,叹了一口气,似乎有什么难言的隐情蕴藏在她的心内,接着又说:"我在南京的时候,就被父

---

① 参见《金宝书寓查封》,《山东民国日报》1934年5月7日,第3张第9版。

母价卖在娼寮中,那时候还很小,对于客人也不知道怎样地应酬与招待,所以,那时候,备受到班中老鸨子的惨酷虐待,因为班中老板,他们的手段都是毒辣的,对于妓女们,简直拿着不是人,连狗都不如啊。但是,像我们这种混世的人,谁叫父母图钱来?作着亲生的儿女,咳!咳!咳……"她哭了,不过,没曾掉下眼泪来,而眼眶内都充满了泪珠。

"你们在青岛怎么样呢?"

"这个么,总比较还好一点,一天之中,即使卖不着盘子,老板不过仅仅给个脸子看,而皮肉却不至于受到痛苦,所以还勉强痛快点……"

"你们现在的生活怎样,还快乐吗?"

"也并不感觉怎样,每天晚上一点多钟,就可以眠觉,却早晨八九点才能起床。一天三餐,吃的总算还可以,反正离不了大馒头以及菜。"

"近来的营业怎样?"

"关于这个,先生也能知道吧,近来市面受经济的恐慌,工商业已经萧条到万分,到处笼罩着不景气的现象,同时,尤其还有一般奸商,竟借机会来操纵市面,眼看着民食已陷于恐慌之境,于是一般人就不到这些地方来了。即便来的,也是断断续续,所以就影响到我们的营业了。于是,每天的收入,突然降下,说也可怜,这二里的馨香班,不是因了房租无法应付,于数月前偷着跑了吗。"①

五角钱换来的东西都上全了,茶、烟、等等,于是乎便有一个又肥又矮的姑娘一屁股便扭进来,年纪约在二十余岁,剪着发,身穿着

---

① 莉丽:《平康二里漫游归来灯下杂写(下)——市面不景气影响妓业萧条,经济恐慌顾客们已见廖寂》,《青岛民报》1936年12月20日,第6版。

浅蓝色的阴丹士林旗袍……并且还穿着那黑段子绣花鞋,满脸擦着些一角钱可以买到一斤二分之一的粗粉,一个脸,简直由白中又透出些青来,尤其那两片唇上又加上那血红色的胭脂,更显得使人有点惧怕与恶心……

下面是咱和那姑娘的一问一答。

问:"你们每天的收入大概能有多少?"

答:"唔,先生问这个吗,不定规,有的时候一天可以见个五元、六元的,可是也有的时候一个也不发市,均在自己赔上"

问:"到这儿来的,以什么时候最多?"

答:"晚上总比白天多一些,尤其在夜的九点钟以后。"

问:"来游的人们都是干什么的"

答:"先生,你自己想想,有钱的阔大爷,还肯涉足于此处乎?所以,自是到这里来的,差不多都是些下层阶级的劳动者,以苦力们占多数。"

问:"你们的营业既然如此衰落,当着这米面飞涨的时候,还能够支持吗?""每天哪能吃馒头及大米呢,而连大米馒头的味也尝不到,都是吃小米面做成的窝窝头啊。"

问:"你们随便可以到外面去玩吗?"

答:"莫想这些好事,老鸨子是厉害,到楼下,也得跟着啊。"

问"老板还虐待你们吗?"

答:"一个女子,堕落到这里面,简直不算人了!在老鸨子们,对我们是非常残酷的,不过近来因为有的妓女因受虐待,竟服毒或潜逃,老鸨子们是最怕这个的,所以比前总算好多了。"[1]

---

[1]《人间世泥犁地狱写真(四)——黄岛路德兴里》,《青岛民报》1936年11月7日,第6版。

(二)下层妓女的出路

妓女不仅社会地位低下,特别是由于长期的腐败生活,她们一般肩不能挑、手不能抬,针指中馈、洒扫持家,一无所长,许多人身体很差,不能生育,所以除了那些因为贫穷无钱娶妻的下层人,一般人都不愿意娶妓女为妻。当然,一般穷困之家多数妓女也看不上眼,因而除了极少数年轻貌美、技艺非常的妓女能在中上人家当妻妾外,大多数妓女注定是难以善终的。①

学者彭阿木在《上海卖笑妇》中曾指出,上海娼妓的归宿不外以下三种。好结果包括:为官吏等人作妾;为商人、工人妻妾;买私生子教育之以乐余生。此种结果仅占 2.5%—3%。中结果包括:当鸨母营娼业;嫁给穷困人;做苦力或车夫的妻子;当女工、佣人、娘姨以度余生;到里弄给人洗衣、梳头等。此种结果占 45.5%—46%。恶结果:到花烟间、钉棚继续营业;病痛缠身或死亡;当乞丐。此种结果占 41.5%—42%。② 其实,上海妓女的归宿只不过是民国时期全部妓女归宿的一个缩影。在前述老舍先生的小说《月牙儿》中,母亲最后只能靠女儿做暗娼养活;女儿感染了花柳病,本来想着就此等死,因政府整顿暗娼被抓进了感化院。对于感化院教育妓女们好好做工,"将来必定能自食其力,或是嫁个人",她的想法则是:"他们很乐观。我可没这个信心。他们最好的成绩,是已经有十几多个女的,经过他们感化而嫁了人。到这儿来领女人的,只须花两块钱的手续费和找一个妥实的铺保就够了。这是个便宜,从男人方面看;据我想,这是个笑话。"由于侮辱到感化院视察的官员,她又被送进监狱,她说:"自从我一进来,我就不再想出去,在我的经验中,世界比这儿并强不了许多。我不愿死,假若从这儿出去而能有个较好的地方;事实

---

① 参见武舟:《中国妓女生活史》,湖南文艺出版社 1990 年版,第 176 页。
② 转引自上书,第 344—345 页。

上既不这样,死在哪儿不一样呢。"①母女两人的遭遇是当时许多下层妓女生活的真实写照。

下面一段话出自《中国妇女问题讨论集》所载《娼妓》一文,尽管带有一定的感情色彩,但的确也是对当时妓女群体形成、生存状态及其悲惨前景的高度概括:

> 娼妓之由鸨母,自幼买养,长而坠落,或妇女之临时卖充娼妓者;及因借贷关系,而以子女抵押于班主为娼,非至一定年限,不得自由者,均屈服于鸨母势力之下。行动不得自由,时或遭受虐待,一若青楼宪法,有鸨权无限之规定者然……质言之,娼妓之生活,不自由之生活也,机械之生活,奴隶之生活也。一日之间,晨妆甫竟,即游客络绎而至。于是点名、见客、问姓名、进烟茶,值客多,每疲于应酬。然应酬稍不周,则冰桶之名,见于报纸,或藉端捣乱矣。其有旧客造访者,尤须斟酌相当程度,而与以米汤(不自然之情话)洋劲(不自然之表情),否则客将不至矣。若点戏、陪客出游、叫条子(侑酒)、过班(客在他班,邀其往会)等事,扰攘至于夜之逾午而不能已,其劳殊甚也。小班娼妓,留客度夜之事,视茶室下处为略少。若茶室下处,则留客度夜,常无虚夕,其痛苦亦难言矣……作妓而客多者,所得金钱亦多,是为红姑娘。班中上下人均须温意笼络,格外慕维;居其间尚可以自安;其顾客冷落者,每陷于贫困之境,负债累累。班中上下人之冷语恶声,亦须饱尝。是中吞声饮泣者,固大有人在也。然生涯好者,亦恃其绮年玉貌耳。数年之后,高等娼妓,降而为下等娼妓;下等娼妓,流而为跟妈乞婆。其为人作妾者,尚为善于自谋者矣。公娼如此,私娼亦然。故客有询妓女之身世,或其来日之下场

---

① 老舍:《月牙儿》,江苏文艺出版社2006年版,第97—120页,原载《国闻周报》1935年第12卷第12—14期。

者,妓女多黯然无言;或悄然长呼。甚者珠泪盈盈,掩面啜泣。呜呼,是真所谓可怜虫哉!①

第三节 民国时期山东城市乞丐的物质生活

乞丐指"无恒产,无恒业,而行乞于人以图生存之男女"②。近代中国是一个乞丐众多的社会,"世界列邦皆有之,而我国为独多"③。日本人长野郎曾经指出:"旅行中国的人所感悟到苦恼的事情之一,是乞丐的袭来。在中国,乞丐和贫民是不容易区别的,所以如果把连类似乞丐的人也计算在内,则其数就大了。"④当时不仅在各大中城市、各通商口岸聚集着乞丐,在经济贫穷的小县城乞丐也随处可见。⑤ 以至于有学者指出:"乞丐已经成为城市的一个'标志'。"⑥乞丐也就成了民国时期城市游民最主要的组成部分。

一、民国时期山东城市乞丐概况

(一)乞丐充斥

民国时期的山东,人口稠密、人多地少,天灾不断,匪患猖獗,城市中的乞丐自然不会少。从当时山东各城市所发行的报纸上经常可以看到"乞丐充斥""沿路乞丐,呼唤讨食,甚或追人踪后,强行讨乞""有碍观瞻"之类的报道。

当时享有"东方瑞士"之美誉的青岛,作为中国北方一个重要的港口

---

① 转引自周谷城:《中国社会史论》上册,齐鲁书社1988年版,第313—315页。
② (清)徐珂:《清稗类钞》第11册,中华书局1986年版,第5472页。
③ 同上书,第5472页。
④ [日]长野郎:《中国社会组织》,朱家清译,光明书局1930年版,第394页。
⑤ 参见侯艳丽:《民国时期的乞丐及其影响》,《忻州师范学院学报》2006年第2期,第61页。
⑥ 刘海岩:《近代天津乞丐的构成、行为及其城市遭遇》,《城市史研究》第22辑,天津社会科学院出版社2004年版,第116页。

城市，工商业发达，不仅中外达人汇集，也是乞丐聚集之处。"四方、潍县路、博山路、易州路附近一带，是乞丐荟萃的地方。无论你在任何的一个时间，只要踏入他们的势力圈内，除非你穿着很漂亮阔绰的洋服，撑起门面，否则，任便你长有三头六臂，也难免要被窘个三四分钟，其实这种景象，在别的马路上——如中山、河南等，也并非寻觅不到，不过统核起来，总不及这几条路的一带，前迎后送，左护右卫，大有应接不暇之势。在废历腊月的时候，善男信女较平时来得多，因此平日不当乞丐的，到了这个时候，也要去玩一回票，下一次海，所以每到年底年初乞丐特别多。"①

济南作为山东的省会所在地，虽然有较多的政府、社会慈善团体每年收容赈济，也一直是"流丐滋多，乞声盈街"。齐鲁大学社会学系学生在1924年的社会调查报告《济南社会一瞥》中就提到，每年农历9月9日的重阳节，是人们登高的日子，在千佛山"去山脚下的路上和通向庙宇的台阶上，排列有200—300名乞丐，他们为每个人提供了获得荣誉的极好机会"②。据调查，1927年济南的职业乞丐有537人③，1930年的调查结果为381人④。

烟台人口虽较济南、青岛少了很多，也"时有鹑衣百结之踯躅街头"，每年冬季该市救济乞丐的广仁堂避寒所更是人满为患。⑤威海卫的马路上经常发现追随英兵的丐童，操着"满口完全一窍不通之英语，不至得钱之目的不止"⑥。

美国人文地理学家亨丁顿曾经写道："在北方城市的街道上，你遇见

---

① 《青岛社会的一角：风雨交加中的乞丐》，《青岛时报》1934年1月31日，第6版。
② [美] A.G.帕克指导，齐鲁大学社会学系编著：《济南社会一瞥（1924）》上，郭大松译，庄慧娟校，《民国档案》1993年第2期，第54页。
③ 参见山东省政府秘书处：济南市史志编纂委员会编：《济南市志》第5册，中华书局1997年版，第208页。
④ 《济南市男女乞丐比较图》，《山东省政府公报》1930年3月9日第80期，附表。
⑤ 参见《公安局取缔吸毒品乞丐》，《乞丐三百余排队领片片票》，《庇寒所人数激增》，《东海日报》1933年3月16日，第3版；1935年2月13日，第3版；1936年1月6日，第3版。
⑥ 《马路上又发现追随英兵之乞讨儿》，《黄海潮报》1935年5月27日，第4版。

的疾病痛苦的痕迹,实在要比南方为多。衣衫褴褛的人,也随处可以看见,至于乞丐,竟像苍蝇蚊子一般,纠缠你一个不休。假如你逛泰山,在济南以南一百里光景,那里乞丐之多,真好比一窝蜂子,你循大石道上山,他们可以紧紧地跟上十几里,直到山顶;他们可以把你团团围住,把他们的跌断的脚、烂残的手,逐一展览给你看,他们还要不时地指腹捶胸,表示那里面已经空了两天了。"他进而感慨:"历史上的山东是中国人文进步的中心,如今会落伍到这般地步,真不能不令人惊怪。"①

(二)乞丐的类别

按是否以乞讨为职业,乞丐分成两类:"职业乞丐"和"流动乞丐"。流动乞丐又有两种不同的情况:一种是季节性流动乞丐。这些乞丐其实大多是城市周边地区的农民,他们的出现和消失是定期的,按照农时季节往来于城乡之间成为他们的谋生方式。另一种是因灾荒和战乱流入城市的难民,或可称之为"逃难型流动乞丐"②。

职业乞丐是乞丐群体的主体③,其中许多人加入乞丐组织。乞丐组织的通俗的叫法是"丐帮",其他叫法还有穷家行、穷家门、穷教行、乞丐行、丐行、理情行(意为讲理讲人情的行)等。④ 丐帮之间派别林立,不同的丐帮各有自己的历史、传承以及家规家法等;丐帮内部等级森严,乞丐加入丐帮也要遵循一些较为严格的程序。如在济南,职业乞丐的组织称"家门",组织严密,上下分工精细。"家门"的头头称"篓子头",负责本门乞丐赶山会、赶大集、串街巷的组织领导,处理本门乞丐各派系之间的争议及与地方保甲、军警、工商界等社会势力的矛盾。篓子头

---

① 转引自潘乃穆、潘乃和编:《潘光旦文集》第 3 卷,北京大学出版社 1995 年版,第 138—140 页。
② 刘海岩:《近代天津乞丐的构成、行为及其城市遭遇》,《城市史研究》第 22 辑,天津社会科学院出版社 2004 年版,第 107—108 页。
③ 同上书,第 108 页。
④ 参见钟年、张宗周:《丐帮与丐——一个社会史的考察》,《湖北大学学报》(哲学社会科学版) 1997 年第 1 期,第 34 页。

下设"老捻",负责各乞丐聚居区的领导、管理和剩余物质的保管及分配。乞丐入"家门"要先磕头拜师,宣布遵守本派法规、尊敬师长,学会联络暗号等。丐帮往往以各种方式要挟商号、干扰经营、强行索取,并通过"家门"组织与地方保甲、军警和有关社会势力相勾结,受其支持和庇护,与其分利。① 职业乞丐中不在门的,也就是无组织乞丐,往往只能选择有组织乞丐不感兴趣的、收获少的乞讨方式和街区,无法与有组织乞丐相抗衡。② 职业乞丐中多有偷窃、吃、喝、嫖、赌、吸大烟、酗酒、打架斗殴等社会恶习。

(三) 乞丐沦落的主要原因

尽管"贫穷是制造乞丐的主要原因"③,但导致贫穷进而沦落为乞的原因却各不相同。就民国时期山东城市而言,乞丐沦落的主要原因有以下几个方面。

第一,天灾人祸。

各地频发的天灾人祸是农民沦为乞丐的主要原因。以天灾论,民国时期的中国,天灾频发,正如当时的学者指出的:"在世界任何国家,灾荒是偶然的、特殊的现象;但是在中国,近数十年来,灾荒已成为经常的普遍的现象。"④在当时农村普遍靠天产粮吃饭的情况下,小农经济本身就极其脆弱,没有什么生产性的防御手段,又几乎没有任何资金或物质积累,抵抗打击的能力极弱,正如英国历史学家陶内在 1932 年指出的,"在中国的许多地区,乡村人民的处境,就像一个人永远站在齐颈深的水里,一个小浪就足以把他淹死"⑤。如果"一遇天灾人祸、饥馑流行,大量普通

---

① 参见济南市史志编纂委员会编:《济南市志》第 5 册,中华书局 1997 年版,第 208 页。
② 参见刘海岩:《近代天津乞丐的构成、行为及其城市遭遇》,《城市史研究》第 22 辑,天津社会科学院出版社 2004 年版,第 110 页。
③ 钟年、张宗周:《丐帮与丐——一个社会史的考察》,《湖北大学学报》(哲学社会科学版)1997 年第 1 期,第 35 页。
④ 朱其华:《中国农村经济的透视》,中国研究书店 1936 年版,第 5 页。
⑤ C.Tony,Chinese Land and Labor,London 1932,p.77.

百姓丧失抵抗能力,如不愿在家等死,又不愿走偷盗抢劫的歪道,便只有采取乞讨这种'正当防卫'的手段了"①。因此,农村破产造就的大批流民是繁衍乞丐的温床,而天灾人祸则是使一部分流民沦为乞丐的直接原因。②

第二,失业。

民国时期城市工人、手工业者以及商贩等经常因为失业而沦为乞丐。该时期的中国,在半殖民地半封建社会形态下,城市工商业的发展倍感艰难,城市下层从业人员如工人、手工业者等都时时面临着失业的危险,而一旦失业,欲重新谋求到一份正当的职业实属不易,在别无生路的情况下,只能沦为乞丐。③ 表5-2反映的是青岛市社会局对附设的游民感化所1933、1934年两年间收容乞丐、游民沦落前的职业出身情况。从中可以看出,将原职业为"农"和"不明"都算作没职业的,1933年收容的686名乞丐游民中有职业的共计563人,占总人数的82.07%;1937年收容的名乞丐游民中有职业的共计828人,占总人数的75.75%;尽管不排除其中有因为工伤、疾病导致下面将要论述的身体残疾沦为乞丐的情况,但其中许多人无疑是失业造成的。特别是苦力职业出身的人数在这两年中都占据半数以上,在所有职业中占比为第一位,除去职业不明的,小贩人数仅次于苦力,居第二位。之所以出现这种情况,或者有一部分人是因为苦力、小贩辛苦且收入极低而主动去做了乞丐,但笔者认为主要的原因还在于城市中苦力、小贩本身就徘徊在失业、半失业的边缘,一旦经济不景气,他们是最先失业的人群,很多人被迫走上了乞讨之路。

---

① 钟年、张宗周:《丐帮与丐——一个社会史的考察》,《湖北大学学报》(哲学社会科学版)1997年第1期,第35页。
② 参见罗国辉:《民国时期乞丐群体成因探析——以上海乞丐群体为例》,《天中学刊》2006年第6期,第41页。
③ 参见鲍成志、邱国盛:《近代中国城市游民阶层的形成及其特征》,《苏州铁道师范学院学报》2000年第1期,第104页。

表 5-2　1933、1934 年青岛游民感化所收容乞丐、游民原职业统计表

原职业	苦力	小贩	农	工	商	军警	其他	不明	总计
1933 年人数	396	69	34	23	28	21	26	89	686
1934 年人数	672	68	66	24	19	17	28	199	1093

资料来源:《青岛市社会局业务特刊(民国二十二至二十三年)》,山东省图书馆特藏部藏。

第三,身体残疾。

在旧社会,残疾人备受社会歧视,他们的谋生十分困难,除了部分残疾人因家庭或家族抚养而衣食无忧无虑外,大多数残疾人靠从事乞讨、算命、卖艺等维持生存。① 济南市 1930 年 2 月对乞丐的调查显示,381 名乞丐中,健全的有 209 人,占总人数的 54.86%,残废的 172 人,占总人数的 45.14%。仅就男子而言,总共 243 名男丐中,健全的有 116 人,残疾的为 127 人,也就说男乞丐中残疾人的数量超过了健全人。

尽管早在民国初期就有人在《大公报》上发表评论,认为乞丐"实系残废不堪谋生者,殆仅千百中之一二,大多数可以筋力易食者","乃不谋所以自养而甘流为乞丐"。② 但笔者以为,这样的观点更多地反映的是国人对乞丐不劳而获习气的不满,乞丐中有许多人是因身体残疾沦落为丐毕竟是不争的事实。《文史精华》编辑部编辑的《近代中国江湖秘闻》就认为,当乞丐的大多数是无产无业、无家可归或没儿没女的鳏寡孤独的穷人,而且其中多数是腿瘸脚拐、眼瞎口哑、憨厚痴呆以及无亲无故的人。

以上是乞丐沦落的主要原因。当然,也有一些原本家庭环境比较优渥的子弟,或者因为好逸恶劳、不学无术,或者因为染上赌博、吸食毒品等恶习,终于有一天,财尽源枯,生活无法维持,只好走上街头行乞。下面这篇来自《东海日报》的文章的主角就是因不学无术、好逸恶劳而沦落

---

① 参见罗国辉:《民国时期乞丐群体成因探析——以上海乞丐群体为例》,《天中学刊》2006 年第 6 期,第 42~43 页。
② 无妄:《闲评一》,《大公报》1916 年 10 月 18 日,第 1 张。

为乞丐的。

星期日,好游的我,便慢慢走到路旁,只见有一个年在二十岁以外的花子,我问:"你为什么这样穷?"他说道:"我在前数年的时候,也是一个学生,所以有今天的模样,全在我自己作出来。我从小就没母亲,靠着父亲抚助我长大,家里没有一个兄弟姊妹,所以我的父亲很欢喜我,我便好吃懒做,自由自在,一点拘束都没有。到了十一岁的时候,就送我到学校读书,无奈我向来喜欢游玩,读书是我最不乐为的事情,进了初级小学,共有六年,进了高等小学,共有四年,在这十年间,换了九处学校,但品行和学问呢,竟然像没有受过教育一般,哪知父亲死后,就闯荡至今,做买卖也没有本领,做工也没有气力,今日的穷困,就是穷困在从前靠着父亲,不肯勤劳向学,所以弄到这个地位。"①

二、乞讨方式

乞讨既是乞丐的谋生方式,也是乞丐的主要生活内容。

乞讨方式涉及乞讨的对象和乞讨的手段、方法两个方面的问题。从乞讨对象说,可以分为三类:向店铺讨要,入户乞讨和沿街乞讨②;至于乞讨的手段和方法可谓花样百出、种类繁多,尤其是对那些职业乞丐而言。

职业乞丐最看重的对象是沿街的店铺,以至乞丐成了商家既讨厌又不敢得罪的"主顾"。乞丐和商家是共生的、无法解脱的"冤家"。商家需要通过施舍乞丐做善事换来财运,乞丐则把地盘内的商家看作生存的主要依赖对象。他们大都按照系统和规则划分各自的地盘,定期在地盘内挨门向商家讨要。每逢年节如春节、端午、中秋,则是乞丐向商家讨要的

---

① 《记叫花子的一习话》,《东海日报》1935 年 3 月 12 日,第 8 版。
② 参见刘海岩:《近代天津乞丐的构成、行为及其城市遭遇》,《城市史研究》第 22 辑,天津社会科学院出版社 2004 年版,第 110 页。

好时候。如商家拒绝讨要,丐帮中就要有人使用各种方法前去搅扰,包括谩骂、砸商店玻璃、向门面上抹狗屎人粪、拦挡主顾搅生意,直至打架拼命,甚至使用自残等。如在20世纪20年代的济南,"乞丐们常常是有一条定期在一些住宅和店铺乞讨的固定路线,他们通常是每处要几个铜钱,或至多是1—2分钱。如果店铺拒绝给乞丐们钱,他们的生意便易受到损害,这群乞丐会把拒绝给钱的店铺所在街道上的顾客们赶走"①。真是"乞丐乞丐,生性无赖,只能好说,不能恶待。若要恶待,给你要赖"②。

到居民家上门讨要,无论对于职业乞丐和非职业乞丐而言,都是一种主要的方式。尽管平日入户者多是讨要食物,但由于民国时期经济的衰败导致民众普遍的匮乏,乞丐吃闭门羹的现象司空见惯,下面这首诗登载在1936年8月20日的《山东日报》上,形象地记述了一个男乞丐在一家富户门前讨要遭拒的辛酸经历:

> 顶着希望,
> 蹲跪在富翁门前,
> "给口干粮吃吧,老太太!"
> 他哭丧着脸。
> "苦"守在他眼角里,
> 编成了一团花环。
> 嘴嚼着淡味的唾沫,
> 眼瞪着瞅他的狗,
> 肚子里冒出了虚干的烟,
> 他不怨,
> 干粮的慰藉胜过了及第的榜悬。

---

① [美]A.G.帕克指导,齐鲁大学社会学系编著:《济南社会一瞥(1924)》下,郭大松译,庄慧娟校,《民国档案》1993年第3期,第57页。
② 文史精华编辑部:《近代中国江湖秘闻》下册,河北人民出版社1997年版,第394页。

>"另赶门去吧,这儿不打发,自己还没的吃穿!"
>
>门缝里才送出两粒冰情不耐烦的眼,
>
>绛绡的衣梢儿又飘去半天。
>
>"这儿不打发?!……"
>
>他瞧着青冥,
>
>"到底这孤凄人呵,有谁哀怜?"①

沿街向行人乞讨也是职业乞丐和非职业乞丐都习惯使用的方法,由于乞讨对象的针对性不像前两种方式那样明确,出于博得路人最大限度的同情与施舍的需要,沿街乞讨尤其讲求行乞的方式和技巧。

从不同时代的学者们对乞丐的所作的多种多样的分类,可见乞丐的乞讨手段和方法种类繁多之一斑。徐珂在《清稗类钞·乞丐类》中记载,晚清乞丐按职业分为八类:专门于别人家有庆吊活动时前往乞讨者、专走江湖之丐、挟技之丐、劳力之丐、残疾之丐、诡托之丐、强索之丐、卖物之丐。② 乞讨方式可分为红项、白项,红项采用硬讨,白项采用哀乞。③ 郑观应根据乞丐行乞的技能和方式的不同,将这些乞丐分作五种类型:原始型、卖艺型、劳务型、残疾型以及流氓无赖型。④ 上海沪江大学吴元淑、蒋思壹在1933年出版的《上海七百个乞丐的社会调查》中将上海乞丐分为28种:"告地状、跟车、拉车、顶狗或钉把、走街丐、玩青龙、三脚蛤蟆、开天窗、水碗流心(星)、不开口、顶香炉、念三官经、三老江湖、凤阳婆、僧侣、残疾丐、拍胸、送财神、念春歌、赶节日、倒冷饭、拾荒、拾烟头、开汽车门、码头丐"⑤等。北京乞丐的行乞方式也有20多种。当代学者赵英兰

---

① 《讨干粮吃的》,《山东日报》1936年8月20日,第2张第7版。
② 参见(清)徐珂:《清稗类钞》第11册,中华书局1986年版,第5472—5473页。
③ 同上书,第5472页。
④ 参见郑观应:《郑观应集·巡捕》,上海人民出版社1982年版,第152页。
⑤ 吴元淑、蒋思壹:《上海七百个乞丐的社会调查》,上海沪江大学1933届学士学位论文,转引自曲彦斌:《中国乞丐史》,九州出版社2007年版,第271—279页。

认为民国乞丐的乞讨方式多种多样,基本上可以分为:路讨、艺讨、骗讨、苦讨、节讨、喜讨。①

对于民国山东城市乞丐乞讨的方式,尽管缺少北京、上海那样的社会调查资料,但是,正像当代美国学者卢汉超指出的,"中国的乞丐文化和相关的习俗制度在时间和空间上有高度的一致性","中国各地乞丐文化的相似之处大大超过他们在地域文化上的不同,使各地的乞讨和乞丐有一种独特而明显的共性",②所以笔者可以结合20世纪30年代登载在《青岛民报》上的《乞丐生活素描》一文,对山东城市乞丐的行气方式进行简要的"素描"。

首先,行乞方式五花八门,别开生面。《乞丐生活素描》较为形象地介绍了14种行乞方式:"提元宝大喊顺流""洋扫老滑稽有趣""掉灶王姑娘唱春""顶盘子江湖杂耍""装烂脚哀求香客""跪街头叫苦黄连""哀哭党穷途落魄""卖花蛇放生修行""开天门强讨恶索""莲花落词调新颖""武金栋继祖行乞""兼行窃掉牛掉狮""偷鸡贼一手八只"。其中的"顶盘子江湖杂耍"又涉及很多更具体的方式:"有的赤着膊耍很大很大的花蛇;有的鼻子上竖一根细竹,竹上顶着一只旋转不定的盘子;有的牵着一只狗,不停会向店里的人磕头礼拜;有的敲着鼓,把三根穿着铜钱会'嚓嚓'做声的棒轮流抛着,嘴里还唱着小调;有的手托渔鼓唱着道情;有的手敲木鱼口念'心经';有的把长剑向咽喉中通下去;有的把铁钉向鼻孔中穿进去……"③而"武金栋继祖行乞"则介绍了鲁北奇乞武训的曾孙武金栋,继承曾祖遗志继续行乞兴学之事,可能是山东乞丐所独有的行乞方式。

其次,在继承传统时代的乞讨方式的同时,在具体的方式上有所"创

---

① 参见赵英兰编:《民国生活掠影》,沈阳出版社2001年版,第237页。
② [美]卢汉超:《时空上下:关于中国乞丐文化史问题的若干探讨》,姜进主编:《都市文化中的现代中国》,华东师范大学出版社2007年版,第114—115页。
③ 《乞丐生活素描(下)》,《青岛民报》1937年5月25日,第7版。

新"。《乞丐生活素描》一文中的"莲花落词调新颖"一节,介绍了乞丐在莲花落唱词中加入反映时代变化的新内容:"莲花落可说是讨饭调,每个乞丐都能高唱,本来是'梅花一支开,莲花啦莲花……'的歌调。现在,他们居然把老调改了,改成含有民族意识爱国思想的新颖的词调。'打倒某某老'、'民国万万岁'、'拥护蒋院长'、'某某人,真无理,开大炮,占我东三省'……这一些句子,都含在莲花落里,流入了民间。"前述武训曾孙武金栋继祖行乞唱词也有变化。武训唱词是:"谁推磨,谁推磨,管推不管罗,管罗钱又多。赢得钱,修义学。"①武金栋的是:"众人行好我代劳,人家帮助为我的;募钱不要钱,爷爷万万年;不为名,不为利,附属爷爷真主义;不为吃,不会喝,附属爷爷真不多;前辈爷爷兴义学,后辈孙子武金栋,一辈接,一辈传,爷爷香烟永不断……"②

最后,有些方式,已经不是单纯的乞讨行为,而与欺骗、偷盗等活动结合在一起,成为一种具有违法犯罪性质的鄙陋社会现象。③《乞丐生活素描》中对"兼行窃掉牛掉狮"的素描是:"掉黄牛的,赤着膊,头上套着个麻袋,算是一只黄牛,掉狮子的,头上套着一个纸扎的狮头,他们在每爿店门前掉着,店主总不加以拒绝,因为他们一掉,这爿店生意兴隆,财源达四海,这一般掉黄牛的、掉狮子的,为着受人喜欢,往往乘人家不知不觉中,偷了米、面这类东西,放到牛头狮头里去";"偷鸡贼一手八只"则介绍了那些行乞还兼做偷鸡贼的行生的乞丐,将细灯草用嘴一吹,"粒粒的灯草,就散在地上,使群鸡来啄食,乘势就可以窃捉去","手段高明的一手可以捉到八只鸡,会无声无息地藏在衣下偷了去"④。1936年2月青岛市西镇建设办事处"以区内小偷充斥","金属门窗把手、垃圾箱上门

---

① (清)徐珂:《清稗类钞》第11册,中华书局1986年版,第5493页。
② 《乞丐生活素描(下)》,《青岛民报》1937年5月25日,第7版。
③ 参见罗国辉:《略论民国时期上海乞丐问题》,《苏州科技学院学报》(社会科学版)2006年第4期,第83页。
④ 《乞丐生活素描(下)》,《青岛民报》1937年5月25日,第7版。

盖、污水雨水池盖以及晾晒之衣件等等"被窃取"事件日多,住户甚感不安",拟定并提请青岛市建设会议通过了取缔小偷办法。在其中分析的导致"小偷充斥"的三种原因中,第一种就是"废年乞丐激增,感化所不能容纳,职业乞丐,亦即职业小偷"①。1928年7月16日的《济南日报》报道了一群乞丐联合起来哄抢小贩潘某挑卖的一担馍馍之事。乞丐们采取的策略是,几个乞丐以购买为名拿到馍后,不给钱反而拔腿就跑,趁潘某追赶之际,其余乞丐一拥而上,瞬间将一担馍馍瓜分净尽。②

有学者指出,"乞丐文化集中体现了底层民众穷极无聊的生活真相,也是社会中各种庸俗取向、消极态度、懒惰哲学、流氓意识、隐士作风、痞子行径等行为类型与思想意识的集中展现"③。上述形形色色的乞讨方式恐怕是此论断的最好注脚。

三、乞丐的收入与物质生活

丐帮中,丐头往往收入颇丰,其收入来源有:"一,商店所给诸丐之钱,可提若干。二,年节之赏,庆吊之赏,无论商店、人家均有之。三,乞丐乞讨所得。""新入行之丐,必以三日所入,悉数献之于丐头,名曰献果。献果愈多者,光彩愈甚,恒尽心竭力,以自顾门面,如官家之考成焉。此后则按彼中定制,抽若干成献于丐头。(其数大略不逾两成)。"作为回报,乞丐"若有死亡、疾病,则由丐头酌量给恤,重者并由同辈分担义务"④。

至于一般乞丐,根据收集到的一些零星资料看,笔者认为,除了在庙会、节日等特殊的时候以及一些特殊的地点,其收入一般不会太多。在

---

① 《青岛西镇办事处拟定取缔小偷有效办法——提请建设会议通过施行》,《东海日报》1936年3月29日,第6版。
② 参见《乞丐抢馍之妙计:一丐引之,数丐乘之》,《济南日报》1928年7月16日,第7版。
③ 罗国辉:《乞丐问题研究综述》,《柳州师专学报》2006年第2期,第27页。
④ (清)徐珂:《清稗类钞》第11册,中华书局1986年版,第5470—5471页。

20世纪20年代的济南,"乞丐们常常是有一条定期在一些住宅和店铺乞讨的固定路线,他们通常是每处要几个铜钱,或至多是1—2分钱"①。1935年4月26日威海《黄海潮报》提到,本市天后宫庙会期间,乞丐"每人一日可得五六千,既晚则聚于路旁林中按钱数均摊,并非所要之钱多少统为个人者,乃系股份生涯"②。

至于衣食住等日常生活,除了丐头可以做到衣食无忧之外,大部分乞丐生活悲惨。他们衣衫褴褛、蓬头垢面,白天吃的是残羹冷炙,且"每日饮食无定,多要多吃,少要少吃,要不着不吃"③,夜间露宿于街头巷尾、破庙烂宇,时常处在饥寒交迫的境地。李大钊曾经这样描述乞丐的惨状:"每到吃饭的时候,有一种极其悲惨的声音送入市民的耳鼓,这就是沿街叫苦,乞怜于阔绰人家残羹剩饭的呼号。这种声浪,直喊道更深,还断断续续的不绝。一家饱暖千家哭,稍有感情的人,便有酒肉在前,恐怕也不能忍心下咽吧!"④北方天气寒冷,每当隆冬时节,乞丐冻死饿毙更是寻常之事。⑤

恶劣的生活环境与生存条件,使得乞丐很容易罹患各种疾病。据《上海救济难民难童收容所的过去与未来》中记载,不少乞丐带有疾病,"小孩子普遍患沙眼、皮肤病……肠胃病、心脏病、肺结核……"⑥吴铎的《北平协医社会事业部个案的分析》中提及,"乞丐由于经济条件所限,如果未患骨折等重大病……则很少有到医院就医的机会"。朱仲琴总结出乞丐死亡的五种原因:四季转换时期,"十有九病,此致死原因之一。有时得钱即至小饭店狂饮大嚼,醉饱后,仰到河滩酣睡,所有地下潮湿不顾

---

① [美]A.G.帕克指导,齐鲁大学社会学系编著:《济南社会一瞥(1924)》下,郭大松译,庄慧娟校,《民国档案》1993年第3期,第57页。
② 《天后宫庙会花絮录》,《黄海潮报》1935年4月26日,第4版。
③ 李景汉:《北京的穷相》,《现代评论》(第二周年纪念增刊),第74页。
④ 《李大钊文集》下,人民出版社1984年版,第448页。
⑤ 参见《天气渐寒,冻毙者多》,《青岛民报》1935年12月4日,第6版;《冻毙男尸体昨日发现四具》,《青岛民报》1935年12月14日,第6版。
⑥ 周祖望:《上海市救济难民童收容所的过去与未来》,《社会月刊》第3卷第7期,第82页。

也,此致死原因二。有终日不得一饱者,亦有兼日而食者,饥饿难忍,则潜至巷尾,常于垃圾之中拾取人家所弃之腐鱼烂肉,持回河滩,架起土砖,上承以瓦钵,燃火煮食,此致死之原因三。又或偷取货物,为照货之红头小工等所见,即捕住,将双手反接缚于木柱上,尽力饱打,藤编所至,血肉横飞,多有经此一击后,奄奄垂毙,此致死原因之四也。又有懒惰成性,潜将阴沟毒泥涂于下茎,毒发即行溃烂,跛行街市,冀邀人怜,给以钱物以资度日,不久毒往内攻,数日即毙,此致死原因五也"①。尽管上述调查主要是就上海、北京而论,一南一北,一沿海一内陆,一定意义可以看作是民国时期全国的乞丐悲惨遭遇的反映。

1929年济南市社会局曾对市内从事卜筮星算行业的人员进行了一次较为详细的调查,见表5-3。由表中可见,所调查的54名卜筮星算从业者中,不少人每月收入仅两三元,还有一元的;家庭经济状况绝大多数为"生活困难"或"度日不足","尚可维持"者仅属少数,"经济充裕"者更是凤毛麟角,而且这两种家庭多数在卜筮星相之外尚有其他收入。尽管卜筮星算就是讨饭的职业,但毕竟从业者还付出了一些劳动。他们的生活尚且多数困难,普通乞丐的情况也就可以想见了。

表5-3 济南市社会局卜筮星相堪舆调查表

姓名	年龄	原籍	现操何术	每月收入	家庭子女数目	家庭经济状况	备考
耿福田	44	历城	周易	3元		度日不足	
杨瑞明	25	直隶河间	周易	1元			残废院补助伙食
张虎臣	58	长清	周易	3元	子2女2	生活困难	2子当兵月进款纯自用
王教祥	71	曲阜	六爻	1.5元	子1	尚可维持	子系高师毕业,刻下无业

---

① 朱仲琴:《海属社会面面观》,《新青年》1920年8卷3期,第12页。

续 表

姓名	年龄	原籍	现操何术	每月收入	家庭子女数目	家庭经济状况	备考
吴乐山	42	长清	六爻	3元	子2		大子15岁
尚义铎	64	禹城	六爻	1元		生活困难	
过庆年	62	登州	六爻	1元	子2女2	生活困难	家人执手工业进款尚可补助
王兰舟	53	长清	六爻	6元	子1女2	生活困难	
张玉辉	51	东阿	六爻	3元		生活困难	
刘相臣	47	历城	周易写信	7元	子2女1	生活困难	
向文山	46	四川新繁	周易	7元	子2	生活困难	
聂福田	42	章邱	六爻	2元	子2女1	生活困难	
商化棠	48	长清	六爻	2元	子2女1	经济困难	家有田10余亩
萧和轩	66	齐河	六爻	7元	子2	生活足用	
段文呈	52	河北清苑	六爻	3元	子3	生活困难	
景日漪	49	莱芜	六爻	4元	子2女2	生活困难	峻壤半亩
孟云仙	50	济阳	六爻	3元		生活困难	
于从俊	44	黄县	周易	10元			道教
杨桂甫	66	历城	周易	8元	子1女2	生活困难	
李秀山	67	历城	周易	5元	子1女2	生活困难	
孟慧真	83	兖州	飞星卦	12元	子2女4	生活困难	
郭树庭	42	泰安	周易	1.5元	子1女6		
杨东岳	65	河北宁津	周易	10元	子1	尚可维持	
高云路	63	直隶滦县	周易	1元		经济困难	
楚振九	39	开封	测字	2元			
梁尊三	38	章邱	占卜	10元	子1女2	生活困难	
赵秀山	58	济阳	六爻	7元		生活困难	
马振东	56	平原	六爻	10元		生活困难	

续 表

姓名	年龄	原籍	现操何术	每月收入	家庭子女数目	家庭经济状况	备考
刘仙九	64	历城	周易	5元	子4女2	尚可维持	
王俭堂	70	泰安	周易	3元	子1	生活困难	
赵雪亭	52	江苏扬州	周易	4元	子3	生活困难	
马少甫	50	北平	奇门	3元			道教
陈致远	46	肥城	卜筮	30元	子3女2	尚能自给	
赵化昌	49	高唐	周易	20元	子1女2	尚可维持	
王鸣山	59	历城	周易	9元	女2	尚可维持	
王庆祥	47	章邱	周易	14元	子3女1	尚可维持	
于秉秀	43	章邱	奇门	19元	子1	尚可维持	胞兄每月收入20元
乔少卿	29	历城	相术	30元	0	尚可维持	
谭敬三	56	章邱	周易	6角	子3媳2	尚可维持	次子每月工资5元
钟树德	61	广饶	周易	13元	子1女2	经济充裕	
叶孝亭	55	章邱	易理	20元	子4女2	生活困难	
周遇仙	58	惠民	六爻	10元	女3	经济充裕	2女执手工业月进京钱百余千
于德钧	50	河南滑县	周易	18元	子3女1	经济充裕	家有田29亩
郑曰仙	70	长清	周易	3元	子1	生活困难	子已50余岁
高悟静	68	章邱	六爻	4元	子4女1	生活困难	有田3亩
李明伦	58	荏平	六爻	10元	子1	经济充裕	有田5亩
郑长盛	50	长清	六爻	8元		经济充裕	
韩雉林	45	泰山	周易	8元	子3女3	生活困难	
王耀三	40	河南濮阳	六爻	8元		生活困难	
贾道泉	62	历城	写信周易	12元	子1	生活困难	
石歧山	55	东平	周易	12元		生活困难	

233

续表

姓名	年龄	原籍	现操何术	每月收入	家庭子女数目	家庭经济状况	备考
高香圃	65	历城	周易	15元	子2女3	生活困难	
孙汉卿	66	章邱	周易	8元	子1	生活困难	
王茹庵	70	东昌	周易	3元	无子女	生活困难	

资料来源：《济南市市政月刊》第1卷第3期，1929年11月。

像其他城市一样，民国时期山东城市政府和一些慈善组织也对乞丐采取了一些救济措施。在沿用传统的收容、赈济等思路继续开办栖流所、庇寒所、粥厂的同时，也设立新的救济机构创设工艺局、游民感化所、难民收容所、贫民救济院等，采取"养教结合"的方式，收容包括乞丐在内的无业游民并培养其一定的技能，使能自谋生活。1931年青岛市政府第七十三次市政会议修正通过《青岛市乞丐收容所暂行规则》，决定市社会局下设乞丐收容所，"收容乞丐以衰老残废童稚及确系孤苦谋生无路者为限"，"暂定收容额三百名，遇必要时得呈请增加"。收容期间生活待遇是"膳食每人每日给食两餐"；被服方面是每人夏季给单衣裤、冬季给棉衣裤各一件，每两人给被褥一副。① 次年，社会局又下设专门用于收容地方公安局、法院送往的犯有盗窃、毒品之类轻微罪的游民的感化所。该所1933年新收736人。1934年两所合并成为新的游民感化所，当年新收人数达到1093人。截至当年11月，游民感化所累计收容游民4800余人，感化回籍者2112名。② 1935年的《青岛市政府二十四年度行政计划》中也写道："本市向来设有感化所，每年收容乞丐不下数百人，本年度内拟将所有乞丐尽数送入感化所，一律禁止外来乞丐，以期彻底肃清。"③ 只是仅仅到了当年11月，《青岛民报》就报道："本市感化所主任……前

---

① 参见《青岛市乞丐收容所暂行规则》，青岛市档案馆藏，A0021-001-0540。
② 《青岛市社会局业务特刊（民国二十二至二十三年）》，山东省图书馆特藏部藏；《青岛民报》1935年1月6日第6版、1月10日第6版。
③ 《青岛市政府二十四年度行政计划（续）》，《青岛民报》1935年8月30日，第6版。

奉令紧缩，节省开支，释放游民，规定以300名为定额，不得增加。现该所已现收容者，竟达600名之多，特于昨日具呈社会局，请求释放案情较轻之游民，计160名，该局已准所请，闻将来仍继续释放云。"[1]青岛市政府采取的这些救济措施无疑对部分乞丐生活的改善起到了一定的作用，但感化所有限的财力远远无法收容青岛市日渐增多的乞丐。其他城市大抵如此，正如时人所指出的："慈善事业的目前情况，对于那些觉得必须要做某些事情的人们，是个安慰。但经营这一事业真正取得效果的，还仅仅是少数地方。"[2]政府与私人慈善机构财力的有限、农村经济的日益破产与城市大量失业人员的存在，注定了慈善事业的多元化远远赶不上乞丐数量的增加，能被收容救济者毕竟是众多乞丐中的极少数，有限范围的救助对于庞大的乞丐群体而言只能是杯水车薪，无法从根本上改变他们的悲惨生活以及处于社会群体最底层的地位。

---

[1] 《感化所释放大批收容游民》，《青岛民报》1935年11月22日，第6版。
[2] ［美］A.G.帕克指导，齐鲁大学社会学系编著：《济南社会一瞥（1924）》下，郭大松译，庄慧娟校，《民国档案》1993年第3期，第57页。

结　语

作为中国由传统社会向现代社会转型的一个特殊时期,主要由于半殖民地半封建的社会性质和历史背景,民国时期在其转型过程中呈现出社会的"沉沦"与"进步"共生、生活方式上"传统"与"现代"并存的特点[①],这在当时的山东城市下层社会身上可以很好地体现出来。城市化、工业化使许多人走进城市,在一定程度上改变了传统的生活方式,这是"进步"与"现代",但城市并没有同时给他们带来生活的富足,这又可以说是"传统"与"沉沦"的表现。

一、困顿与脆弱:民国山东城市社会物质生活状况的总体表现

综观民国前期山东城市下层社会各个群体的物质生活状况,尽管群体之间、群体内部不同行业、不同个体之间都有较大差异,但物质生活的困顿和风险承受能力的脆弱是其显著的特点。具体表现为以下三个方面:

第一,经济状况的穷困性。

就民国前期山东城市下层社会的整体而论,总体收入低下,能够维

---

① 参见朱汉国:《民国时期中国社会转型的态势及特征》,《史学月刊》2003年第11期,第13—14页。

持收支平衡已属不易,家庭入不敷出的现象非常普遍。

工人店员群体受雇于工厂或企业,尽管工资收入相对稳定,但总体工资水平低下。由于当时中国的工业中现代工厂工业只占极少数,大量的手工工场、作坊技术落后,设备简陋,劳动生产率不高,占工人店员群体中绝大多数的手工业工人不仅工作时间长,且工资极其低廉,收入能够维持个人的生活已属不易,根本不可能养家糊口。一般工人的工资能维持两三口生活已经不错了,绝大多数需要靠全家投入谋生劳动才得以勉强糊口。当时一般城市家庭以四五口之家比较常见,以这样的工资当然不可能养活全家。关于民国时期中国城市工人的经济状况,时人估计,"至少有半数以上,没有充分的收入来度贫困线以上的生活"[①]。民国前期山东城市工人店员群体的经济状况也大致如此。

自谋生计者群体多半缺乏知识、资金,技艺简单,本小利微,惨淡经营,收入微薄。苦力群体由于没有复杂的谋生手段,只能靠简单地出卖劳动力,尽管从事的是超强度的体力劳动,但他们总体收入很低且具有很大的不确定性,是城市最贫穷的血汗劳动者。游民群体作为城市居民中游离于基本社会结构以外的边缘群体,一般无固定的职业和固定的生活来源。乞丐是城市游民群体中的最主要组成部分,尽管行乞的手段和方式种类繁多、花样百出,但除了在庙会、节日等特殊的时候、特殊的地点外,其收入一般不会太多。娼业与经济形势密切联系,在经济发达的大城市,由于嫖客相对集中,妓女卖淫的收入也较多;在同一城市中,经济繁荣时期相比萧条时期,其收入也会多些。但由于多数妓女都与老鸨存在债务关系,妓女收入多数都流进了老鸨的腰包。

在整体穷困的情况下,城市下层社会的经济状况也具有一定的差异性。不仅下层社会的四个群体之间存在差异,而且同一群体内部也有不同。

---

① 柯象峰:《中国贫穷问题》,正中书局1947年版,第78页。

就下层社会的四个群体而论,工人店员群体收入相对稍高也最为稳定。根据张东刚的相关研究:20世纪20年代后期至30年代初期,中国工厂工人家庭一般将全部收入的95%用于消费支出;矿工家庭大多将近100%的收入用于消费;手工业家庭和苦力家庭则往往入不敷出。[①] 民国前期山东城市的情况大体如此。

1934年9月前后,青岛市青年服务团在第二区办事处辖区境内服务时对该辖区内棚户、里院的居民户数、人口、职业、收支状况及受教育程度进行了调查统计并上报给了青岛市社会局,表6-1是统计结果。因为棚户是贫民"专属"的容身之所,里院是青岛中下层市民的住宅,所以通过该表我们可以管窥青岛城市下层社会的总体经济状况以及下层社会不同群体间的收支对比情况。就棚户区的居民而言,商贩、工人以及"其他"职业的基本收支平衡,洋车夫、大车夫则是支出超过了收入,也就是有负债。就里院、棚户的所有居民而言,1741户商贩收支总结余20689.5元,平均每户为11.88元;351户洋车夫收支总盈余497.1元,平均每户1.42元;316户大车夫总盈余611.9元,平均每户1.94元;2029户工人共盈余6362.1元,平均每户3.14元;其他共873户总盈余9621.6元,平均每户11.0元。"商贩""其他"每户每月收支达到了11元,应该是其中有些中层住户提升了平均水平;而工人家庭每户平均盈余3.14元,洋车夫、大车夫工人每户有平均1元左右的盈余。这反映了当时青岛城市下层社会的经济状况,下层社会整体努力维持最基本的温饱,大车夫、洋车夫家庭入不敷出的情况并不鲜见。

表6-1 青岛市第二区办事处里院、棚户居民职业、经济状况统计表

居住区别	里院	棚户	总计
数目	258	6	264
户数	5212	506	5718

[①] 参见张东刚:《总需求的变动趋势与近代中国经济增长》,高等教育出版社1997年版,第64页。

续表

居住区别		里院	棚户	总计
人口		19758	2040	21798
职业类				
商贩		1636	105	1741
洋车夫		329	22	351
大车夫		316	408	724
工人		1845	184	2029
其他		785	88	873
生活状况				
商贩	收	63556	1611.9	65167.9
	支	42935.5	1542.9	44478.4
洋车夫	收	6453.6	270	6723.6
	支	5895.8	330.7	6226.5
大车夫	收	6407.6	762.5	7170.1
	支	5795.7	833.9	6629.6
工人	收	39473	3112.3	42585.3
	支	33575.9	2647.3	36223.2
其他	收	30837.6	2104	32941.6
	支	21578.4	1741.6	23320

资料来源：《青岛民报》1934年10月18日，第6版。

注："大车夫"一行"棚户"的户数及"总户数"原表有误。但第一列里院的资料应无问题，故作为考察大车夫经济状况的依据。

根据《青岛民报》记者1932年对本市贫民户的调查，在贫民住户最集中的脏土沟、上马虎窝、下马虎窝、挪庄、乐贫院五处，总计贫民住户2020个，户主职业为苦力的有1105个，占比为54.70%；小商贩459个，占22.72%；工人141户，仅占6.98%。① 这也在一定程度上反映出下层

---

① 参见《调查各处贫民住户实况一览表》(1932年6月)，青岛市档案馆藏，B21-3-181。

社会群体间物质生活的差距。

就城市下层社会的各个群体内部而论,由于行业、地域、技术的有无以及工厂、商店的规模等原因,收入也会有一定的差别。如产业工人中市政、交通、电力等几个部门收入较高,纺织、火柴等较差;技术工人高于非技术工人;在店员群体内部,因为行业的差异、商店的规模、店员的级别等导致收入的差异非常普遍;苦力群体中的人力车夫、码头工人收入高于普通苦力,济南、烟台人力车夫的经济状况总体好于青岛等地;自谋生计者群体中因为技艺、资金等原因收入也会有一定的差异;妓院与妓女的等级导致妓女收入的差异;等等。

第二,生活质量的低层次性。

总体上的拮据的经济状况,决定了城市下层社会生活质量的低层次性。对于民国山东城市下层社会中的大多数家庭而言,"追求温饱是消费生活的最迫切需要"①。

常言说,"民以食为天",饮食情况是衡量居民生活质量的最重要指标之一。饮食方面,民国山东城市下层社会中的大多家庭以当地最廉价的粮食配以极为简单的副食,甚至是野菜,聊以果腹而已,这与城市中上层饮食多以大米、白面为主,且有较多的鱼肉副食形成鲜明的对比。

衣着方面,则如有的学者指出的,"城市下层中很多家庭的衣着支出满足遮寒蔽体的需要已经很不容易,更不用说追求美观整洁等其他效用了"②。以青岛为例,每年冬季,市内贫苦人家无衣蔽体者为数甚多。为此,救济院"每于年冬发放寒衣一次,多则五六千套,少则一二千套不等,均由公安局按户调查,量情分给"③。

---

① 张静如、卞杏英主编:《国民政府统治时期中国社会之变迁》,中国人民大学出版社 1993 年版,第 273—274 页。
② 陆汉文:《现代性与生活世界的变迁——20 世纪二三十年代中国城市居民日常生活的社会学研究》,社会科学文献出版社 2005 年版,第 128 页。
③ 魏镜:《青岛指南》第 7 编,平原书局 1933 年版,第 71 页。

下层社会总体居住状况同样很差。就下层社会总体而论，一般居住在各个城市中比较低级的住宅里，人均居住面积狭小，小窗窄门，光线昏暗，不利健康。即便是青岛的一些里院以及后来市政府修建的平民住所，据时人记载，从初冬到仲春天气寒冷的季节，各住户都生煤炉煮饭，因为屋里冷，又想以煤炉取暖，就不让它熄灭，紧闭门窗，一屋的炭气和煤屑，简直让人喘不过气来。居住环境不卫生，再加上饮食不济，生恶毒和流疫病的人很多，既无医又无药，病死者不在少数。① 更有一些苦力、小商贩居住在用木板、草席、废旧铁皮、建筑垃圾等临时搭建的板棚、席屋中。青岛的台东、台西镇则形成了下层社会集中居住的贫民窟，如脏土沟、上下马虎窝、挪庄等，这些地方更是垃圾遍地、污水横流。1932年脏土沟"因不戒于火，致数百户贫民财产，尽付一炬，虽无惊人损失，然灾情之重，为本市数年来所未见，以故各慈善机关争为救济"②。

无怪乎时人感慨："中国劳工的生活，可算是世界上最苦的一种生活……他们经济的社会的家庭的种种生活都比不上各国劳工的生活，中国劳工完全是过的血汗生活，一生不能避免饥和寒的压迫，人的一切活动的中心都在衣与食，但是食呢？终日不得一饱，衣呢？终身不得蔽体，至于家庭人口多而收入少，谁处在他们的境界，谁也要感觉痛苦……计算他们的收入，比之欧美各国劳工的收入大概是'一'与'七'乃至'一'与'十'之比，就是与日本、暹罗等国劳工也相去远矣……再考察他们住宅，多半是湫隘污秽、不避风雨、不合卫生，而四邻喧嚣杂乱，简直寝馈难安，这样情形岂能说是人的生活吗？倘同欧美的劳工住宅比较，真是天堂地狱，试想他们的生活哪里有一点人的生趣，哪里有些微人的快乐，至于高尚的享受，精神的安慰，差不多自生到死都不曾领略过。"③

1933年、1934年，以《东方杂志》为首的几个刊物开展了以"梦想中

---

① 参见《平民院生活之写真》，《青岛时报》1936年3月15日，第6版。
② 《脏土沟火灾难民，当局放赈》，《青岛民报》1933年1月24日，第6版。
③ 朱懋澄：《改善中国劳工生活》，《山东工商公报》1929年9月第3期，"附载"第2—3页。

国"、"梦想的个人生活"和"个人计划"为题的专题征文活动,以中国的知识界为主的全国数百人共同做了一场"中国梦",其中就有关于劳动以及劳动者的工作、休闲与生活状况的梦:

  一切黄包车夫,码头工人,生煤黑老虎,马路上的缝穷,早晨的粪车夫,蝗吃的农夫,逃避巡捕的小贩,城隍庙里宿夜的人,男盗女娼,轿夫,抬菩萨轿子的苦工,丫鬟,诸如此类"新""旧"社会的"支柱",都一个个消灭下去,再不存在。操劳的人,渐渐都穿上"背上扣钮"的蓝色或白色"工衣",凝神聚思在机器上工作……不见到他们的汗流浃背,气喘脸紫。操作是很有兴味的,以至于是艺术的……

  美德等国偶有的电气厂屋,将普遍的用之于中国一切厂所。钢筋水泥的房子,满嵌着玻璃窗与玻璃门,好像水泥架的水晶宫。人工流通空气,吸收臭气的设置,自然应有尽有。人们在里面操作,真是比现在城隍庙看戏还爽气。

  每天每人操作时间,从既在通行的起码12小时,减至8小时,7小时,6小时,5小时,4小时,特别危险,重难,有害的工作,操劳的时间,更其要短……操劳者获得的酬报,足已享受一切物质文明所创造的幸福。

  中国现在通行的天天操劳不息,要改为每星期休息一天,而且还要改成五天一休息,更要改成一天操作一天休息。一年之中,还得要有两星期以上的长期休息。许多重难危险有害的工作,或三年或五年,休息一年。①

  当然,也有人以"没有梦想"甚至没有做梦的权利,表现出对现状以

---

① 祝伯英:《未来的中国社会生活》,刘仰东编:《梦想的中国:三十年代知识界对未来的展望》,西苑出版社1998年版,第261—263页。

结　语

及未来的绝望：

> "这昏黑的年头儿",还有梦想的闲暇的人未必多吧。
>
> 吃不饱的,睡不暖的,哪儿来的梦想？要有,不是大批的窝窝头送到嘴边,大堆的破棉絮送到身边？
>
> ……
>
> "在这漫长的冬夜里",我们有的是饿,有的是冷,有的是虱子和跳蚤,有的是刺客和强盗,还哪儿来的"一两个甜蜜的舒适的梦"？
>
> 梦不是"我们所有的神圣的权利！"
>
> ……
>
> 只有回忆,没有梦想！
>
> ……
>
> "在这漫长的冬夜里",我们解决当前的问题吧；快快夺取窝窝头,快快抓来破棉絮,快快扑杀虱子、跳蚤、刺客和强盗。①

当然,城市社会下层之间,生活消费水平也存在一定的差异性。张东刚的研究认为,工厂工人和矿工家庭的消费水平在城市下层中处于较好的水平,手工业工人家庭次之,苦力家庭的生活则尤其差。② 但笔者认为,占山东城市工人很大部分的矿工,其生活质量并不比苦力手工业工人好多少,即便有些人似乎工资高些,但这恰恰是因为养家压力极大被迫加班得到的。以当时山东最大、全国第二大的煤矿——中兴煤矿为例,前文已经述及,工人借债度日的现象很普遍,有的家庭为了保证工人的饮食和体力,其他家人只能用更劣质的食物度日。

---

① 刘仰东：《梦想的中国：三十年代知识界对未来的展望》,西苑出版社1998年版,第80—81页。
② 参见张东刚：《总需求的变动趋势与近代中国经济增长》,高等教育出版社1997年版,第30—50页。

第三,风险承受力的脆弱性。

"消费生产出生产者的素质,因为它在生产者身上引起追求一定目的的需要。"[①]对于城市下层社会而言,由于平时绝大部分收入必须用于解决日常"衣食住等基本生活需求",很少能有剩余和积蓄,这不仅阻碍了他们能力的发展和提高,使他们极少有向上流动的机会,而一旦遇到失业、疾病、年老等变故,生活无以为继,向下层流动就是必然,如工人、店员沦为苦力、小贩,苦力、小贩沦为乞丐等等。尤其是苦力群体,不仅收入具有很大的不确定性,由于超强度的体力劳动导致的体力严重透支、年老、疾病而沦为乞丐的更为常见。1933、1934年青岛社会局附设游民感化所收容乞丐原职业统计情况显示:不仅苦力始终是乞丐最主要的来源,而小贩、工人、手工业者、商人沦为乞丐者也不鲜见。

一些人因为绝望选择自杀。表6-2是南京国民政府内务部通过各城市公安机关,对全国31个城市1932年、1934年两年间自杀情况做出的统计,山东的青岛、烟台、威海卫位列其中。从自杀原因来看,占比第一位的为"家庭纠纷","生计困难"紧随其后,居于第二位,另有"营业失败""失业";而职业方面,"无业""人事服务业"位居第一、二位,再就是"工业""商业"了。除了"家庭纠纷"外,其他原因、职业都意味着下层社会在自杀者中应该占很大的比例。当时的许多报道都明确指出这一点并呼吁解决民生等问题,1934年《青岛时报》登载《自杀者接连不断》,文中这样写道:"近日来发生之自杀事件,接连不断……但不出贫与情二字范围之外……揆诸'民为贵'之意,执政者对此实不宜坐视而不管也。"[②]烟台的《东海日报》1935年1月23日的"南京通讯"中提及"内政部以近年来各地人民因失业或其他问题,自杀者时有所闻,为明了自杀原因及社会病态,以资改善起见,爰特于二十二年度起,开始调查,以资设法防

[①] 中共中央编译局:《马克思恩格斯全集》第30卷,人民出版社1995年版,第34页。
[②] 《自杀者接连不断》,《青岛时报》1934年5月5日,第2版。

止"①。同年12月4日的"北平通讯"中在指出"平市年来因社会不景气,一般意志薄弱之青年男女往往因出路难寻,被经济压迫,自趋于自杀之途,因之自杀之案件屡次发生"的同时,刊登了公安局制作张贴的5条警惕标语,其第一条就是"最穷莫非讨饭,不死总可出头,你又何必自杀"②。

表6-2 1932、1934年城市居民自杀状况统计表

自杀原因	人数	占比(%)	人数	占比(%)	自杀职业	人数	占比(%)	人数	占比(%)
	1932年		1934年			1932年		1934年	
家庭纠纷	350	27.4	384	24.1	农业			105	6.6
生计困难	228	17.9	375	23.5	矿业	1	0.1	1	0.1
婚姻不自由	8	0.6	26	1.6	工业	171	13.4	232	14.5
失恋	42	3.3	42	2.6	商业	134	10.5	137	8.6
营业失败	28	2.2	24	1.5	交通运输业	6	0.5	12	0.8
失业	37	2.9	59	3.7	公务	39	3.1	56	3.5
疾病	211	16.5	237	14.9	自由职务	61	4.8	81	5.1
畏罪	36	2.8	29	1.8	人事服务	234	18.3	232	14.5
被虐待	36	2.8	36	2.3	无业	436	34.1	590	37.0
其他	146	11.4	167	10.5	其他	95	7.4		
原因不明	155	12.1	216	13.5	职业未详	100	7.8	149	9.3
合计	1277	100	1595	100	合计	1277	100	1595	100

资料来源:南京国民政府主计部编:《中华民国统计提要》二十四年辑,1935年,第360—368页;《各大城市一年来自杀统计》,《东海日报》1935年1月23日,第6版。

注:1.数据来自31个城市:南京、上海、北平、西安、威海卫、杭州、广州、汕头、昆明、汉口、天津、镇江、安庆、邕宁、长沙、武昌、西宁、阳曲、开封、梧州、蚌埠、屯溪、大通、临淮、烟台、保定、唐山、塘沽(含大沽口)、石门、秦皇岛;自杀人数是采取自杀行为的人数,包括自杀后被救活者;无业者包括不事生产者、非法生活者、囚犯、慈善机构收容者。

2.职业方面,1932年未设"农业",而1934年则无"其他"。

---

① 《各大城市一年来自杀统计》,《东海日报》1935年1月23日,第6版。
② 《弭除自杀之风,平当局制警惕标语》,《东海日报》1935年12月4日,第6版。

二、生产力发展水平低下与社会保障乏力：下层社会整体物质生活水平低下的主要原因

一个地区民众的总体生活水平是由该地区的平均工资水平决定的，而工资水平的高低主要受生产力发展水平的制约，同时也受社会政治等各方面因素的影响。[①] 民国时期山东城市下层社会生活水平低下，其根本原因在于中国半殖民地半封建社会条件下由于帝国主义的掠夺、封建主义的剥削所导致的生产力发展水平的低下，而国民政府政权作为大地主、大买办、大资产阶级利益的代表在劳动保护和社会保障方面的乏力也是重要原因。具体包括以下三个方面：

第一，工业化、城市化发展的整体低水平、不平衡。

对于近代中国主要由于半殖民地半封建社会的性质导致的工业化、城市化发展的总体低水平、不平衡，毛泽东曾做过多次深刻的论述。早在1936年，他在《中国革命战争的战略问题》一文中就指出：中国是一个"微弱的资本主义经济和严重的半封建经济同时存在，近代式的若干工商业都市和停滞着的广大农村同时存在，几百万产业工人和几万万旧制度统治下的农民和手工业工人同时存在……若干的铁路航路汽车路和普遍的独轮车路、只能用脚走的路和用脚还不好走的路同时存在"[②]的国家。1949年3月5日，毛泽东在七届二中全会上作报告时又指出："中国已经有大约百分之十左右的现代性的工业经济，这是进步的，这是和古代不同的。""中国还有大约百分之九十左右的分散的个体的农业经济和手工业经济，这是落后的，这是和古代没有多大区别的，我们还有百分之九十左右的经济生活停留在古代。"[③]这就是说，直到新中国成立前夕，落

---

① 参见黄汉民：《试析1927—1936年上海工人工资水平变动趋势及其原因》，《学术月刊》1987年第7期，第20页。
② 《毛泽东选集》第1卷，人民出版社1994年版，第188页。
③ 《毛泽东选集》第4卷，人民出版社1991年版，第1430页。

后的小生产仍在我国经济中占据绝对优势,现代工业经济仅仅占到一成左右。

这种由工业化、城市化发展的总体低水平、不平衡决定的整体生产力的低水平,造成了近代中国国民总体的贫穷状态,正如孙中山先生所说,中国没有富人,不过大贫与小贫而已。就连蒋介石也不得不承认:"一般国民的生计,不论那一个地方,都是岌岌可危,朝不保暮……每日二餐吃得饱的现在百家中难有一家,能送子弟念书尤其能送进中学的,更是千家难有一家,这就是农村经济日益破产、国计民生凋敝不堪之普通的事实……一般人的生活,是如何痛苦,冬天固然没有衣穿,夏天也没有地方可住,尤其到了每年新谷没有登场、青黄不接的时候,不仅一半成年人没有饭吃,就是两三岁的小孩子每天都不得一饱。"①在这种整体贫困的状态下,作为城市居民主体又处在城市社会金字塔底层的下层社会,物质生活状况的困苦也就成为必然。

山东,作为中国东部沿海重要省份,是较早接受外部世界挑战而启动城市化的地区之一,也是遭受外国帝国主义尤其是日本帝国主义侵害最深、封建势力统治最严重的省份之一,其区域经济是中国整体经济的一个缩影:现代工业经济虽然有一定的发展,但是在国民经济整体中只占很小的比例。直到20世纪30年代初,实业部国际贸易局的调查结论是:"山东省工业,颇为幼稚,大规模新式工厂,殊不多见,类皆规模甚小之作坊工业,故各种工业之中,以纺织工业及饮食品工业为较盛,纺织业中以棉纺织业规模最大。"②全省总计10624家工厂(场),工人总数94902人,工业资本共计4315万元。③ 也就是说,平均每家工厂(场)的资本额是4061.8元,工人9名。到1949年为止,现代工业企业在工农业总产值

---

① 蒋介石:《立志,为学与服务》,《新生活周刊》第1卷第8期,第5页。
② 实业部国际贸易局编:《中国实业志·山东省》,实业部国际贸易局1934年版,辛,第1页。
③ 参见实业部国际贸易局编:《中国实业志·山东省》,实业部国际贸易局1934年版,乙,第113—123页。

中仅占 22.64%，仍然是个生产力低下的农业省，工业总产值中，轻工业产值 8.25 亿，占 90%，重工业仅占 0.9 亿元，占 10%。① 其工业布局同样很不平衡，主要局限在东部沿海青岛、烟台、威海及胶济铁路沿线济南、淄博等几个孤立的城市，南部、西部、西北部等大部分地区几乎没有工业。1949 年，社会总产值为 32.23 亿元②，按全省人口 4549 万计算，人均仅为 70.85 元。这种工业化、生产力发展的总体低水平决定了山东城市下层社会生活的困苦。

第二，农村经济的凋敝。

西方学者对 18 世纪工业革命后的人口流动和城市化进行了研究，提出了多种人口迁移理论，其中的推力—拉力理论受到了最广泛的认知和运用。按照该理论，人口迁移是由一系列力量引起的，这些力量包括使一个人离开一个地方的"推力"和吸引他到另一个地方的"拉力"。具体到乡村—城市迁移中，就是农村的失业、就业不足、耕地不足、缺乏基本的生活设施、社会经济和政治关系的紧张及自然灾害等构成了原住地的推力；与此同时，城市里更好的就业机会、更好的发展前景、更高的工资、更好的教育和卫生设施等构成了目的地的拉力。推力和拉力的共同作用促使人们由乡村向城市迁移。③

马克思在《资本论》第一版序言中曾经指出："我们（实际上指的是工业较不发达国家——笔者）也同西欧大陆所有其他国家一样，不仅苦于资本主义生产的发展，而且苦于资本主义生产的不发展。"④

在半殖民地半封建的近代中国，伴随着农村经济的衰败，大量农民离村进城谋生，导致城市化畸形发展、城市人口过度膨胀，但新式资本主义工业的发展不足使得城市吸纳劳动力的能力极为有限。近代中国城

---

① 吕伟俊等：《山东区域现代化研究(1840—1949)》，齐鲁书社 2002 年版，第 637 页。
② 逄振镐、江奔东主编：《山东经济史（现代卷）》，济南出版社 1998 年版，第 1 页。
③ 参见史学斌等：《人口城市化动力机制理论综述》，《西北人口》2006 年第 3 期，第 23 页。
④ 中共中央编译局：《马克思恩格斯文集》第 5 卷，人民出版社 2009 年版，第 9 页。

市化过程中存在的这种农村畸形的"推力"与城市较弱的"拉力"之间的矛盾,从以下两个方面影响了城市下层社会的劳动、收入与生活。

首先,"这些从传统社会经济结构中分化游离出来的一无所有的劳动者,一无资金投资,二无现代文化、现代技术可谋现代职业,三无社会关系可以运用"①,城市中最苦、最累、最脏且收入较低的工作便成为他们最有可能的选择。许涤新指出:"上海、武汉、南京、天津、广州各大城市之人口一天天的增多,其最重要的原因,便是农民离村他适之结果。然而在民族工业枯萎的境况下,原来的工人,已经一批一批地被抛弃于十字街头,离村的农民,自然不容易找到工作的,结局只有拉黄包车充当牛马;只有踯躅街头过着乞讨的生活。"②

其次,导致城市劳动力市场供过于求,供求比例严重失调,使资本家可以把雇佣条件、工资压在极低的水平。"这三百万以上的产业工人,经常将近有二十倍或更多倍的产业预备军或候补者,在威胁他们,在向资本家招手。在农村破产局面日益严重化的情形下,这个不断增加的压力,该会怎样在产业工人雇佣条件上发生不利的影响,那是非常明显的。"③对城市劳动者而言,能够就业就算是幸运。"少少增加工资,他们便不辞任何沉重和过度的劳动。各公司抓住这个关键,用很少的钱把这些可怜的民众又是驱入很沉重的劳役中去,而这些民众总是忍受辛苦,没有丝毫厌倦。"④"普通小工工资水平的任何大的改变,一定是缓慢的,因为,在职工人本身将感到千百万能力和他们一样强的廉价工人群众的压力。"⑤

---

① 忻平:《从上海发现历史——现代化进程中的上海人及其社会生活》,上海人民出版社1996年版,第89—90页。
② 许涤新:《农村破产中底农民生计问题》,《东方杂志》第32卷第1号(农),第52页。
③ 王亚南:《中国半封建半殖民地经济形态研究》,人民出版社1957年版,第195页。
④ [日]东亚同文会:《支那经济全书》第11辑,东亚同文会1907年发行,第447—448页,转引自汪敬虞编:《中国近代工业史资料》第2辑下册,科学出版社1957年版,第1244页。
⑤ 《布莱克本商会访华团报告书:1896—1897年》,第8—9页,转引自汪敬虞编:《中国近代工业史资料》第2辑下册,科学出版社1957年版,第1244页。

近代山东,由于人口稠密、人多地少、匪患严重,农民离村现象尤其普遍。据实业部中央农业实验所 1933 年对全国 22 省农民离村情况所做的调查,山东"全家离村之农家数""有青年男女离村之农家数"分别为 196317 户和 410385 户,在 22 省中均位居第二位,而且这些离村的人口中有一半以上流入了城市。① 山东的城市尤其是济南、青岛当然是首选,山东城市劳工群体工资的低水平也就成为必然。以枣庄中兴公司为例,根据该矿矿师朱培元亲自在欧美进行的调查,1925 年左右中兴矿工与欧美矿工工资、工时对比情况如表 6-3。从中可以看出,美国矿工的日工资(8 小时)比中兴矿工的工资(12 小时)高达 54 倍,就连工资最低的法国矿工的日工资(8 小时)也比中兴矿工的工资高 9.2 倍。

表 6-3 中兴矿业公司矿工与欧美矿工工资比较表

国别	井下工人日工资(元)	日工资指数	每日劳动时间(小时)
中国中兴	0.25	100	12
美国	13.50	5400	8
英国	8.50	3400	6
荷兰	4.20	1680	6.5
比利时	3.00	1200	8
德国	3.00	1200	8
法国	2.30	920	8

资料来源:中共枣庄矿务局委员会、山东大学历史系、中国科学院山东分院历史研究所编著:《枣庄煤矿史》,山东人民出版社 1959 年版,第 56—57 页。

第三,社会保障不力。

"社会保障"一词,最早出现在美国总统罗斯福 1935 年签署的《社会保障法》中。所谓社会保障,是指国家和社会通过立法对国民收入进行分配和再分配,对社会成员特别是生活有特殊困难的人们的基本生活权

---

① 参见实业部中央农业实验所:《农情报告》1936 年第 7 期,第 173—178 页。

利给予保障的社会安全制度。

在前资本主义社会,世界各国政府为了维护社会稳定、缓和阶级及阶层矛盾而制定并实施的诸如救灾、济贫等社会政策,都具有社会保障性质。现代意义上的社会保障制度是伴随着资本主义的工业化而逐渐发展起来的。如英国在1601年颁布的《济贫法》、18世纪末德国为适应工业化社会的需要率先建立的社会保险制度等。之前,虽然一些国家已经制定出一些社会保障政策并付诸实践,但缺乏一个公认且相对统一的名称。自1935年美国提出后,其逐渐被有关国际组织及多数国家接受,成为以政府和社会为责任主体的社会安全保障制度的统称。

由于社会保障的基本理论尚在发展和完善之中,学界目前对社会保障内涵的理解还不完全一致。中国大陆学界比较普遍的观点认为社会保障由社会保险、社会救济、社会福利和社会优抚四大部分构成,其中社会保险是社会保障的基本纲领,社会救济是最低纲领,社会福利是最高纲领,社会优抚是特殊纲领,同时又把人寿保险、慈善事业等视为社会保障体系的有益补充。

一个合理有序的社会应该保证社会各阶层的正常生活,既能够让中上阶层获得较多的收入并具有充足的发展机会,又要保证社会下层享有基本的生存权利。而民国前期山东城市的下层社会成员,倾其全部劳动力,却无法满足自身和全家人简单的生存需求,当时不只是作为无产阶级先锋队、代表下层社会利益的中国共产党,即便是一些资产阶级的知识分子也在呼吁改变他们的状况。《青岛民报》1936年11月2日刊登的一篇有关青岛劳动阶级的报道中就有如下一段文字:

> 有一般(班——编者)人,固然对于社会上最下层劳动阶级的人们,很表同情,无时无刻地不把他们挂在心上,但是,还有的人们,他的眼眶就觉得比别人高一些,对于那些无产的劳动者,差不多都鄙视,拿着穷人比任何什么都底(低),为什么呢?这个咱们下一个言

论,就是他们仅顾了对财神眼,根本他们就不去关心穷苦的劳动的人们呀!可是话又说回来了啦,假若社会上没有那些劳苦的人们来给那些有钱的老爷先生们做牛马,试问,他们就可以把明晃晃的"老袁头"活吞到肚皮里充饥吗?哼!冲破了肚皮,恐怕生命是不会保险的吧!因了这个,于是乎就可以说明社会上的主要的分子,绝不能离开了劳动。一个社会,这好像一部机器一样,劳动者也就是来推动机器的"电力"或是"汽力"……总而言之,言而总之,一言以蔽之说吧,劳动者就是社会上的主要分子。①

民国时期,西方社会学理论已经被中国思想界所普遍接受,一大批从西方学成归来的中国社会学家深入研究中国的工人失业、社会贫穷等社会问题,强烈呼吁国家在社会救济中承担主要责任。正如当时学者指出的:"近年以来……各国多认社会救济乃政府对于人民之一种重要责任,在人民方面,则为一种应享之权利。故有抛弃'社会救济'之名词,而改称'社会福利'(social welfare)或'社会事业'(social work)或'公共救助'(public assistance)者。"②

在社会学家们的强烈呼吁下,也迫于工人阶级和广大劳苦人民不断觉醒、劳资矛盾日益尖锐的现实压力,北洋军阀政府与南京国民政府也在加强社会保障、实施社会救济方面做了一些工作:一方面,开展社会保障、社会救济方面的立法工作,社会保障立法开始迈上了现代化的门槛。据学者统计,自1915年至1949年,民国政府先后颁布了25部有关社会救济方面的法律法规③,如《游民习艺所章程》、《各地方救济院规则》和《社会救济法》等。另一方面,根据上述相关法律成立了一些专门的社会

---

① 《大小港与青海路劳动阶级之写真》,《青岛民报》1936年11月2日,第6版。
② 陈凌云:《现代各国社会救济》,商务印书馆1937年版,"自序"。
③ 参见董根明:《从"重养轻教"到"救人救彻"——清末民国时期社会福利观念的演化》,《中国社会科学院研究生院学报》2005年第5期,第44页。

保障、社会救济机构,负责开展相关工作,调动社会力量实施社会救济,如收容游民乞丐的机构、为城市贫民解决生计问题提供小额资金资助的小本借贷处等。此外,个别企业出于劳资两利等方面的考虑,响应政府号召,提供了一些劳工福利。但是,由于这些社会保障法律法规和政策措施实施、执行不力,社会保障资金投入太少,保障项目不全,待遇偏低,致使劳动者和社会成员从中所获取的收益甚微。特别是由于内战频发,民不聊生,社会弱势群体大量存在,赤贫者遍布,这些救济更成了杯水车薪。[①] 20世纪30年代初期日渐蔓延的世界经济危机则使中国经济的发展愈加艰难,1937年日本对中国的大举侵略更造成了中国的生产力被严重破坏,下层社会改善生活的愿望成了幻影。因而整个民国时期,真正完整的社会保障体制始终没有建立起来。

三、发展经济与保障民生:民国前期山东城市下层社会生活状况考察的历史启示

通过对民国前期山东城市下层社会生活状况及其原因的考察,我们可以得到以下三点启示:

第一,大力发展生产力是解决民生问题、推动社会发展的根本途径。

按照唯物史观,生产力是人类在利用自然、改造自然方面所达到的能力和水平,是社会发展的最终决定力量。作为一个大系统,生产力是由劳动者、劳动资料和劳动对象这三个子系统构成的一个有机统一的整体,其中劳动者是生产力中唯一能动的因素。毛泽东则把是否促进生产力发展作为衡量中国一切政党的先进与否的标准:"中国一切政党的政策及其实践在中国人民中所表现的作用的好坏、大小,归根到底,看它对于中国人民的生产力的发展是否有帮助及其帮助之大小,看它是束缚生

---

① 参见宋士云:《民国时期中国社会保障制度与绩效浅析》,《齐鲁学刊》2004年第5期,第50—56页;岳宗福:《中国社会保障模式的近代转型与道路选择》,《华东理工大学学报》(社会科学版)2010年第2期,第104—109页。

产力的,还是解放生产力的。"①

在中国近代半殖民地半封建社会状态下,由于帝国主义、封建主义以及官僚资本主义三座大山的压迫,中国整体生产力水平低下,民生凋敝。新民主主义革命的胜利和中华人民共和国的成立揭开了中国历史的新纪元,社会主义制度的确立为当代中国一切发展进步奠定了制度基础,中国的生产力得到极大的解放和发展。1978年开始的改革开放更使中国经济插上了腾飞的翅膀,2010年左右中国超过日本成为世界第二大经济体。但是,要保证中国经济高质量、可持续发展,依然任重道远。在2017年召开的中国共产党第十九次代表大会上,习近平总书记在提出"我国社会主要矛盾已经转化为人民日益增长的美好生活需要和不平衡不充分的发展之间的矛盾"的同时,接着指出,"必须认识到,我国社会主要矛盾的变化,没有改变我们对我国社会主义所处历史阶段的判断,我国仍处于并将长期处于社会主义初级阶段的基本国情没有变,我国是世界最大发展中国家的国际地位没有变"。"实现'两个一百年'奋斗目标、实现中华民族伟大复兴的中国梦,不断提高人民生活水平,必须坚定不移把发展作为党执政兴国的第一要务,坚持解放和发展社会生产力,坚持社会主义市场经济改革方向,推动经济持续健康发展。"②也就是说,发展仍将是中国长期的第一要务,必须坚持不懈地发展生产力,为加强社会建设、改善民生提供坚实的物质保障。

第二,解决好"三农"问题是推动中国城市化、促进经济社会协调发展的重要前提。

在城市化过程中,城市与农村之间由于存在资源上的互补性,生态上的共生性和经济上、发展上的相依性,二者在发展变迁上存在互动共

---

① 《毛泽东选集》第3卷,人民出版社1991年版,第1079页。
② 习近平:《决胜全面建成小康社会 夺取新时代中国特色社会主义伟大胜利——在中国共产党第十九次全国代表大会上的报告》,《人民日报》2017年10月28日,第1版。

进关系,其中任何一方的发展或滞后都会影响到另一方。

近代中国,特别是民国前期,一方面是广大乡村的危机与衰败使城市失去了赖以生存发展的腹地,失去城市商品市场扩大的有效空间和城市工业发展必需的原料供应市场;另一方面,城市又因其工业化发展的幼稚,无法吸纳进入城市的移民,流入城市的人口不能迅速转化为有效的社会生产力。城市化由此陷入一种恶性循环。这一恶性循环导致的浅层后果是城市愈发展,乡村愈落后,城乡差异愈大;深层结果则表现为乡村愈落后,城市进一步发展的阻力越大,整个社会经济起飞和社会转型的任务愈难以完成。民国前期庞大的城市下层社会的存在就是城市社会转型困难的表现之一。

新中国成立之初,我国推行以重工业为主导的经济发展战略,重视城市和工业部门的发展,动用全社会一切资源为工业生产提供粮食和原材料,中国的二元结构逐渐固化,城乡差距逐渐拉大。改革开放后,我们开始重视农业农村的发展,但是效果并不明显,农村仍然通过提供廉价劳动力等方式推动城市的发展,充当的仍是城市发展后备军的角色,城乡差距进一步拉大。① 城乡二元结构加剧了当代中国的社会矛盾,党中央、国务院开始高度重视"三农"问题。自 2004 年至今,连续 17 年的中共中央"一号文件"都是针对"三农"问题;中共十六大报告提出"统筹城乡经济社会发展";十六届三中全会提出"建立有利于逐步改变城乡二元经济结构的新体制",推进"工业反哺农业、城市支持农村";十七大报告提出"形成城乡经济社会发展一体化";十八大报告提出"推动城乡发展一体化";十九大报告提出了实施乡村振兴战略,"建立健全城乡融合发展体制机制和政策体系,加快推进农业农村现代化",并再次强调"农业农村农民问题是关系国计民生的根本性问题,必须始终把解决好'三农'

---

① 参见魏晓莎:《从二元结构到城乡融合的中国特色农村发展道路研究》,《农业经济》2019 年第 2 期,第 26 页。

问题作为全党工作重中之重"。

对于中共十九大报告提出的中国社会主要矛盾即"人民日益增长的美好生活需要和不平衡不充分的发展之间的矛盾",许多学者指出:我国发展最大的不平衡就是城乡发展不平衡,发展最大的不充分就是农村发展的不充分。习近平总书记也早就指出:中国要强,农业必须强;中国要美,农村必须美;中国要富,农民必须富。只有解决好农村、农业发展问题和农民的收入问题,使城乡之间形成协调、平衡、融合的分工协作、共同发展关系,才能推动当今中国的城市化以及整个社会经济持续、健康发展。相信城乡融合发展理念必将使中国走出一条独特的发展道路。

第三,加大政府财政投入,建立健全社会保障体系是解决民生问题、促进社会和谐的重要保障。

按照社会学的理论,社会转型往往需要付出一定的代价。在社会结构变动剧烈的社会转型期,由于社会运行的失控、社会整合力的下降,往往会导致一系列社会问题,这是社会为转型必须付出的代价之一种。从这个意义说,民国前期山东城市下层社会数量庞大、生活困苦也是中国在特殊背景下转型过程中社会整合不力导致的社会问题之一。

当今中国,历经十一届三中全会以来40余年的改革开放实践,已经初步建立起社会主义市场经济体制,但是社会转型仍在加速进行。社会主义市场经济体制仍需加快完善;高速发展的工业化、城镇化吸引大量农村人口流向城市、城镇。与民国时期相比,尽管社会制度发生了根本变革,国家也已经步入中等偏上收入水平,人民的生活有了显著的提高,但与市场经济体制、城镇化密切联系的是,贫富分化、失业下岗、农民工、农村空心化等导致的城市低收入者以及弱势群体问题不容忽视。政府在大力促进就业和再就业、加大财政投入对他们进行救济和扶持的同时,必须健全完善社会保障制度,加强社会保障体系建设。"按照兜底线、织密网、建机制的要求,全面建成覆盖全民、城乡统筹、权责清晰、保障适度、可持续的多层次社会保障体系。"①这不仅是维护社会公正的需要、全面建成小康社会的需要,更直接关系到坚持党的全心全意为人民服务的宗旨、保证改革开放和经济社会稳定发展的大局。

台湾学者张朋园先生曾经指出:"现代化的一切发展,经济条件最属重要。如果一个国家的物资贫乏,人民生活困苦,维生不易,欲求政治社会变迁,那是一种奢望。"②这的确是事实。从另一方面看,生活质量或"生活水准"的提高,是人的终极价值即幸福生活的基础,所以它既是经济发展、社会发展和政府政策的根本目标,实际上也是大部分社会科学研究的终极性目的所在。③

---

① 习近平:《决胜全面建成小康社会 夺取新时代中国特色社会主义伟大胜利——在中国共产党第十九次全国代表大会上的报告》,《人民日报》2017年10月28日,第1版。
② 张朋园:《中国现代化的区域研究——湖南省(1860—1916)》,台湾"中央研究院"近代史研究所1983年版,第38页。
③ 参见[印]阿马蒂亚·森:《生活水准》,徐大建等译,上海财经大学出版社2007年版,"译者序"第1—2页。

参考文献

一、档案类

山东省档案馆、山东社会科学院历史研究所合编:《山东革命历史档案资料选编》第1—3辑,山东人民出版社1981年版。

青岛市档案馆编:《帝国主义与胶海关》,档案出版社1986年版。

山东省政府秘书处编:《山东省政府委员会政务会议议决案汇编》下册,1931年出版。

中共济南市委党史委编:《济南革命历史档案资料选编》第1辑,济南出版社1991年版。

中共济南市委党史委编:《济南革命历史档案资料选编》第3辑,济南出版社1991年版。

中国第二历史档案馆编:《中华民国档案资料汇编》第3辑,江苏古籍出版社1991年版。

海关总署总务厅、中国第二历史档案馆编:《中国旧海关史料》第152—159册,京华出版社2001年版。

《关于转发〈青岛市改善杂院委员会组织简则修正案〉的指令》,青岛市档案馆藏,B21-3-89。

《关于试准组织里院整理联合会各区情况一律办理的训令》,青岛市档案馆藏,B21-3-182。

《青岛市救济院档案》,青岛档案馆藏,临0021-005-00029。

《青岛市乞丐收容所暂行规则》(民国20年,第73次市政会议修正通过),青岛市档案馆藏,A0021-001-0540。

《青岛市染织业工人二十六年工资价目表》,青岛市档案馆藏,A0021-001-0166。

《为呈指六月二日奉派调查杂院情形由》,《为呈指六月三日奉派调查杂院情形由》(1930年6月4日),青岛市档案馆藏,B21-2-44。

《青岛特别市公安局公函第3897号》(1930年5月16日),青岛市档案馆藏,B21-2-44。

《青岛市杂院一览表》(1935年),青岛市档案馆藏,A17-2-1118。

《青岛市编订门牌规则》(1934年),青岛市档案馆藏,A17-2-1108。

《为奉派赴东平观城石村三路调查杂院报请钧鉴由》(1930年5月16日),《调查杂院情形》(1930年6月4日—10),青岛市档案馆藏,B21-2-44。

《青岛市平民住所一览表》(1935年12月),青岛市档案馆藏,A17-2-1104。

《平民住所概况统计表》(1936年1月),青岛市档案馆藏,B21-3-283。

《潍县县公署关于劳工生活情况调查》(实业总署关于各省市劳工工资数目及生活情况调查〔劳字第24号〕),山东省档案馆藏,J104-03-9-002。

《高密县公署呈报表》(实业总署关于各省市劳工工资数目及生活情况调查[劳字第24号]),山东省档案馆藏,J104-03-9-003。

山东省政府:《山东省抗战期间历年物价折算表》,山东省档案馆藏,J102-04-0082-003。

社会部:《战后历年物价折合二十六年度物价折算表》,山东省档案馆藏,J102-04-0173-002。

《关于天津妓女改造问题的初步意见及调查材料》(1950年1月),天津市公安局档案馆藏,3-64-4。

中国近代经济史丛刊《天津商会档案汇编(1903—1911)》上,天津人民出版社1989年。

二、方志、调查统计资料类

赵琪修,袁荣叜等纂:《胶澳志》,青岛华昌印刷局1928年版,台湾文海出版社1968年印行。

潘守廉修,袁绍昂纂:《济宁县志》,1927年铅印本。

舒孝先修,崔象穀纂:《民国临淄县志》,1920年。

李树德修,董瑶林纂:《民国德县志》,1935年刻本。

(清)杨士骧等修,孙葆田等纂:《山东通志》,山东通志刊印局1915—1918年版。

葛延瑛、吴元禄修,孟昭章等纂:《重修泰安县志》,泰安县志局1929年铅印。

常溇修,刘逊聪纂:《潍县志稿》,1941年铅印本。

毛承霖:《续修历城县志》,1926年版。

实业部国际贸易局编:《中国实业志·山东省》,实业部国际贸易局1934年版。

林修竹编:《山东各县乡土调查录》,山东省长公署教育科1920年刊。

孙宝生编:《历城县乡土调查录》,历城县实业局1928年刊。

王陵基:《福山县志稿》,1931年铅印本。

胶济铁路管理委员会编:《胶济铁路经济调查报告分编·济南市》,文华印刷社1934年版。

胶济铁路管理委员会编:《胶济铁路经济调查报告分编·长山县》,文华印刷社1934年版。

胶济铁路管理委员会编:《胶济铁路经济调查报告分编·福山县》,文华印刷社1934年版。

胶澳商埠局编:《胶澳商埠行政纪要》,青岛华昌印刷局1927年版。

胶澳商埠局编:《胶澳商埠行政纪要续编》,青岛华昌印刷局1929年版。

胶澳商埠局编:《胶澳商埠现行法令汇纂》,1926年。

青岛市社会局:《青岛市社会局行政纪要》,1931年。

青岛特别市社会局:《青岛社会》1929年第1期。

青岛市社会局:《青岛市工商业概览》,1932年。

[美]A.G.帕克指导,齐鲁大学社会学系调查编著:《济南社会一瞥(1924年)》上、下,郭大松译,庄慧娟校,《民国档案》1993年第2期、1993年第3期。

王清彬等编:《第一次中国劳动年鉴》,北平社会调查部1928年版。

邢必信等编:《第二次中国劳动年鉴》,北平社会调查所1932年版。

李文海主编:《民国时期社会调查丛编(底边社会卷)》上、下,福建教育出版社2005年版。

李文海主编:《民国时期社会调查丛编·城市(劳工)生活卷》上、下,福建教育出版社2005年版。

国民政府主计处统计局编:《中华民国统计提要》二十四年辑,1935年。

山东省会警察厅编:《山东全省警务报告书》3册,1927年。

山东省会警察局编印:《山东省会警察概况》,1937年。

济南市公署秘书处编印:《济南市公署二十七年统计专刊》,1939年。

济南市公署秘书处编印:《济南市公署三十年统计专刊》,1942年。

济南市房产管理局编志办公室编:《济南市房地产志资料》(内部资料),1983年。

青岛市政府秘书处编印:《青岛市政府行政纪要》,1933年。

青岛市政府秘书处:《青岛市行政统计汇编》(内部资料),1934年。

青岛市政府秘书处:《青岛市行政统计汇编》(内部资料),1931年。

《青岛市社会局业务特刊(民国二十二至二十三年)》,山东省图书馆特藏部藏。

山东省政府农矿厅:《民国十八年山东矿业报告》,1929年。

严中平等编:《中国近代经济史统计资料选辑》,北京科学出版社1955年版。

山东省政府实业厅编印:《民国二十年山东工商报告》,1931年。

山东省政府实业厅编印:《民国十九年山东矿业报告》,1931年。

山东省政府建设厅:《山东矿业报告(第五次)》,山东省政府建设厅1936年印行。

程守中:《山东考察报告书》,1934年。

实业部中国经济年鉴编纂委员会编:《中国经济年鉴》,1934年。

济南市公署秘书处编印:《济南市政概要》,1940年刊。

济南市公署建设局编:《济南市工商业调查》,济南公署建设局1939年版。

民国山东通志编辑委员会编:《民国山东通志》第3册,台湾山东文献杂志社2002年版。

民国山东通志编辑委员会编:《民国山东通志》第4册,台湾山东文献杂志社2002年版。

山东省地方志编纂委员会编:《山东省志·劳动志》,山东人民出版社1993年版。

济南市史志编纂委员会编:《济南市志》第5册,中华书局1997年版。

交通部烟台港务管理局编:《近代山东沿海通商口岸贸易统计资料(1859—1949)》,对外贸易教育出版社1986年版。

三、民国时期报纸、期刊类

《青岛民报》　　　　　　　《青岛时报》

《东海日报》　　　　　　　《黄海潮报》

《山东日报》　　　　　　　《申报》

《大公报》　　　　　　　　《东方杂志》

《晨报》　　　　　　　　　《上海民国日报》

《申报月刊》　　　　　　　《山东民国日报》

《芝罘商报》　　　　　　　《钟声报》

山东省政府秘书处:《山东省政府公报》

济南市政府秘书处编印:《市政月刊》

山东省长公署统计处发行:《山东统计月刊》

山东省警官学校校友会编印:《警声月刊》

山东省立民众教育馆出版印行:《民众周刊》

青岛特别市社会局编印:《青岛社会》

青岛特别市政府秘书处:《青岛特别市政府市政公报》

青岛市政府秘书处编印:《青岛市政府市政公报》

四、文献资料类

彭泽益编:《中国近代手工业史资料(1840—1949)》第 2 卷,生活·读书·新知三联书店 1957 年版。

彭泽益编:《中国近代手工业史资料(1840—1949)》第 3 卷,生活·读书·新知三联书店 1957 年版。

彭泽益编:《中国近代手工业史资料(1840—1949)》第 4 卷,生活·读书·新知三联书店 1958 年版。

汪敬虞编:《中国近代工业史资料》第 2 辑下册,科学出版社 1957 年版。

陈真编:《中国近代工业史资料》第 4 辑,生活·读书·新知三联书店 1961 年版。

沈云龙主编:《近代中国史料丛刊》,台湾文海出版社 1916 年(创刊)印行。

刘明逵编:《中国工人阶级历史状况》第 1 卷第 1 册,中共中央党校出版社 1985 年版。

山东省总工会、山东省档案馆合编:《山东工人运动历史文献选编Ⅰ(1921—1937)》,山东省总工会 1984 年版。

青岛市政协文史资料委员会编:《沈鸿烈生平轶事》,新华出版社 1999 年版。

山东省总工会工运史研究室、青岛市总工会工运史办公室编:《青岛惨案史料》,工人出版社 1985 年版。

山东省政协文史资料委员会编:《山东工商经济史料集萃》1—3 辑,山东人民出版社 1989 年版。

中共青岛市委党史资料征委会办公室、青岛市档案馆编:《青岛党史资料》第 1 辑,青岛市出版局 1987 年版。

济南市总工会工运理论研究室:《济南工运史料》第 3 辑(内部资料),1984 年。

济南市志编纂委员会编印:《济南市志资料》第 3 辑(内部资料),1982 年。

济南市志编纂委员会编印:《济南市志资料》第 4 辑(内部资料),1983 年。

山东省政协文史资料委员会编:《山东文史集粹·社会卷》,山东人民出版社 1993 年版。

中国人民政治协商会议全国委员会文史资料研究委员会编:《工商史料》第 1 辑,文史资料出版社 1980 年版。

政协山东省济宁市市中区委员会文史资料研究委员会编:《济宁文史资料》第4辑(内部资料),1988年。

政协山东省潍坊市潍城区文史资料委员会编:《潍城文史资料》第5辑(内部资料),1990年。

政协山东省潍坊市潍城区文史资料委员会编:《潍城文史资料》第88辑(内部资料),1995年。

政协山东省潍坊市潍城区文史资料委员会编:《潍城文史资料》第118辑(内部资料),1996年。

政协聊城市文史资料委员会编:《聊城文史资料》第3辑(内部资料),1985年。

山东省地方史志编纂委员会编:《山东史志资料》第1辑,山东人民出版社1982年版。

山东省地方史志编纂委员会编:《山东史志资料》第18辑,山东人民出版社1982年版。

济南市政协文史资料研究委员会编:《济南文史资料选辑》第18辑,1983年。

济南市政协文史资料委员会编:《济南文史精华》,济南出版社1997年版。

济南市工商业联合会:《济南工商史料》1—3辑,编者刊,1988年。

中国人民政治协商会议全国委员会、文史资料研究委员会编:《工商经济史料丛刊》1—4辑,文史资料出版社1984年版。

中国人民政治协商会青岛市四方区委员会文史资料工作委员会编:《四方文史资料》第1辑,青岛人民印刷厂1999年版。

政协诸城县委员会文史资料委员会编印:《诸城文史资料》第11辑,1990年。

五、著作

（一）经典著作

中共中央编译局:《马克思恩格斯全集》第 2 卷,人民出版社 1957 年版。

中共中央编译局:《马克思恩格斯全集》第 12 卷,人民出版社 1962 版。

中共中央编译局:《马克思恩格斯全集》第 23 卷,人民出版社 1972 版。

中共中央编译局:《马克思恩格斯全集》第 26 卷第 3 册,人民出版社 1974 年版。

中共中央编译局:《马克思恩格斯选集》第 1 卷,人民出版社 1972 年版。

中共中央编译局:《马克思恩格斯选集》第 2 卷,人民出版社 1972 年版。

中共中央编译局:《马克思恩格斯全集》第 30 卷,人民出版社 1995 年版。

中共中央编译局:《马克思恩格斯文集》第 5 卷,人民出版社 2009 年版。

《毛泽东选集》1—4 卷,人民出版社 1991 年版。

（二）中文著作

谋乐:《青岛全书》,德国青岛印书局 1911 年版。

张武:《最近之青岛》,桐城张宅 1919 年版。

魏镜:《青岛指南》,平原书局 1933 年版。

叶春墀编:《青岛概要》,青岛成文堂 1922 年版。

青岛市政府招待处编印:《青岛概览》,1937 年 1 月。

杭县骆金铭编:《青岛风光》,光华印刷局 1935 年版。

倪锡英:《青岛》,中华书局1936年版。

彭望芬:《青岛漫游》,上海生活书店1936年版。

叶春墀编:《济南指南》,大东日报社1914年版。

周传铭:《济南快览》,济南世界书局1927年版。

罗腾霄编:《济南大观》,济南大观出版社1934年版。

刘精一:《烟台概览》,烟台概览编辑处1937年铅印本。

郑千里:《烟台要览》,胶东新报社1924年版。

池田薰、刘云楼:《烟台大观》,鲁东日报社1940年版。

徐珂:《清稗类钞》第11、12册,中华书局1986年重印本。

严寄湘辑:《救荒六十策》,光绪五年甘肃皋兰县署刻本。

陈达:《中国劳工问题》,商务印书馆1929年版。

王书奴:《中国娼妓史(插图版)》,团结出版社2004年。

梁启超:《中国历史研究法》,河北教育出版社2000年版。

钱穆:《中国历史研究法》,生活·读书·新知三联书店2001年版。

巫宝三:《中国国民所得》上、下册,中华书局1947年版。

张玉法:《中国现代化的区域研究:山东省(1860—1916)》,台湾"中央研究院"近代史研究所1982年版。

赵世瑜:《小历史与大历史——区域社会史的理念、方法与实践》,生活·读书·新知三联书店2006年版。

行龙、杨念群主编:《区域社会史比较研究》,社会科学文献出版社2006年版。

杨念群:《中层理论——东西方思想会通下的中国史研究》,江西教育出版社2001年版。

刘志琴:《近代中国社会文化变迁录》,浙江人民出版社1998年版。

常建华:《社会生活的历史学——中国社会史研究新探》,北京大学出版社2004年版。

陈旭麓:《近代中国社会的新陈代谢》,上海社会科学院出版社2006

年版。

庄伟民:《近代山东市场经济的变迁》,中华书局2000年版。

龚书铎总主编、朱汉国本卷主编:《中国社会通史·民国卷》,山西教育出版社1996年版。

朱汉国主编:《中华民国史》,四川人民出版社2006年版。

何一民:《近代中国城市发展与社会变迁(1840—1949)》,科学出版社2004年版。

张静如、刘志强主编:《北洋军阀统治时期中国社会之变迁》,中国人民大学出版社1992年版。

张静如、卞杏英主编:《国民政府统治时期中国社会之变迁》,中国人民大学出版社1993年版。

张静如、刘志强、卞杏英主编:《中国现代社会史》上册,湖南人民出版社2004年版。

张静如、刘志强、卞杏英主编:《中国现代社会史》上册,湖南人民出版社2004年版。

周积明、宋德金主编:《中国社会史论》上、下卷,湖北教育出版社2000年版。

李明伟:《清末民初中国城市社会阶层研究(1897—1927)》,社会科学文献出版社2005年版。

夏建中等:《社会分层、白领群体及其生活方式的理论与研究》,中国人民大学出版社2008年版。

张钟汝等编著:《城市社会学》,上海大学出版社2001年版。

曾业英主编:《五十年来的中国近代史研究》,上海书店出版社2000年版。

忻平:《"从上海发现历史"——现代和进程中的上海人及其社会生活》,上海大学出版社2009年版。

张东刚:《总需求的变动趋势与近代中国经济增长》,高等教育出版社1997年版。

张东刚:《消费需求的变动与近代中中日经济增长》,人民出版社2001年版。

周谷城:《中国近代经济史论》,复旦大学出版社1987年版。

彭南生:《行会制度的近代命运》,人民出版社2003年版。

李明伟:《清末民初中国城市社会阶层研究(1897—1927)》,社会科学文献出版社2005年版。

陆汉文:《现代性与生活世界的变迁——20世纪二三十年代中国城市居民日常生活的社会学研究》,社会科学文献出版社2005年版。

张国刚:《中国家庭史(民国时期)》第5卷,广东人民出版社2007年版。

王笛:《跨出封闭的世界——长江上游区域社会研究(1644—1911)》,中华书局2001年版。

池子华:《中国近代流民(修订版)》,社会科学文献出版社2007版。

池子华:《流民问题与社会控制》,广西人民出版社2001年版。

池子华:《农民工与近代社会变迁》,安徽人民出版社2006年版。

池子华:《流民史话》,社会科学文献出版社2000年版。

苏智良、陈丽菲:《近代上海黑社会》,商务印书馆2004年版。

张鸿雁:《侵入与接替——城市社会结构变迁新论》,东南大学出版社2000年版。

虞和平主编:《中国现代化历程》1—3卷,江苏人民出版社2001年版。

逄振镐、江奔东主编:《山东经济史(近代卷)》,济南出版社1998年版。

逄振镐、江奔东主编:《山东经济史(现代卷)》,济南出版社1998年版。

罗澍伟主编:《天津近代城市史》,中国社会科学出版社1993年版。

李长莉:《晚清上海社会的变迁——生活与伦理的近代化》,天津人民出版社 2002 年版。

济南市社会科学研究所编著:《济南简史》,齐鲁书社 1986 年版。

王守中、郭大松:《近代山东城市变迁史》,山东教育出版社 2001 年版。

朱玉湘:《山东近代经济史述丛》,山东大学出版社 1990 年版。

陈国庆主编:《中国近代社会转型研究》,社会科学文献出版社 2005 年版。

张玉法:《中国现代化的区域研究:山东省(1860—1916)》,台湾"中央研究院"近代史研究所 1987 年版。

吕伟俊主编:《民国山东史》,山东人民出版社 1995 年版。

吕伟俊等:《山东区域现代化研究(1940—1949)》,齐鲁书社 2002 年版。

聂家华:《对外开放与城市社会变迁——以济南为例的研究(1904—1937)》,齐鲁书社 2007 年版。

党明德、林吉玲编:《济南百年城市发展史——开埠以来的济南》,齐鲁书社 2004 年版。

任银睦:《青岛早期城市现代化研究》,生活·读书·新知三联书店 2007 年版。

青岛市市南区政协编:《里院·青岛平民生态样本》,青岛出版社 2008 年版。

鲁海:《青岛旧事》,青岛出版社 2003 年版。

崔力明编著:《济南历史大事记录》,黄河出版社 2002 年版。

王音编著:《济南城市近代化历程》,济南出版社 2006 年版。

张伯锋统编,卞修跃编:《近代中国社会面面观》,四川人民出版社 1999 年版。

张公权著,杨志信译:《中国通货膨胀史(一九三七——一九四九年)》,

文史资料出版社 1986 年版。

王亚南:《中国半殖民地半封建经济形态研究》,人民出版社 1957 年版。

谭熙鸿主编:《十年来之中国经济》上、中、下,中华书局 1948 年版。

陆仰渊、方庆秋主编:《民国社会经济史》,中国经济出版社。

贾秀岩、陆满平:《民国价格史》,中国物价出版社 1992 年版。

许涤新、吴承明主编:《中国资本主义发展史》第 3 卷(上、下),人民出版社 2003 年版。

侯杰、秦方:《旧中国的下九流》,天津人民出版社 2004 年版。

赵英兰编:《民国生活掠影》,沈阳出版社 2001 年版。

旧中国的资本主义生产关系编写组:《旧中国的资本主义生产关系》,人民出版社 1977 年版。

寿扬宾:《青岛海港史·近代部分》,人民交通出版社 1986 年版。

青岛市档案馆编:《青岛数字全书》,中国文史出版社 2003 年版。

胡汶本等编著:《帝国主义与青岛港》,山东人民出版社 1983 年版。

山东大学、淄博矿务局编:《淄博煤矿史》,山东人民出版社 1986 年版。

刘大可等:《日本侵略山东史》,山东人民出版社 1991 年版。

中共青岛铁路地区工作委员会、中国科学院山东分院历史研究所、山东大学历史系编著:《胶济铁路史》,山东人民出版社 1961 年版。

胡朴安:《中华全国风俗志》上、下编,河北人民出版社 1986 年版。

郑友揆:《中国的对外贸易和工业发展(1840—1948)》,上海社会科学院出版社 1984 年版。

济南市总工会:《济南工人运动史》,中国工人出版社 1992 年版。

《文史精华》编辑部编:《近代中国江湖秘闻》,河北人民出版社 1997 年版。

纪辛:《矿业史话》,社会科学文献出版社 2000 年版。

郑起东:《通货膨胀史话》,社会科学文献出版社2000年版。

葛剑雄等:《人口与中国的现代化(1850年以来)》,学林出版社1999年版。

邹依仁:《旧上海人口变迁的研究》,上海人民出版社1980年版。

陶飞亚、刘天路:《基督教会与近代山东社会》,山东大学出版社1995年版。

何一民主编:《近代中国衰落城市研究》,巴蜀书社2007年版。

文芳主编:《百祸民生系列丛书——娼祸》,中国文史出版社2004年版。

武舟:《中国妓女生活史》,湖南文艺出版社1990年版。

杨剑利:《女性与近代中国社会》,中国社会出版社2007年版。

邵雍:《中国近代妓女史》,上海人民出版社2005年版。

邵雍编:《中国近代社会史》,合肥工业大学出版社2008年版。

费孝通:《江村经济——中国农民的生活》,商务印书馆2004年版。

许庆朴、张福记主编:《近现代中国社会》,齐鲁书社2002年版。

徐华东主编:《济南开埠与地方经济》,黄河出版社2004年版。

周谷城:《中国社会史论》上册,齐鲁书社1988年版。

王林主编:《近代山东灾荒史》,齐鲁书社2004年版。

潘乃穆、潘乃和编:《潘光旦文集》第3卷,北京大学出版社1995年版。

王守中、郭大松:《近代山东城市变迁史》,山东教育出版社2001年版。

罗苏文:《女性与近代中国社会》,上海人民出版社1996年版。

孙国群:《旧上海娼妓秘史》,河南人民出版社1988年版。

单光鼐:《中国娼妓——过去现在》,法律出版社1995年版。

曲彦斌:《中国乞丐史》,九州出版社2007年版,

文史精华编辑部:《近代中国江湖秘闻》下册,河北人民出版社1997

年版。

陆安:《青岛近现代史》,青岛出版社 2001 年版。

宋连威:《青岛城市的形成》,青岛出版社 1998 年版。

杨子慧主编:《中国历代人口统计资料研究》,改革出版社 1996 年版。

刘大可等:《日本侵略山东史》,山东人民出版社 1990 年版。

许善斌:《证照百年——旧纸片上的中国图景》,中国言实出版社 2006 年版。

老舍:《骆驼祥子》,人民文学出版社 1981 年版。

陈明远:《文化人与钱》,天津百花文艺出版社 2001 年版。

烟台市交通局史志办公室编:《烟台市交通志(1840—1985)》,科学普及出版社 1993 年版。

烟台港务局烟台港史编写组编:《烟台港史(古、近代部分)》,人民交通出版社 1989 年版。

山曼等:《山东民俗》,山东友谊书社 1988 年版。

严昌洪主编:《近代中国城市下层社会群体研究——以苦力工人为中心的考察》,湖北人民出版社 2016 年版。

柳敏:《融入与疏离:乡下人的城市境遇·以青岛为中心(1927—1937)》,山西人民出版社 2013 年版。

付燕鸿:《窝棚中的生命:近代天津城市贫民阶层研究(1860—1937)》,山西人民出版社 2013 年版。

刘仰东编:《梦想的中国:三十年代知识界对未来的展望》,西苑出版社 1998 年版。

(三) 中文译著

[英]彼得·伯克:《历史学与社会理论》,姚朋、周玉鹏等译,上海人民出版社 2000 年版。

[英]约翰·托什:《史学导论——现代历史学的目标、方法和新方

向》，吴英译，北京大学出版社2007年版。

［美］伊格尔斯：《二十世纪的历史学——从科学的客观性到后现代的挑战》，何兆武译，辽宁教育出版社2003年版。

［美］鲍德威：《中国的城市变迁——山东济南的政治与发展》，张汉等译，北京大学出版社2010年版。

［美］王笛：《街头文化——成都公共空间、下层民众与地方政治(1879—1930)》，李德英等译，中国人民大学出版社2006年版。

［美］费正清主编：《剑桥中华民国史》上、下部，上海人民出版社1991年版。

［美］吉尔伯特·罗兹曼主编：《中国的现代化》，国家社会科学基金"比较现代化"课题组译，江苏人民出版社2005年版。

［美］安东尼·奥罗姆、陈向明：《城市的世界——对地点的比较分析和历史分析》，曾茂娟、任远译，上海人民出版社2005年版。

［英］罗丝玛丽·克朗普顿：《阶级与分层》，陈光金译，复旦大学出版社2011年版。

［美］史蒂文·瓦戈：《社会变迁(第5版)》，王晓黎译，北京大学出版社2007年版。

［美］威廉·福特·怀特：《街角社会》，黄育馥译，商务印书馆2003年版。

［美］张信：《二十世纪初期中国社会之演变——国家与河南地方精英(1900—1937)》，岳谦厚等译，中华书局2004年版。

［美］彭慕兰：《腹地的构建：华北内地的国家、社会和经济(1853—1937)》，马俊亚译，社会科学文献出版社2005年版。

［美］费正清：《伟大的中国革命(1800—1985年)》，刘尊棋译，世界知识出版社2001年版。

［美］珀金斯：《中国农业的发展(1368—1968)》，宋海文等译，上海译文出版社1984年版。

［美］贺萧：《危险的愉悦：20世纪上海的娼妓问题》，韩敏中等译，江苏人民出版社2003年版。

［法］谢和耐编：《中国社会史》，耿昇译，江苏人民出版社1995年版。

［美］R.E.帕克等：《城市社会学》，宋俊岭等译，华夏出版社1987年版。

［法］安克强：《上海妓女》，袁燮铭、夏俊霞译，上海古籍出版社2004年版。

［美］戴维·格伦斯基编：《社会分层（第2版）》，华夏出版社2005年版。

［印］阿马蒂亚·森等：《生活水准》，徐大建等译，上海财经大学出版社2007年版。

［德］马克斯·韦伯：《经济与社会》上卷，林荣远译，商务印书馆1997年版。

［美］杰克·D.道格拉斯等：《越轨社会学概论》，张宁等译，河北人民出版社1987年版。

六、期刊论文

孙颖、李长莉：《改革开放40年来的中国社会史研究：反省与寻求突破》，《广东社会科学》2018年第6期。

汪朝光：《50年来的中华民国史研究》，《近代史研究》1999年第5期。

罗国辉：《城市下层社会群体研究述评》，《学术界》2008年第2期。

王家范：《从难切入，在"变"字上做文章》，《历史研究》1993年第2期。

赵冈：《从宏观角度看中国的城市史》，《历史研究》1993年第1期。

任吉东：《从宏观到微观从主流到边缘——中国近代城市史研究回顾与展望》，《理论与现代化》2007年第4期。

史学斌等:《人口城市化动力机制理论综述》,《西北人口》2006年第3期。

郭德宏:《社会史研究与中国现代史》,《史学月刊》1998年2期。

迟维东:《试析社会下层的动向对历史演进的影响》,《社会》2001年第7期。

陈映芳:《中国城市下层研究的经纬和课题》,《江苏行政学院学报》2004年第3期。

刘志琴:《贴近社会下层看历史》,《读书》1998年第8期。

张鸣:《当心陷阱——也谈贴近社会下层看历史》,《读书》1998年第12期。

池子华:《中国近代社会史的理论视野》,《河北大学学报》(哲学社科版)1998年版。

朱汉国:《关于社会史研究的若干问题——以民国时期的社会史研究为例》,《史学月刊》1998年第3期。

乔志强、行龙:《从社会史到区域社会史》,《山西大学学报》(哲学社会科学版)1998年第3期。

行龙:《二十年中国社会史研究之反思》,《近代史研究》2006年第1期。

刘祖云、戴洁:《再论社会分层的依据》,《中南民族大学学报》(人文社会科学版)2006年第6期。

刘祖云:《社会分层的若干理论问题新探》,《江汉论坛》2002年第9期。

仇立平:《社会阶层理论:马克思和韦伯》,《上海大学学报》1997年第5期。

仇立平:《职业地位:社会分层的指示器——上海社会结构与社会分层研究》,《社会学研究》2001年第5期。

吴忠民:《从阶级分析到当代社会分层研究》,《学术界》2004年第

1期。

李路路:《论社会分层研究》,《社会学研究》1999年第1期。

吕伟俊、聂家华:《生成与生存:城市化背景下的山东城市下层社会述论(1912—1937)》,《东岳论丛》2008年第3期。

江林泽:《近代青岛工业发展史论(1897—1937)》,《东方论坛》2017年第1期。

魏晓莎:《从二元结构到城乡融合的中国特色农村发展道路研究》,《农业经济》2019年第2期。

行龙:《近代中国城市化特征》,《清史研究》1999年第4期。

支军:《开埠后烟台商业的演变》,《城市史研究》第37辑,社会科学文献出版社2017年版。

崔玉婷:《抗战以前青岛华人社会阶层分析》,《文史哲》2003年第1期。

陈达:《上海工人的工资与实在收入(1930—1946年)》,《教学与研究》1957年第4期。

黄汉民:《试析1927—1936年上海工人工资水平变动趋势及其原因》,《学术月刊》1987年第7期。

郭大松、贾月臣:《民国前期济南的人口与社会问题辨析》,《山东师范大学学报》(社会科学版)1998年第2期。

王印焕:《民国时期的人力车夫分析》,《近代史研究》2000年第3期。

任云兰:《近代城市贫民阶层及其救济探析——以天津为例》,《史林》2006年第2期。

宋士云:《民国时期中国社会保障制度与绩效浅析》,《齐鲁学刊》2004年第5期。

郑忠、徐旭:《民国南京救济院社会救济述论(1927—1937)》,《南京社会科学》2014年第6期。

彭南生:《近代农民离村与城市社会问题》,《史学月刊》1999年第

6期。

鲍成志、邱国盛:《近代中国城市游民阶层的形成及其特征》,《苏州铁道师范学院学报》2000年第1期。

江沛:《20世纪上半叶天津娼业结构述论》,《近代史研究》2003年第2期。

忻平:《20—30年代上海青楼业兴盛的特点及原因》,《史学月刊》1998年第1期。

忻平:《梦想中国:30年代中国人的现实观和未来观》,《历史教学问题》2001年第6期。

秦晓梅:《近代山东娼妓业的兴衰》,《中华女子学院山东分院学报》2007年第2期。

张百庆:《中国城市早期现代化过程中的娼妓问题》,《史学月刊》1999年第1期。

罗国辉:《城市下层社会群体研究述评》,《学术界》2008年第2期。

罗国辉:《略论民国时期上海乞丐问题》,《苏州科技学院学报》(社会科学版)2006年第4期。

罗国辉:《民国时期乞丐群体成因探析——以上海乞丐群体为例》,《天中学刊》2006年第6期。

钟年、张宗周:《丐帮与丐——一个社会史的考察》,《湖北大学学报》(哲学社会科学版)1997年第1期。

刘海岩:《近代天津乞丐的构成、行为及其城市遭遇》,刘海岩主编:《城市史研究》第22辑,天津社会科学院出版社2004年版。

[美]关文斌:《近代天津的穷家门:行乞与生存策略数论》,任吉东译,刘海岩主编:《城市史研究》第23辑,天津社会科学院出版社2005年版。

侯艳丽:《民国时期的乞丐及其影响》,《忻州师范学院学报》2006年第2期。

朱汉国:《民国时期中国社会转型的态势及特征》,《史学月刊》2003年第11期。

董根明:《从"重养轻教"到"救人救彻"——清末民国时期社会福利观念的演化》,《中国社会科学院研究生院学报》2005年第5期。

七、外文资料

China. Imperial Maritime Customs. Decennial Reports, 1882－1891. Shanghai: the Statistical Department of the Inspectorate General of Customs,1892.

China. Imperial Maritime Customs. Decennial Reports, 1892－1901. Shanghai: the Statistical Department of the Inspectorate General of Customs,1904.

China. Maritime Customs. Decennial Reports, 1902－1911. Shanghai: the Statistical Department of the Inspectorate General of Customs,1913.

China. Maritime Customs.Decennial Reports, 1912－1921. Shanghai: the Statistical Department of the Inspectorate General of Customs,1924.

China. Maritime Customs.Decennial Reports, 1922－1931. Shanghai: the Statistical Department of the Inspectorate General of Customs,1934.

David D. Buck. Urban Change in China, Politics and Development in Tsinan Shantung, 1890－1949. Madison: University of Wisconsin Press, 1978.

The Department of Sociology Under the Direction of A. G. Park, Social Glimpses of Tsinan. Tsinan: Shantung Christian University, 1924.

后　记

在我博士毕业即将 10 年之际，以本人博士论文为基础修改而成的本书稿将要付印。我的心中有欣喜也有忐忑，但最不能忘怀的还是在书稿的写作、修改、准备出版过程中给予我悉心指导、莫大帮助的各位师友、领导、同窗及家人。

首先需要感谢我的恩师吕伟俊先生。从硕士到博士，吕老师一直是我的指导教师。我的博士论文，从选题、结构安排、资料搜集到写作、修改，都凝聚着吕老师大量的心血。论文能最终出版，又是吕老师以八旬高龄不辞劳苦最终促成的。从 1999 年进入山东大学历史文化学院师从吕老师攻读专门史（山东地方史）硕士，至今已经 21 年，先生对我言传身教，懈怠时批评、畏难时鼓励，促使我在学业和工作中不断进步。先生学识之渊博，治学之勤奋、严谨，为人之博大胸襟、仁者风范，堪为楷模！师恩永难忘，唯有以工作中加倍努力予以回报！

在博士论文开题和答辩时，中国人民大学的李文海先生，中国社科院近代史研究所的于化民先生，中央党校的王海光先生，山东省社会科学研究院的江奔东先生，山东大学历史文化学院的路遥先生、胡卫清先生、刘天路先生、徐畅先生，山东大学图书馆的苏位智先生，都给我提出了宝贵的意见和建议。在此谨向他们表达我诚挚的感谢！

后　记

　　在为博士论文写作以及本书稿的修改搜集资料的过程中,山东省图书馆副馆长李勇慧博士,我本科时的同窗、山东省档案馆的赵林先生,山东大学历史文化学院的郑敏先生,山东省图书馆特藏部、缩微部,山东省档案馆,济南市档案馆,青岛市档案馆,济宁市档案馆,聊城市档案馆等处的领导、老师,都给我提供了极大的方便。向他们表示诚挚的感谢!

　　我本科时的同窗、现任山东大学图书馆馆长赵兴胜教授,同门师兄聂家华博士、郭谦博士、毕牧博士,在我博士论文的资料搜集、写作以及本次书稿修改过程中,给予我无私的帮助和莫大的鼓励。向他们表示深深的感谢!

　　感谢南京大学中华民国史研究中心!从联系出版社到全额资助,南京大学中华民国史研究中心提供的协助让我可以集中精力修改书稿。

　　感谢江苏人民出版社的编辑,他们严谨的态度、辛勤的工作让本书增色良多!

　　在此我还要对我的家人说声谢谢。我的父母是地地道道的农民,在物质相对困乏的20世纪70到80时代,他们含辛茹苦、节衣缩食,供我完成了本科学业。在我成家后先后攻读硕士、博士期间,他们仍给予我力所能及的帮助,如照看孩子、料理家务等。"谁言寸草心,报得三春晖",希望以后能多拿出点时间陪伴他们安度晚年。我的丈夫在承担主要的养家任务的同时,给了我莫大的精神鼓励。我的女儿在我开始读博士的时候刚上小学三年级,也协助我做了一些复印、拍照等资料搜集工作,初学电脑的她还精心设计制作了一本笔记本供我记录资料,我至今珍藏。

　　当然,由于本人水平以及时间、精力等等的限制,在最初的博士论文写作以及本书稿的修改过程中,对导师和上述专家们提出的许多好的指导性建议,有些我可能没能很好地贯彻执行,书中缺失、漏洞、错误之处,也在所难免,在此恳请各位专家和读者批评指正,本人将不胜感激。如有可能,本人将在以后的研究中努力弥补上述遗憾、不足!

另外，2020年是中国全面建成小康社会的收官之年。尽管中国在减贫问题上取得的成就举世瞩目，但社会主义初级阶段的基本国情决定了根本解决中国下层社会问题仍然任重道远。作为农民的后代，我也会继续从学术层面对下层社会问题予以关注。

于景莲

2020年10月7日于山东中医药大学